民航服务礼仪

主　编　丁永玲　胡　潇

副主编　熊越强　崔慧玲

齐　英　施锦娟　詹艺菲

重庆大学出版社

图书在版编目（CIP）数据

民航服务礼仪 / 丁永玲，胡潇主编. —重庆：重庆大学出版社，2015.12
高职航空服务类系列教材
ISBN 978-7-5624-9609-0

Ⅰ.①民… Ⅱ.①丁… ②胡… Ⅲ.①民用航空—乘务人员—礼仪—高等职业教育—教材 Ⅳ.①F560.9

中国版本图书馆CIP数据核字（2016）第005738号

民航服务礼仪

主 编 丁永玲 胡 潇
策划编辑：唐启秀 陈 曦
责任编辑：李桂英 版式设计：唐启秀
责任校对：邹 忌 责任印制：赵 晟

*

重庆大学出版社出版发行
出版人：易树平
社址：重庆市沙坪坝区大学城西路21号
邮编：401331
电话：（023）88617190 88617185（中小学）
传真：（023）88617186 88617166
网址：http://www.cqup.com.cn
邮箱：fxk@cqup.com.cn（营销中心）
全国新华书店经销
自贡兴华印务有限公司印刷

*

开本：787×1092 1/16 印张：12.25 字数：245千
2015年12月第1版 2015年12月第1次印刷
ISBN 978-7-5624-9609-0 定价：35.00元

出版说明

这套教材的开发是基于两个大的时代背景：一是职业教育的持续升温；二是民航业的蓬勃发展。

2014 年 6 月 23 至 24 日，全国职业教育工作会议在北京召开，习近平主席就加快职业教育发展作出重要指示。他强调，要牢牢把握服务发展、促进就业的办学方向，坚持产教融合、校企合作，坚持工学结合、知行合一，引导社会各界特别是行业企业积极支持职业教育，努力建设中国特色职业教育体系。这是对职业教育的殷切期望，也为我们的教材编写提供了信心和要求。

民航业的发展态势非常好，到 2020 年，伴随中国全面建成小康社会，民航强国将初步成形。到 2030 年，中国将全面建成安全、高效、优质、绿色的现代化民用航空体系，实现从民航大国到民航强国的历史性转变，成为引领世界民航发展的国家。民航业井喷式的发展必然导致对航空服务类人才产生极大的需求。而据各大航空公司提供的数据来看，航空服务类人才的缺口非常大。

在这样两个前提下，我们用半年多的时间充分调研了十多所航空服务类的高职院校，向各位老师详细了解了这个专业的教学、教材使用、招生及就业方面的情况；同时，将最近几年出版的相关教材买回来认真研读，并对其中的优势和不足做了充分的讨论，初步拟定了这套教材的内容和特点；然后邀请相关专家到出版社来讨论这个设想，最终形成了教材的编写思路、体例设计等。

本系列教材坚持本土创作和港台相关教材译介并行。首批开发的教材有《航空概论》《民航旅客运输》《民航货物运输》《民航服务礼仪》《民航客舱服务》《民航客舱沟通》《民用航空法规》《民航服务英语》《民航地勤服务》《民航服务心理学》《职业形象塑造》《形象塑造实训手册》。

CHUBAN SHUOMING

本套教材具备如下特点：1）紧跟时代发展的脉络，对航空服务人员的素质和要求有充分的了解和表达；2）对职业教育的特点有深刻领会，并依据《教育部关于职业教育教材建设的若干意见》的精神组织编写；3）在全面分析现有航空服务类相关教材的基础上，与多位相关专业一线教师和行业专家进行了充分的交流，教材内容反映了最新的教学实践和最新的行业成果；4）本套教材既注重学生专业技能的培养，也注重职业素养的养成；5）教材突出"实用、好用"的原则，形式活泼、难易适中。

本套教材既能够作为高职航空服务类院校的专业教材使用，也可以作为一般培训机构和用人单位对员工进行培训的参考资料。

前 言

2009年，国务院颁发《关于促进旅游业发展的若干意见》，明确提出“把旅游业培育成为国民经济的战略性支柱产业和人民群众更多满意的现代服务”。2013年，国务院办公厅发布《国民旅游休闲纲要》，要求到2020年“基本落实职工带薪休闲”。同年，全国人大常委会通过了《中华人民共和国旅游法》，把发展旅游业、保障国民旅游权利上升为国家意志。2014年，国务院以31号文件的形式颁发了《关于旅游业改革与发展的若干意见》，把旅游业作为现代服务业的有机组成部分，把扩大旅游消费作为阶段性的工作重点。2015年7月29日《国务院关于进一步促进旅游投资与消费的若干意见》的出台，进一步优化旅游消费环境，把国民旅游权利的实现推向了一个新的高度。旅游业的发展，离不开民航业的支撑。民航以其方便、快捷、舒适和时空跨度大等特点成为旅游发展的助推器。

随着我国经济的不断发展，旅游已成为人民生活水平提升的重要指标。人们出行选择民航服务的数量也突飞猛进，中国民航业正面临着前所未有的机遇和挑战。为了加强民航专业学科建设，适应民航业发展形势的迫切需要，我们组织开设有航空服务专业、乘务员专业的相关院校老师，针对民航服务的礼仪规范，编写了本书。

服务作为一种人与人的活动，其核心是在服务关系中处于服务人员的个人如何很好地履行自己的角色。亲切的笑容、礼貌的谈吐、优雅的仪表、体贴的照顾是民航业服务人员职业素养和职业能力的重要表现。本书的编写理论以“必需、够用”为度，强化实践应用，充分体现职业性、实践性和开放性，并着力突出材料呈现的可读性。努力实现“循岗导教”人才培养理念，特别注意民航专业的学生对服务礼仪的理解和掌握，通过理解服务角色的基本内涵，唤醒学生的礼仪意识，领悟礼仪养成，特别是较好地掌握行业典型岗位服务接待礼仪规范，巩固提高民航服务人员的服务水平和交际能力，更好地适应当今民航业发展现状的要求。

本书的编写人员既有丰富的教学经验，又有丰富的行业工作经验，均是活跃于教学第一线的骨干教师和行业资深培训人士，在本书的编写中，采纳和提炼了他们在实际工作中积累起来的宝贵的教学经验以及收集到的宝贵的材料，希望能为使用该书的师生提供一些真实、生动而互动的有效素材。本书分为6个模块，共19个单元，分别介绍了服务礼仪的基本知识、民航服务人员的职业形象塑造、民航服务人员语言礼仪、民航客舱、地面的日常服务礼仪、民航服务人员社交礼仪和风俗礼仪等内容。本书根据高职高专学生的特点，重点强调工学结合、理论与实践一体化的关系，加大技能技巧、实际操作、模拟训练等内容的比例。

本书由丁永玲提出总体框架，经出版社批准，形成编写大纲。丁永玲、胡潇担任主编，熊越强、崔慧玲、齐英、施锦娟、詹艺菲担任副主编，全书由丁永玲、胡潇统稿，丁永玲、胡潇审定，具体模块、单元分工如下：

模块一：民航服务礼仪概述 丁永玲（武汉商学院）、施锦娟（中国南方航空公司）

第一单元　认识礼仪

第二单元　民航服务礼仪概述

第三单元　民航服务人员礼仪素质与能力的培养

模块二：民航服务人员职业形象塑造 詹艺菲（广州大学）

第一单元　民航服务人员仪容礼仪

第二单元　民航服务人员仪表礼仪

第三单元　民航服务人员仪态礼仪

模块三：民航服务人员语言规范 胡潇（武汉商学院）、施锦娟（中国南方航空公司）

第一单元　民航服务工作语言

第二单元　化解冲突的语言技巧

模块四：民航服务人员岗位礼仪 齐英（四川传媒学院）

第一单元　民航客舱服务礼仪

第二单元　民航地面服务礼仪

模块五：民航服务人员社交礼仪 崔慧玲（桂林旅游高等专科学校）

第一单元　见面礼仪

第二单元　交谈礼仪

第三单元　电话礼仪

第四单元　接待礼仪

模块六：风俗礼仪 熊越强（桂林航天工业学院）

第一单元　亚洲地区礼仪

第二单元　欧洲地区礼仪

第三单元　美洲地区礼仪

第四单元　非洲地区礼仪

第五单元　大洋洲地区礼仪

本书在编写过程中，参阅了大量专家、学者的论著，吸收了近年来民航专业教学研究的新成果，以及民航业实践中有启发性的新观点，在此向众多的专家、学者表示衷心的感谢。

在此，我们还要特别感谢重庆大学出版社社文分社社长雷少波，编辑唐启秀、陈曦等对本书在编写、出版等有关方面的大力支持与帮助。

限于时间和水平，书中缺点、疏漏和不足在所难免，敬请各位同仁与读者提出宝贵的意见，以便进一步修订、完善。

编写组

2015 年 8 月 28 日

目录 CONTENTS

1
模块一
民航服务礼仪概述

第一单元　认识礼仪 /3

第二单元　民航服务礼仪概述 /14

第三单元　民航服务人员的礼仪素质与能力培养 /26

31
模块二
民航服务人员职业形象塑造

第一单元　民航服务人员仪容礼仪 /33

第二单元　民航服务人员仪表礼仪 /40

第三单元　民航服务人员仪态礼仪 /46

53
模块三
民航服务人员语言礼仪

第一单元　民航服务工作语言 /55

第二单元　化解冲突的语言技巧 /66

CONTENTS

目录

79
模块四
民航服务人员岗位礼仪

第一单元　民航客舱服务礼仪 /82

第二单元　民航地面服务礼仪 /102

111
模块五
民航服务人员社交礼仪

第一单元　见面礼仪 /113

第二单元　交谈礼仪 /122

第三单元　电话礼仪 /132

第四单元　接待礼仪 /136

151
模块六
风俗礼仪

第一单元　亚洲地区礼俗 /153

第二单元　欧洲地区礼俗 / 159

第三单元　美洲地区礼俗 /169

第四单元　非洲地区礼俗 /176

第五单元　大洋洲地区礼俗 / 180

参考文献 /184

模块一

民航服务礼仪概述

[知识目标] 熟悉掌握礼仪、服务、民航服务和民航服务礼仪的内涵，确立对服务礼仪的正确认识，认知民航服务礼仪的标准与执行，了解民航职员所需具备的素质、能力和教育要求。

[能力目标] 能掌握民航服务行业对服务人员的素质要求；能端正服务的态度，做好对客服务的心理准备、思想准备和行为准备。

[案例导入]

东方航空公司在服务中曾发生过这样一件事情：在上海飞往广州的航班上，两位美国女性刚上飞机，就一面皱眉头，掩着鼻子，一面嚷着舱里空气不好。一位空中小姐微笑着走过来，一面请她们原谅，一面递上一小瓶香水。没想到的是，香水却被她们扔到客舱座位的角落里去了。

空中小姐微笑着给她们送来可口可乐，可是她们还没有喝就说可乐有问题，甚至过分地将可乐泼到空中小姐的身上。但见空中小姐强忍着这种极端无礼的行为，再次将可口可乐递了过去，不卑不亢地微笑着用英语说："小姐，这些可口可乐是美国原装产品，也许贵国这家公司的可口可乐都是有问题的。我很乐意效劳，将这瓶可口可乐连同你们的芳名及在美国的地址，一起寄到这家公司，我想他们肯定会登门道歉并将此事在贵国的报上大加渲染的。"

两位女郎目瞪口呆。这位智慧的空中小姐又微笑着将其他饮料递给她们。

事后，这两位女郎在留下的信中检讨她们自己太苛刻、太过分，并称赞中国空中小姐的服务和微笑是一流的！

[问题思考]

1. 你认为空中小姐是以什么方式化解顾客矛盾的？
2. 空中小姐处理矛盾的方式给予我们什么启示？

第一单元 》》》》》》》》》》
认识礼仪

礼仪是社会发展的产物，是在人类长期的社会实践活动中逐步形成、发展和完善起来的。礼仪与一定社会的生产关系有着极为密切的联系。中华民族自古就有“礼仪之邦”的美誉，源远流长的礼仪是华夏祖先留给后人的一笔宝贵财富，讲“礼”重“仪”和善待他人是中华民族世代相传的美誉。

一、礼仪的内涵与特点

（一）礼仪的内涵

1. 礼仪的含义

《诗经》曰：“为宾为客，献酬交错，礼仪卒度。”《说文解字》道：“仪，度也。”其本意为法度、标准的意思。《淮南子·修务》云：“设仪立度，可以为法则。”《史记·秦始皇·本记》载：“普施明法，经纬天下，永为仪则。”《周礼·春宫·肆师》录：“凡国之大事，治其礼仪，以佐宗伯。”可见在《诗经》和《周礼》中，“礼仪”特指典章制度和法则规范。“仪”还有仪表、仪容之意。如《诗·大雅·丞民》云：“令仪令色，小心翼翼。”《晋书·温峤传》曰：“风仪秀整，美于谈论。”等等。《辞源》中道：“礼仪，乃行礼之仪式也。”可见，礼仪还有礼节和仪式之意，是人们交往过程中人的外在表现的形式与规则的总和。

礼仪，作为人类历史发展中逐渐形成并积淀下来的一种文化，始终以其某种精神的约束力支配着人的行为。礼仪是人类进步的标志，是适应时代发展、促进个人进步和成功的重要途径。因而礼仪是指在特定场合或隆重场合表示友好与敬意的仪式。

在礼学体系，礼仪是有形的，存在于社会的一切交往中，其基本形式受历史传统、风俗习惯、宗教信仰、时代潮流等因素的影响。它在层次上要高于礼貌、礼节，其内涵更深、更广。礼仪实际上是由一系列具体的、表现礼貌的礼节所构成的系统。礼仪的内涵有以下几点：

（1）礼仪是一种行为准则与规范。其表现为一定的章法，只有遵守这种习俗和规范，才能适应社会的发展。

（2）礼仪是一定社会关系中人们约定俗成、共同认可的行为规范。它首先表现为一些零散的、不成文的规矩、习惯，然后才逐渐上升为大家认可的，可以用语言、行为、文字进行准确描述和规定的行为准则，并成为人们有章可循、可以自觉学习和遵守的行为规范。

（3）礼仪是一种情感互动的过程。在礼仪的实施过程中，既有施礼者的控制行为，也有受礼者的反馈行为。即礼是施礼者与受礼者的尊重互换、情感互动的过程。

（4）礼仪的本质是尊重，目的是达到人际交往的和谐。礼仪体现为一个人对他人和社会的认知水平、尊重程度，是一个人学识、修养和价值的外在表现，讲究礼仪是社会文明的一个显著标志。

2. 礼仪的类别

礼仪的表达要注重场合，讲究得体。从内容上看包括：仪容、仪表、仪态、交谈和待人接物等；从对象上看包括：个人礼仪、家庭礼仪、公共礼仪、社交礼仪、政务礼仪、商务礼仪等；从形式上看，礼仪的具体表现为礼貌、礼节、仪表和仪式等。

（1）礼貌。礼貌是指人们在相互交往活动中表示友好、敬意的行为规范。它通过仪表、言谈、举止来体现，如态度友善、遵守秩序、尊老爱幼、仪表端庄和言行一致等。

（2）礼节。礼节是人们在社交过程中表现致意、问候、祝愿等的惯用形式。它在礼学体系中处于最表层，是礼仪的重要组成部分，是礼貌的具体表现，如握手、拥抱、鞠躬等。它不是一成不变的，往往会因时间、空间或对象的不同而有所改变。

（3）仪表。仪表即人的外表，包括发型、容貌、姿态、风度、服饰和个人卫生等。

（4）仪式。仪式是指在一定场合举行的具有专门程序、规范化的活动，如开学典礼、签字仪式、新闻发布会、开业庆典、婚礼等。这些仪式可以表达、激发人们的情感、社会责任感。

（二）礼仪的特点

（1）普遍性。现代礼仪的内容已渗透到社会的方方面面，从政治、经济、文化领域，到人们的日常生活方面，礼仪活动普遍存在。比如，大到一个国家的国庆庆典，小到一个企业公司的开张致喜，再到人们日常生活中的接待、见面谈话、宴请等，均需要讲究礼仪规范，遵守一定礼仪行为准则。礼仪是人类在社会生活的基础上产生的行为规范，全体社会的成员均离不开一定的礼仪规范的制约。在生活中，许多礼仪是不随人的意志为转移的，它的存在本身具有很强的普遍性，无时无刻约束着人们的行为规范，反映着人们对真善美的追求愿望。比如最简单的问候“你好”“再见”等，这几乎是全世界通用的一种问候礼节，具有绝对的普遍性。

（2）继承性。具有“礼仪之邦”的泱泱大国，人类的礼仪文化自然也源远流长。在礼仪发展的源流中，礼仪文化的发展是一个扬弃的过程，一个剔除糟粕、继承精华的过程。

那些反映劳动人民的精神风貌，代表劳动人民道德水平和气质修养的健康高尚的礼仪得到了肯定和发扬，而那些代表剥削阶级及封建迷信的繁文缛节得以根除。比如古代的磕头跪拜风早已被现代的握手敬礼所替代，至于古代朝见天子所需的三跪九叩，更早已被抛进历史的垃圾堆。而那些“温良恭俭让”“尊老爱幼”的行为规范则得到了弘扬。以往老人生日寿辰时，晚辈得行祝寿礼仪，置办寿辰酒宴以祝老人福寿无疆、万事如意，而如今的年轻人除了摆寿酒外，还可在电台点歌、电视台点节目以祝老人生日快乐、寿长福远。这种变迁不仅反映了人类礼仪的一脉相承，也反映了礼仪在继承过程中得到了丰富发展，更突出了人类对那些代表礼仪本质东西的倾心向往。可见，礼仪变化的继承性必将随着人类历史的不断进步而发展。

（3）差异性。人说“百里不同风，千里不同俗”，不同的文化背景产生不同的礼仪文化，不同的地域文化决定着礼仪的内容和形式。我国疆土辽阔，是一个多民族大家庭，不同的民族，其风俗习惯、礼仪文化各有千秋。比如，见面问候致意的形式就大不一样，有脱帽点头致意的，有拥抱的，有双手合十的，有手抚胸口的，有口碰脸颊的，更多的还是握手致意。这些礼仪形式的差异均是由不同地方风俗文化决定的，具有约定俗成的影响力。

礼仪的差异性除了地域性的差异外，还表现在礼仪的等级差别上，对不同身份地位的对象施以不同的礼仪。同样是宴会，会因招待对象的身份地位等差别而有所不同，身份和地位高的，可能就会受到更高级的款待，身份低的相对就低一等。

（4）时代性。礼仪作为一种文化范畴，必然具有浓厚的时代特色。任何时代的礼仪由于其时代的特性和内容，往往就决定了它的表现。比如，礼仪本起源于原始的祭神，因而人类最初的礼仪是从祭神开始的，如古代把裸体怀孕的妇女陶塑像作为生育女神来祭拜，这正是基于人类在蒙昧时期无法更好地保护自己而产生的强烈的对生殖崇拜的一种礼仪表现。

时代的特色对文化冲击的烙印是巨大的，可以说，每个时代的文化正是时代变迁的缩影，而礼仪文化也如此。如辛亥革命的爆发，猛烈地撞击了封建社会的上层建筑及其意识形态，也影响到了人们日常生活的方方面面，于是就造就了一代新风尚。据 1912 年 3 月 5 日时报记载：“清朝灭，总统成，皇帝灭……新礼服兴，翎顶补服灭，剪发兴，辫子灭，爱国帽兴，瓜皮帽灭，放足鞋兴，菱鞋灭，鞠躬礼兴，跪拜礼灭，卡片兴，大名刺灭……”

可见礼仪文化总是一个时代的写照。“文化大革命”时期，清一色的服饰文化正是当时人们思想行为统一到一个文化模式中的反映，而现在丰富多彩的服饰文化也正是现代人丰富的内心世界的反映，是社会改革开放的投影。

（5）发展性。我们说，时代总在不断地前进，礼仪文化也不是一成不变的，而是随着社会的进步而不断发展。一方面，礼仪文化随时代的不断进步而时刻地发生着变化，如现代人所拍发的礼仪电报、电视点歌祝寿贺喜等礼仪形式就是时代进步而产生的新生事物。另一方面，随着国家对外交往的不断扩大，各国的政治、经济、思想、文化等诸种因素的互相渗透，我国的传统礼仪自然也被赋予了许多新鲜的内容。礼仪规范更加国际化，礼仪变革向符合国际惯例的方　　展。如何形成一整套既富有我们国家自己的传统特色，同时又符合国际惯例的礼仪规范已成为必需。这种礼仪文化的培养和形成有助于我们的国家走向世界，更好地与国际接轨，成为地球村上一个真正的礼仪之邦。

礼仪规范的这种发展性总是与时代精神密切地结合在一起。礼仪文化的发展总是受时代发展变化的推动的，时代不前进，礼仪文化的内容自然也不会得到很好地发展。时代性与发展性和继承性都是相辅相成的。总而言之，随着时代的不断进步，人类的礼仪规范必将更为文明、优雅、实用。

二、礼仪的功能与作用

（一）礼仪的功能

礼仪的功能概括地说，是表示人们不同地位的相互关系和调整、处理人们相互关系的手段。礼仪的功能表现在以下几个方面。

（1）尊重的功能。尊重的作用即向对方表示尊敬、敬意，同时对方也还之以礼。礼尚往来，有礼仪的交往行为，蕴含着彼此的尊敬。

（2）约束的功能。礼仪作为行为规范，对人们的社会行为具有很强的约束作用。礼仪一经制定和推行，久而久之，便形成社会的习俗和社会行为规范。任何一个生活在某种礼仪习俗和规范环境中的人，都自觉或不自觉地受到该礼仪的约束，自觉接受礼仪约束的人是“成熟的人”的标志，不接受礼仪约束的人，社会就会以道德和舆论的手段来对他加以约束，甚至以法律的手段来强迫。

（3）教化的功能。礼仪具有教化功能，主要表现在两个方面：一方面是礼仪的尊重和约束作用。礼仪作为一种道德习俗，它对全社会的每个人都有教化作用，都在施行教化。另一方面，礼仪的形成、完备和凝固，会成为一定社会传统文化的重要组成部分，它以“传统”的力量不断地由老一辈传继给新一代，世代相继，世代相传。在社会进步中，礼仪的教化作用具有极为重大的意义。

【礼仪故事】

电车里的礼貌课

在西方社会，“女士优先”是男士们恪守的原则，在一些不起眼的小事上谦让和照顾女士，被认为是有男子汉气概与绅士风度的表现。因此，在不少西方国家，都有一条不成文的规矩，即女士搭乘公共汽车的时候，同车的男士应主动让座。这种情况下，女士无须推让，只要一声“谢谢”，便可安然入座。

一天，正是上班的交通高峰时期，一辆搭乘了[illegible]乘客的电车缓缓地停靠在站台上，一位太太登上了电车，她穿着合体的套装，拎着一只小小的漆皮包，在车里走了一步，便犹豫地站住了，因为客人很多，已经没有空座位了。一位先生见状，便客气地站起来对她说："请坐这儿吧。"这位太太走上前，看也没看他一眼，便一声不吭地坐下了。让坐先生很诧异，周围的乘客也对她这种不礼貌的行为感到不满。

这位先生站在她的身边，想了一下，俯下身问她："太太，您刚才说了什么，我没有听清楚。"那位太太抬头看看他，奇怪地说："我什么也没有说呀。""哦，对不起，太太。"那位先生淡淡地说，"我还以为您在说谢谢呢。"

车里的其他乘客都笑了起来，那位不讲礼貌的太太在众人的笑声中羞得满脸通红。

（4）调节的功能。礼仪具有调节人际关系的功能。一方面，礼仪作为一种规范、程序，作为一种文化传统，对人们之间相互关系模式起着规范、约束和及时调整的作用；另一方面，某些礼仪形式、礼仪活动可以化解矛盾，建立新关系模式。可见礼仪在处理人际关系中，在发展健康良好人际关系中，是有其重要作用的。

（二）礼仪的作用

我国著名的思想家颜元说过："国尚礼则国昌，家尚礼则家大，身尚礼则身修，心尚礼则心泰。"可见礼仪在治国安邦、成就事业、个人生存发展中的作用。礼仪不仅是一个人的思想道德水平、文化修养和交际能力的外在表现，也是一个国家社会文明程度、道德风尚和生活习惯的反映。具体表现为：

（1）促进沟通，促进人们相互尊重。在人际交往中，自觉地执行礼仪规范，可以使交往双方的感情得到沟通，在向对方表示尊重、敬意的过程中，获得对方的理解和尊重。人们在交往时以礼相待，有助于加强人们之间互相尊重，建立友好合作的关系，缓和或者避免不必要的矛盾和冲突。

（2）规范、约束人们的行为。在社会生活中，礼仪约束着人们的态度和动机，规范着人们的行为方式，协调着人与人之间的关系，维护着社会的正常秩序，在社会交往中发挥着巨大的作用。

（3）倡导、教育人们遵守道德习俗。礼仪以一种道德习俗的方式对全社会的每一个人发挥维护社会正常秩序的教育作用。人们通过对礼仪的学习和应用，建立新型的人际关系，从而在交往中严于律已，宽以待人，互尊互敬，互谦互让，讲文明，懂礼貌，和睦相处，形成良好的社会风尚。

（4）凝聚、协调。在现代生活中，人们的关系错综复杂，有时会突然发生冲突，甚至会采取极端行为。礼仪有利于促使冲突各方保持冷静，缓解已经激化的矛盾，使人与人之间的感情得以沟通，建立相互尊重、彼此信任、友好合作的关系，进而有利于各项事业的发展。

三、礼仪的内容与原则

（一）礼仪的内容

礼仪是人类为维系社会正常生活而要求人们共同遵守的行为规范，是一个人的思想道德水平、文化修养、交际能力的外在表现，是一个国家社会文明程度、道德风尚和生活习惯的反映。它包含以下几个方面的内容。

1. 遵守公德

遵守公德是文明公民应该具备的最基本的品质。所谓公德，是指一个社会的公民为了维护整个社会生活的正常秩序而共同遵循的最简单、最起码的公共生活准则。它反映的是人类社会中最一般、最基本的关系，而不是某一领域或特定阶级的关系。公德是日常生活中的道德，是人们普遍应该做到的，又不难做到的最低限度的行为要求，是道德体系中的最低层次。其内容包括爱护公物、遵守公共秩序、救死扶伤、在邪恶面前主持正义等。在公共场所遵守公德，表现了人与人之间互相尊重及对社会的责任感。

2. 遵时守信

遵时守信是人际交往时极为重要的礼貌。遵时，就是要遵守规定的时间和约定的时间，不得违时，不可失约。守信，就是要讲信用，不可言而无信。失约和言而无信都是失礼的行为，是人际交往中普遍为人们所反感的。“一诺千金”“言必行，行必果”是对自身人格的尊重和珍惜。在服务过程中，规定的迎送时间、服务时间不能耽误；旅游线路的安排、宾客约定的服务时间一般不要轻易变更；因发生认为不可抗拒的因素不得已改动时，应及早打招呼，做好说明解释工作，尽量避免给对方造成麻烦或令人产生误会。

3. 真诚友善

在人际交往时，待人真诚、表里如一的人特别具有亲和力，很容易得到别人的信任；而虚情假意、口是心非，即使在礼貌礼节方面做得无可挑剔，仍然会让人感到不快，最终使得正常的交往难以继续。同时，与人交往应从友善的愿望出发，不可心存恶意或无意猜忌别人，不可盛气凌人，自视高人一等。“尊重，还是贬低”是人际交往中最敏感的问题。从善良的愿望出发，以诚相待，才能赢得别人的信赖和尊重，保证交往顺利与成功。

【礼仪故事】

善有善报

汉武帝喜欢微服私访，体察民情。有一次，汉武帝微服私访，晚上在一个叫恒谷发的村子投宿。汉武帝感到十分疲惫，很想喝两杯酒解乏。他问开店的老翁：“请问这里有酒吗？”

老翁不耐烦地回答："没有酒，只有尿！你喝吗？"

老翁觉得汉武帝不像一个好人，像一个窃贼。到了半夜，他召集村里的年轻人，准备将汉武帝揍一顿。

老翁的妻子却觉得汉武帝虽然身着布艺，但他器宇轩昂，仪态举止与一般人不同。于是劝老翁："这个客人不是寻常人，我们应该好好招待他，以礼待之，视为上宾。"

老翁不听妻子的劝告，仍固执己见，老妇左思右想后，将老翁灌醉，用绳子捆起来，并打发村中的年轻人各自回家去了。

老妇杀鸡烹煮，用好酒招待汉武帝。

汉武帝回去之后，专门召见老妇，赏赐黄金，并封老翁为羽林郎。

4. 谦虚随和

谦虚随和的人，说话和气，一般比较有耐心，待人不严厉、不急躁、不粗暴，表现出虚怀若谷的态度，这样的人，态度亲切，乐意听取他人的意见，有事能与他人商量，容易同他人建立亲近的关系。相反，如果自视高明、目中无人，或夸夸其谈、妄自尊大、卖弄自己博学多闻，往往会被人视为傲慢无礼，对其敬而远之。但是谦虚温和并不是唯唯诺诺，过分顺从，缺乏个性和主见，也会令人轻视，不利于交际成功。

5. 理解宽容

理解，就是善解人意，理解别人心灵深处的喜、怒、哀、乐，体谅别人隐衷。在人际交往和服务接待工作中，最怕的就是互相缺乏理解，甚至产生误解。缺乏理解就无法沟通感情；产生误解则往往容易导致失礼，在交往者之间产生妨碍交流思想的隔膜，甚至会使个性僵化。宽容是理解，是提高升华，是理解的结果。宽容是在与不同思想性格的人打交道时，对对方的误解、无礼有气量，宽大为怀；允许不同观点的存在，也原谅他人对自己利益的无意侵害。你谅解了他人的过失，允许别人与你的不同，可以化解矛盾，赢得他人的敬意，有利于大局。但宽容不是无限的，否则就会丧失原则和人格，姑息纵容错误。

6. 热情有度

热情会使人感到亲切、温暖，从而缩短他人与你的感情距离，愿意与你接近、交往。但热情过分，会使人感到虚情假意，因而有所戒备，无意中筑起一道心理防线。过多的吹捧语言、勉强他人吃饭喝酒，会使人难以接近，甚至产生误会。例如，服务接待工作中的过于热情容易使宾客产生你可能别有企图的看法而有损你的形象。所以，我们在待人接物时既要注意真挚热情，也要注意把握好分寸和尺度。

7. 注意小节

有的人做事大大咧咧，行为没有拘束，不拘小节，如进入他人会议室，推开门就往里闯；

展览会上随便触摸展览品；当众掏鼻孔、剔牙齿等，反映出一个人的行为修养较差。在注意礼仪的社会交往场合，不注意小节的人是不受欢迎的。作为服务人员，注意小节，彬彬有礼，是最起码的交往行为修养。

8. 风度高雅

所谓风度，是一个人气质和修养的外在表现，是一个人在日常行为中表现出来的仪表、神情、姿态等的总和，是指人的全部生活姿态所提供给人们的综合印象。风度是一个综合的概念，是控制自己情绪的一种能力，风度不是表面上的穿着打扮，也不是简单地模仿别人的行为举止，而是一个人深层次的精神状态、个性气质、品德修养、文化品位、生活情调的外在表现，必须以内在的气质做基础。优雅的风度取决于高雅的气质，风度美是一个人内慧秀外的统一，与仪表的漂亮相比，风度的优雅是一种更深刻的美，风度美不是千篇一律的，温柔恬静是美，雄伟粗犷也是美，纯洁热情也是美，成熟庄重也是美。只要能够追求自然和谐，并具有独特的个性，那就是风度。虽然风度美没有标准的模式，但美的风度应具有以下几个方面的特点：饱满的精神状态，诚恳的待人态度，健康的性格特点，幽默文雅的谈吐，得体的仪表礼节，大方的表情动作。风度是可以塑造的，一个人无法对自己的容貌作出选择，但在成长发展的过程中却可以对自己的风度负责，可以通过后天的学习磨炼，塑造美的风度，建立良好的个人形象。

（二）礼仪的原则

1. 平等原则

现代礼仪中的平等原则，是指以礼待人，有来有往，既不能盛气凌人，也不能卑躬屈膝。平等原则是现代礼仪的基础，是现代礼仪有别于以往礼仪的最主要原则。

礼仪中的优先，与各民族的风俗习惯、宗教信仰等有很大关系。以“女士优先”原则为例，在一些国家如巴基斯坦，讲究男女授受不亲，在公共场合，如果男女出双入对、卿卿我我，则被认为是不合礼仪。但是，在这个国家里，男士非常尊重妇女，对待女士谦逊有礼，见了女性，一般不得主动握手，除非女士先伸手。尽管公共汽车非常拥挤，男士也会让女士们先上车，车上的座位分得很清楚，女性坐前面，男性坐后面。餐厅的情形也一样，男女桌位分开，陌生的男士们是决不可以随意过界或上前搭讪的。在任何时候排长龙，女性都可直接走到队伍的前端去。

2. 互尊原则

古人云：“敬人者，人恒敬之。”只有相互尊重，人与人之间的关系才会融洽和谐。上海有一家电影院曾发生这样一件事：年末，电影院经理把员工包括离退休人员及其家属都请到电影院开茶话会。会前，专门制作了这些离退休人员和在职职工的生活录相片，会上放给大家看。每个人，尤其是离退休职工非常感动。原则很简单，这些人一辈子干的工作就是给别人放电影，从来未感受到自己上银幕是什么滋味。今天他们有机会在给人们放了一辈子电影的电影院里，看自己走上银幕，感到电影院领导没有忘记自己一辈子的辛苦，他们能不感动吗？因而很自然地加深了对自己单位的感情，同时也使在职职工感到振奋，团体的凝聚力大增。

要想在与人交往中通过礼仪的形式体现出对对方的尊重，就应从以下几个方面做起：第一，与人交往，要热情而真诚。热情的态度，意味着对别人的隆重接纳，会给人留下受欢迎、受重视、受尊重的感觉，而这本来就是礼仪的初衷和要旨。当然，热情不能过火，过分的热情会使人感到虚伪和缺乏诚意。所以，待人热情一定要出自真诚，是尊重他人真挚情感的自然流露。如果心存不敬，却又要故意表现出热情，只会让人感到做作，引起反感。这一点在与客户及其他来访者打交道时尤为重要。不论来访者是不是客户，客户部的工作人员都应要热情接待；不论是不是自己的客户，我们都要热情真诚地为其服务。第二，要给他人留有面子。所谓面子，即自尊心。即便一个毫无廉耻之心的人，也有自尊心。失去自尊，对一个人来说，是一件非常痛苦、难以容忍的事情。所以，伤害别人的自尊是严重失礼的行为。第三，允许他人表达思想，表现自己。每个人都有表达自己思想、表现自身的愿望。社会的发展，为人们弘扬个性提供了更为广阔的空间。丰富的个性色彩和多元思想的共存，是现代社会区别于传统社会的一个基本特征。因此，现代礼仪中的互尊原则，要求人们必须学会彼此宽容，尊重他人的思想观点和个性。

【礼仪故事】

向国徽敬礼

第一次世界大战中，有一次在美军兵营里，一名黑人少校军官和一名白人士兵在路上相遇。士兵见对方是黑人，就没有敬礼。当这名士兵擦身而过时，背后传来一个低沉而坚定的声音：“请等一下！”黑人军官对他说：“士兵，你刚才拒绝向我敬礼，我并不介意。但你必须明白，我是美国总统任命的陆军少校，这顶军帽上的国徽代表美国的光荣和伟大。你可以看低我，但必须尊敬它。现在，我把帽子摘下来，请你向国徽敬礼！”士兵只得向军官行了军礼。

这位黑人少校，就是后来成为美国历史上第一位黑人将军的本杰明·戴维斯。

3. 诚信原则

诚信原则是指遵时守信，“言必信，行必果”。取信于人在人际交往中是非常重要的。《韩非子》中记载着这么一则寓言：有一户有钱人家的围墙被大雨冲塌了，隔壁的邻居提

醒他："要及早修复，免得盗贼侵入。"有钱人家的儿子也同样说道："爸爸，及早修理吧，不然小偷会来的。"结果当天晚上小偷果然来了，偷走了不少东西。有钱人家的反应是：儿子预先说在前，意见很对，有先见之明，心里却对邻居起了疑心，怀疑邻居是小偷。原因很简单，一方面，中国人自古以来是家天下，血缘关系是亲不可分的纽带，影响了人们对客观事物公正的判断；另一方面，就是人的心理反应，产生"自己人效应"，更易于相互吸引。当你信任一个人的时候，就会想：既然是这个人说的，靠得住。所以，常常是别人信任你，才认为你是对的。因此，在人际交往中，你必须博得人们的信赖，才更有利于你的成功。信任是靠慢慢积累的，与客户初次打交道，客户都会抱着怀疑的态度跟你沟通，一旦接触多了，你在工作上也做到言而有信，说什么时候出方案就什么时候出方案，答应了上材料就上材料的话，客户也就慢慢开始信任你了，这样就更利于开展工作，更好地为客户服务。自信也是获取信任、取信于人的方法。一个人要对自己有信心，不要因为曾经有过这样那样的失败或小挫折就以为自己不讨人喜欢了，从而失去自信，放弃自己。其实，一个人有失败并不奇怪，世界上没有常胜将军，关键是要有勇气，跌倒后还能爬起来，还能保持自信，自信自己能努力做到最好。

4. 宽容原则

宽容就是心胸宽广。"海纳百川，有容乃大"，能设身处地为别人着想，能原谅别人过失，也是一种美德，被作为现代人的一种礼仪素养。

那么，如何在礼仪中体现宽容原则呢？我们认为，应从以下几个方面做起：第一，要做到"入乡随俗"。如中东一些国家，受宗教信仰的影响，禁止女性向家庭成员以外的男人裸露肌肤，严格讲究男女授受不亲。去这些国家访问做客，就应尊重他们的礼仪规范。第二，理解他人，体谅他人，对他人不求全责备。俗话说"金无足赤，人无完人"，现实生活中的人，没有十全十美的。表现在礼仪方面，有些人擅长礼仪交际，说话办事滴水不漏；有些人则不熟悉礼仪知识，形似粗俗。第三，虚心接受他人对自己的批评意见，即使批评错了，也要认真倾听。俗话说"人非圣贤，孰能无过"，有了过错后允许他人批评指正，才能得到大家的理解和尊重。有时，批评者的意见是错误的，但只要不是出于恶意，就应以宽容大度的姿态对待，有则改之，无则加勉。特别是在工作中，更应注意这个问题。

5. 自律原则

礼仪宛如一面镜子，对照着它，你可以发现自己的品质是真诚、高尚，还是丑陋、粗俗。真正领悟礼仪、运用礼仪，关键还要看人的自律能力。

1997 年亚运会在日本广岛结束的时候，6 万人的会场上竟没有一张废纸。全世界的报纸都登文惊叹："可敬可怕的日本民族！"就因为没有一张废纸，令全世界惊讶。再看看中国，在国庆节升旗后，人群散去，整个广场是满地的废纸，被风刮起，四处乱飞。就这一个现象，就说明人们没有注重自己的礼节，这样的人不配在国庆节看升旗。有些事，我们总觉得应该做，总觉得那样做才是正确的，但我们往往做不到，为什么？内心修养和素质不够！举个很简单的例子，自己部门纸篓里的垃圾都已经溢得满地都是，却没有一个人想到要清扫一下，把垃圾倒掉。这件事很简单吧，但为什么没人做呢？原因就是在大家内心里、潜意识里还没有真正注意到礼仪形象问题，没想到这种情形会影响公司在客户中的形象。

【实训项目】

1. 收集一至两则中国古代有关文明礼貌的佳话，向周围的人宣讲。

2. 向大家介绍一段你周围的人继承中华民族讲究礼仪传统美德的故事。

3. 请你列举三例校园生活中的不诚信现象，针对这些现象，请你为“打造诚信校园”提几点有益的建议。

第二单元 》》》》》》》》》

民航服务礼仪概述

一、服务的内涵

（一）服务的定义

美国市场营销协会（AMA）1960年最先给服务下的定义是："用于出售或者是同产品连在一起进行出售的活动、利益或满足感。"后来又重新定义为："可被区分界定，主要为不可感知却可使欲望得到满足的活动，而这种活动并不需要与其他产品或服务的出售联系在一起，生产服务时可能会或不会需要利用实物，而且即使需要借助某些实物协助生产服务，这些实物所有权也不涉及转移的问题。"

在英语中，服务为"Service"，有人认为，构成这个词的每一个字母都代表着对服务人员的行为规范的一种要求。

"S"——Smile（微笑）其含义是服务人员应该对每一位宾客提供微笑服务。

"E"——Excellent（出色）其含义是服务人员应该将每一个程序、每一次微小的服务都做得很出色。

"R"——Ready（准备）其含义是服务人员应该随时准备好为宾客服务。

"V"——Viewing（看待）其含义是服务人员应将每一位宾客都看作需要提供优质服务的贵宾。

"I"——Inviting（邀请）其含义是服务人员应该在每一次接待服务结束时，主动邀请宾客再次光临。

"C"——Creating（创造）其含义是每一位服务人员应设法精心创造出宾客能享受其热情服务的氛围。

"E"——Eye（眼光）其含义是服务人员应始终以热情友好的眼光关注宾客，适应宾客心理，预测宾客要求，及时提供有效的服务，使宾客时刻感受到服务人员在关心自己。

《现代汉语词典》对"服务"的解释是："为集体（或别人的）利益或为某种事业而工作。"也有专家给"服务"下的定义是这样的："服务就是满足别人期望和需求的行动、过程及结果。"前者的解释抓住了"服务"的两个关键点，一是服务的对象，二是说清了服务本身是一种工作，需要动手动脑地去做；后者的解释则抓住了服务的本质内涵。

综上所述，我们可以这样定义服务：服务是指为他人做事，并使他人从中受益的一种有偿或无偿的活动。它是以提供活劳动的形式满足他人某种特殊需要，并让他人拥有美好的心理感受，充分体验服务这种产品的附加值。

由此我们可以看出服务具有以下几层含义：①服务是一种满足他人或组织需要的行为；②服务是一个互动交流的过程；③服务是一项追求双赢的表现。

（二）服务的特征

服务作为一种特定的产品与一般产品相比，具有以下显著特征。

1. 无形性

服务的无形性是指服务与有形的实体产品相比，其特质及组成服务的元素是无形无质的；同时又表现为生产与消费的同时性，也就是说服务的生产和消费大都是同时进行的，服务的生产过程，同时也是服务的消费过程。服务过程只可以感觉，却不具有可视性。消费者关注的不仅是有形的物质产品，而且更加注重作为产品有机组成部分的服务的无形性，而服务质量很大程度上依靠服务人员的表现来实现，无形性是服务的最基本特征，其他特征由此特征派生出来。

2. 差异性

服务的差异性是指服务的构成成分及质量水平经常发生变化，很难控制。服务行业是以“人”为中心的产业，服务虽然有一定的标准，但会因人、因时、因地而表现出差异性，如有经验的员工与没有经验的员工提供给顾客的服务相差很大，有服务热情的员工与缺乏服务热情的员工提供的服务也不一样，同一员工受到激励时和缺乏激励时的服务效果也是不一样的。

3. 利他性

服务的利他性是指服务是服务人员和服务企业为满足他人需求的行为，或者说是为他人提供有益的服务的活动，而不是满足自身需要的活动。通过提供服务获得他人的满意和好评。

4. 不可储存性

服务的不可储存性是指服务不像有形的产品可以储存起来，以备将来出售或消费。服务产品的无形性，生产和消费的不可分离性，使服务不可能像实物产品一样被储存，只能在生产的同时被即时消费。例如，民航服务是有形的实物产品和无形的服务活动所构成的集合体。

5. 质量测评的复杂性

实物产品由于具有实体性特点，可以按照统一的工艺流程进行生产，按照统一的技术标准进行质量测评，而测评无形的、不能储存的服务产品的质量是非常复杂的，服务企业很难通过标准化管理来保证服务产品的质量。

二、民航服务的原则与特征

民航服务是由民航企业提供的，以满足旅客需要而从事的具体工作，实现旅客与民航双赢的活动过程。它包括民航地面服务、空中服务两方面的活动内容。

（一）民航服务的原则

1. 三 A 法则

三 A 法则是美国学者布吉林教授等人提出来，它的基本含义是在人际交往中要成为受欢迎的人，就必须善于向交往对象表达我们的善良、尊重、友善之意。《礼记》的开篇说“勿不敬”，所以“礼者，敬人也”，礼就是要求人以尊重为本。同时强调，礼仪的仪就是规范的沟通技巧，它要求规范，不能乱来。在尊重与规范之间有座桥，就是要善于表达。布吉林等人认为人一定要恰到好处地表达对别人的友善才能被人容忍和接受。这种沟通技巧有三点，用英文来讲，这三点的每一个词的第一个字母都是 A，所以把它叫三 A 法则。它们分别是：Accept：接受对方；Appreciate：欣赏对方；Admire：赞美对方。下面我们分别从服务技巧的角度来解读三 A 法则。

首先是接受服务对象。接受服务对象实际上就是民航服务人员服务态度是否端正的问题。真正将旅客视为自己的上帝和衣食父母，诚心诚意地意识到旅客至上，自然而然就应当认可对方，容纳对方，接近对方。只有做到了这一点，才能真正地提高自己的服务质量。如多使用礼貌用语，善用尊称、肢体语言和表情等，传导出亲切、温暖和友善的信息，为旅客所接纳、欢迎从而留下良好的印象。

其次是欣赏服务对象。欣赏服务对象是民航服务人员发自内心地表达对旅客的一种重视，这是对旅客表达敬重之意的具体化。这主要表现为认真对待旅客，并且主动关心旅客。具体而言是通过民航服务人员提供的服务，使旅客真切地体验到自己备受民航服务人员关注、看重。如牢记旅客的姓名、善用尊称和倾听旅客要求等。希腊船王奥萨是世界著名的亿万富翁，也是受女人欢迎的花花公子，他征服了改变世界歌剧历史的天才女歌唱家玛利亚·奥萨斯，又娶了美国前总统肯尼迪的遗孀杰奎琳。这个有名的花花公子在接受记者采访时，被问到他如何获得女人的喜爱时回答：“当她们说话时，我在听！”

最后是赞美服务对象。赞美服务对象实质上是民航服务人员对旅客的接受与重视的表现。从心理上讲，所有的人都希望自己能够得到别人的欣赏与肯定，而且别人对自己的欣赏与肯定越多越好。获得他人的赞美是对自己最大的欣赏与肯定。一个人在获得他人真诚的赞美时内心的愉悦程度常常是任何物质享受都难以比拟的。具体而言，这要求民航服务人员在服务过程中要善于发现旅客之所长，并且及时地、恰到好处地对其表示欣赏、肯定、称赞。这种做法的最大好处是可以争取旅客的合作，使民航服务人员与旅客在整个服务过程中双方和睦而友善地相处。

2. 首轮效应

首轮效应又叫首度效应，也有人将首轮效应称为第一印象效应，并且进而将首轮效应理论直接叫作“第一印象决定论”。心理学家研究发现，人们的第一印象形成是非常短暂的，有人认为是见面的前 40 秒，有人甚至认为是前两秒，在一眨眼的工夫，人们就已经对你盖棺定论了。有时就是这几秒钟会决定一个人的命运，因为在生活节奏紧张的现代化社会，很少有人会愿意花更多时间去深入了解、旁观再证一个留给他不美好的第一印象的人。无论第一印象是正确还是错误的，大部分人都依赖于第一印象的信息，而这个第一印象的形成对于日后的决定起着非常大的作用。毫不夸张地说，第一印象就是效率，就是经济效益。它比第二次、第三次的印象和日后的了解更重要。

民航业的全体人员必须充分意识到树立良好第一印象的重要性。不论是自己的个人形象，还是本单位的企业形象，都是自己对旅客所提供的服务的有机组成部分之一，都会成为或积极或消极的第一印象的重要制约因素。所以要树立以下几个方面的意识：

（1）形象是一种服务。个人形象、企业形象被塑造好了，不仅会令顾客感受到应有的尊重，而且还会使之在享受服务时感到赏心悦目、轻松舒畅。

（2）形象是一种宣传。在民航业里，个人形象、企业形象被塑造好了，就会使广大旅客有口皆碑，交口称道，并且广为传播，进而为自己吸引来更多的旅客群。

（3）形象是一种品牌。在市场经济条件下，拥有一种乃至数种知名品牌，往往会为自己带来巨大的好处。在任何一个服务单位里，如果全体员工的个人形象与整个企业的形象真正为社会所认同，久而久之就会形成一种同样难能可贵的品牌形象。

（4）形象是一种效益。就形象塑造而言，投入与产出肯定是成正比的。民航业的形象被塑造好了，自然会获得一定的社会效益与经济效益。

关于如何塑造良好的形象？美国心理学家奥伯特·麦拉比安发现人的印象形成是这样分配的：55% 取决于的你的外表，包括服装、个人面貌、体形、发色等；38% 是如何自我表现，包括语气、语调、手势、站姿、动作、坐姿等；只有 7% 才是你所讲的内容。那么如何在服务中给旅客塑造良好的第一印象，可以考虑从以下两方面来打造：一是主观塑造，从容貌服饰、面部表情、身段表情、声音表情等方面，塑造自己良好的风格、风度和风范博取旅客的好感；二是客观塑造，从视觉感受、心理氛围、宣传信息、人际网络等方面，完善自己的修为、修养和修炼获取旅客的赞美。

3. 亲和效应

所谓亲和效应是心理学上的一个概念。它的主要含义是：人们在交际应酬中，往往会因为彼此之间存在着某种共同之处或者相似之处，从而感到相互之间更加容易接近。这种接近会使双方萌生亲密感，进而促使双方进一步相互接近、相互体谅。

在人与人交往的过程中，心理定势是普遍存在的，每个人的心中都有在一定时间内所形成的一种具有一定倾向性的心理趋势。即一个人在其过去已有经验的影响下，心理上通常会处于一种准备的状态，从而对其认识问题、解决问题带有一定的倾向性与专注性。在与人交往的时候，大家都有一种认识倾向，对于那种他们看起来比较亲近的人会更乐于接近。人们往往会因为彼此存在着某种共同或近似之处，感到相互更容易接近；接近后，又因此萌生亲切感。这些共同之处，可以是血缘、地域、学缘，也可以是志向、兴趣、爱好、利益。在现实生活里，我们往往更喜欢和那些与自己志向相同、利益一致，或者同属于某一团体、组织的人做朋友。

民航业服务人员与旅客，尤其是常来常往的旅客彼此之间形成亲和力是非常有必要的，要做到这一点，需要做到以下几方面：

（1）待人如己。美国人哈尔伯特·哈伯德在其《自动自发》一书中说：成功守则中最伟大的一条定律——待人如己，也就是凡事为他人着想，站在他人的立场上思考。

以前，人们有换位思考的说法，即想问题、办事情，设身处地，转换角色，体验对方感受。正所谓一事当前，要想知道别人的想法，先问一问自己的想法；要想知道别人的感受，先想一想自己的感受。先贤大儒孔子先生更是有言在先，即“己所不欲，勿施于人”，也是合了推己及人、待人若己的要义。无论说法怎么变换，古今中外倒是一致认定：诚善对己，也要诚善对人，这样才能人己合谐，相得益彰。

利己是人类的一种共性。在一般情况下，人们都通常会考虑自己的处境，爱护自己，保护自己，善待自己。在民航服务岗位上，民航服务人员要使旅客真正地感受到自己在服务工作中所表现出来的亲和力，就必须要做到待人如己，也就是说，民航服务人员在接待旅客，为其提供服务时，要像对待自己一样，而不是将其视为与自己毫不相干的人。

（2）出自真心。民航服务人员对旅客进行服务时，还必须认真注意，自己对对方的友善之意要出自真心，实心实意。不可以假乱真、虚情假意，利用对方对自己的信任去欺骗、愚弄对方。那样做即使可以得逞一时，但终会有一天因为真相大白而遭人唾弃，自毁信誉，因此是得不偿失的。

（3）不图回报。尽管从经营的角度来说，民航业是注重投入与产出比例的，但是这只是就总体而言，具体到民航服务人员的每一项日常行为，比如对旅客的待人如己、亲密无间等，就不能够立即要求回报。事实上，出自真心的热情服务是难以计价的，不可用金钱来衡量的。否则，它自身便失去了存在的价值。

4. 末轮效应

所谓末轮效应就是指在服务过程中，民航服务人员和民航企业留给旅客的最后印象。

其核心思想，是要求人们在塑造自己的整体形象时，必须有始有终，始终如一。在人们相互认知与彼此交往的整个过程中，第一印象至关重要，但最后印象也同样发挥着关键的作用。因此，首轮效应理论与末轮效应理论并不是对立的、矛盾的，实际上它们只不过讨论的是一个过程之中的两个不同侧面而已，二者同等重要。

根据人际交往的一般规律，在人们与其他人或其他事物的初次接触、交往中，对于第一印象比较重视。而当人们与其他人或其他事物进行过一段接触、交往之后，则对最后印象尤为看重。所以，民航业与民航服务人员都要特别注意，在为旅客进行服务的整个过程中，如欲给对方留下完美的印象，不仅要注意给对方留下良好的第一印象，也要注意给对方留下良好的最后印象。二者缺一，便难有完美的印象。

在服务过程中，得体而周全地运用末轮效应的理念，抓好最后的环节，至少对于民航业存在三大好处：①有助于民航企业与民航服务人员始终如一地在旅客面前维护自己的完美形象。②有助于民航企业与民航服务人员为旅客热情服务的善意真正地获得对方的认可，并且被对方所愉快地接受。③有助于民航企业与民航服务人员在服务过程中克服短期行为与近视眼光，从而赢得旅客的人心，并因此逐渐地提高本企业的社会效益与经济效益。

5. 零度干扰

所谓零度干扰就是要求民航业与民航服务人员在服务过程中，为旅客创造一个宽松、舒畅、安全、自由、随意的环境，使旅客在享受服务的整个过程中，尽可能地保持良好的心情，获得精神上的愉悦。通过创造无干扰的环境，注重与旅客保持适度的距离、热情有度的行为等方面，让旅客尊享自由自在的环境，获得美好的心理感受，凸显优质服务的价值。

（二）民航服务特征

民航服务与其他服务业有着独特的特性。由于它涉足地面服务和空中服务，除了一般基本服务外，其生命和财产安全的服务，就显得尤为重要。因此，民航业服务具有以下特点：

1. 时效性

“时间就是金钱，效率就是生命”在民航业服务上体现得尤为充分，强调的是服务必须在明确的时间段内完成。地面服务以不耽误旅客乘机为时间节点，空中服务必须是在旅客进入和离开机舱为时间节点。这种时效性要求民航服务人员必须严格依照时间要求为旅客提供所有的服务，提前或延迟都是无效或无意义的。因此，遵守时间，有强烈时间概念是民航服务人员必备的基本素质。

2. 整体性

民航服务产品是从旅客购票开始，经历机场值机、安检、登机、客舱服务、行李服务等环节，指导旅客离开机场为止，形成民航服务的整体性产品。同时，民航服务是民航设施、设备、飞机机型与客舱产品、环节氛围以及民航服务构成的。在这里，设施设备、飞机机型与客舱产品是民航服务的基础，环节气氛是补充，服务质量是最终的表现形式，是适合和满足旅客需要的最后体现。

3. 安全性

安全是民航业区别其他服务业的显著特征。旅客从购买机票的那一刻开始，就购买了安全、准时到达目的地的整个行程。民航服务就是要在保障旅客生命、财产安全的基础上，尽量满足旅客其他需求，让旅客愉快地旅行。

4. 层次性

美国心理学家亚伯拉罕·马斯洛于1943年在《人类激励理论》论文中提出人类的需要是分层次的，由低到高，分别为生理需要、安全需要、社交需要、尊重需要、自我实现需要。马斯洛的需求层次理论具有很强的现实意义，对服务行业其意义尤为突出，但是马斯洛的需求层次理论针对不同的服务行业其提供的服务内容是不同的，旅客的需要层次表现也是不同的。笔者以为马斯洛的需求层次理论对当今民航业的发展有很大的启示作用，期间存在着微妙的联系。其主要表现在：

一是满足旅客生理的需求。如机舱环境（温度、环境噪声等），饮食（种类、搭配、口味、安全食品），即指食品无毒、无害，符合应当有的营养要素，对人体健康不造成任何急性、亚急性或慢性危害性食品。

二是满足旅客安全的需要。如整洁卫生，服务首先要保证机舱卫生，包括乘务员的衣着卫生、个人卫生、饮食卫生、环境卫生等；再如安全服务，严格的安检、客舱秩序，必要的延误、返航、备降，拒载特殊乘客等。让旅客在飞行中坐得放心和舒心，使货物在空运过程中无损坏。

三是满足旅客社会的需求。为旅客提供舒适的乘机环境满足不同旅客的不同要求，使旅客享受到不同的妥帖服务。完善机上服务的商业功能。和谐幽雅的环境可以淡化旅客的疲劳，优美的音乐、机上电视节目，使人情绪缓和，完善机上服务的商业功能有利于招徕更多的商务乘客。

四是满足旅客尊重的需求。为旅客提供礼仪礼貌服务。民航服务人员的言语、行为和仪表，反映对旅客的基本态度、素质和职业修养，是吸引旅客的重要方面。民航服务人员应做到主动、热情、周到、细致、耐心、诚恳地为旅客服务，理解旅客的消费需求并进行个性化服务。

五是满足旅客自我实现的需求。机上食品、各色服务器材应具有审美功能，形成独具特色的艺术与审美价值，借助服务使旅客得到美的享受和艺术的陶冶，提高审美水平。还有如准点率、行李处理报告、航空客票的超售被拒登机报告、旅客投诉等方面的服务质量，给旅客带去更多的舒适与便捷，是民航服务追求的大目标。

三、服务意识与服务礼仪

（一）服务意识

1. 服务意识的含义

意识是人类所固有的一种特性，它是人的头脑对于客观世界的一种反映，是感觉、思维等各种心理活动过程中的总和。存在决定意识，意识又反作用于存在。意识是通过感觉、经过思维而形成的，思维是人类特有的反映现实的高级形式。服务意识是指民航服务人员有随时为旅客提供各种服务的、积极的思想意识。它通过对服务感觉、认识、思维而形成，与组织精神、职业道德、价值观念和文化修养等紧密相连，是热爱本职工作的表现。

2. 服务意识的重要性

服务意识是后天培养出来的，是一个对于民航组织极其重要的理念。服务意识关系着服务水准、服务质量，只有在良好的服务观念、服务意识的指导下才能端正民航服务人员的工作态度，激发他们的工作热情，提高其对自身工作的兴趣，从而为旅客提供更优质、热情的服务。而在市场竞争日益激烈的今天，民航企业就是要比服务质量、服务水平、服务意识，因此民航服务人员要时时刻刻为旅客着想，旅客就是民航组织的衣食父母。

3. 服务意识的核心

服务意识的核心理念是：服务既不是下贱的，也不是低人一等的，服务是光荣的。中国封建社会“重农抑商”，导致人们轻视商业、服务业，看不起服务工作。在这一传统观念影响下，今天许多年轻人在选择职业时，仍对把服务业作为终身职业心有不甘，这种观点与西方发达国家相比差别较大。其实今天服务的“内涵”比以往扩大了很多。现代服务业的不断扩展，社会分工促成了繁杂的行业、工种与岗位的产生，它们支撑着社会肌体的运行。每个人都是在为他人做工作，也都在接受着他人的服务。整个社会就像一个服务网络，每个人都是其中的一个节点。我们应该清醒地意识到，服务是光荣的，离开了服务，当今社会就无法正常运转。

4. 服务意识的要求

（1）明确角色。有的乘务员因故抱怨说：“那人太过分了，在家里我父母也没这么说过我，我咽不下这口气，我还不侍候了！”这些话表明，民航服务人员把旅客对自己的态度与父母的态度相比，不能接受二者之间的差异，这是典型的对角色定位不准的表现。

其实，民航服务人员与旅客之间是服务与被服务的关系，是服务产品的提供者与消费者的关系。尽管双方在人格上是完全平等的，但所承担的社会角色不同，在服务岗位上自然就不能与服务对象平起平坐。

与此相反，有的民航服务人员认为自己就是侍候人的，在客人面前唯唯诺诺、谦恭过头，那也没有必要。现代社会不同于封建时代，等级观念已被打破，民航服务人员不是奴隶和小听差，不要自卑自贱。有文化教养的客人也不希望与不懂得自尊的人打交道。美国的里兹·卡尔顿酒店提出一个口号："我们是为先生女士服务的先生女士。"能正确认识自身价值，自尊自重，自豪而不自卑，更能得到客人的尊重。

（2）关注细节。民航服务人员要想满足服务对象的不同需要，不能只关注所谓大事，而是必须从细节做起。不论工作如何繁杂而琐碎，或是多么简单与重复，都要重视、留神，认真、严谨地对待每一个细微之处。对民航服务人员来说，服务工作是日复一日的，是成百上千次的，但对旅客来说，却可能是第一次，甚至是唯一的一次感受。因此，民航服务人员不仅要认真细致地做好每一个旅客的礼仪礼貌服务工作，还要认真细致地做好每一个旅客礼仪礼貌工作中的每一件小事，使旅客无时无刻地感到这种接待服务是一种美好的经历和享受。

俗话说"细节决定成败"，有时常常是看起来微不足道的小事，却给服务对象留下或好或坏的印象，决定了他们的评价。眼下许多个性化服务其实就是关注细节，其结果往往是感动服务对象，培养了终身客户。例如，一位乘务员在客舱巡视时，发现有一位旅客双手抱着肩膀睡着了，于是她便主动拿来了一张毛毯，轻轻给他盖上，她的这一举动，赢得了客人的称赞。

（3）善解人意。善解人意，就是要学会揣摩客人和换位思考。

服务是一门艺术，民航服务人员应该研究每一位旅客的不同服务需求，在向旅客提供服务时，要综合考虑对方的身份地位、消费能力、修养和心情，甚至是对方与同来的其他旅客之间的关系，据此来揣摩旅客的心理，然后依照各自不同的情况，提供有针对性的差异化服务。例如，东航乘务员会根据不同的乘客来推销飞机上的特供商品，公务出访的要观察分析主宾的喜好，家庭出游的要注意简单实惠，情侣同行的要考虑精致浪漫，等等。

在揣摩客人的基础之上，民航服务人员还应学会换位思考，即要站在旅客的角度去考虑问题，主动进入对方的角色，思考旅客所需要的究竟是什么。如果说揣摩客人，就是站在客人身边，仔细观察客人需求的话，那么换位思考，则是要把自己假设成客人，"进入"客人的身体，来思考他们的需求。例如，机上送餐每人一份，有的客人不习惯机上餐，往往不吃而丢掉，有的客人明知他浪费而自己需要也不好意思说。有的乘务员这时就会提示客人不需要就免给了，将其转给需要的客人，客人自然很感激，认为这里的服务很妥帖，做到心坎上了，乐于再度光临此航空公司。

（4）一视同仁。在民航业中，民航服务人员对所有的旅客不分性别、国籍、民族、肤色、衣着、宗教信仰、文化高低、地位、经济状况，都应一视同仁，热情服务。遵循价值规律，旅客付出了货币，民航服务人员就应提供热情、细致、殷勤、周到的服务作为交换。这种服务正是和旅客互相平等的必要条件，做不到这一点，民航服务人员就是怠慢了旅客，平衡的天平就会发生倾斜。

人是感情的动物，情绪往往会受到周围人和环境的影响。但是不论旅客是和颜悦色、一脸笑容，还是情绪沮丧、唏嘘失落，甚至是怒发冲冠、咆哮不已，民航服务人员都应该提供相同质量的服务，不能厚此薄彼、区别对待。而且民航服务人员也不应把自己在家庭、社会和员工间的喜怒哀乐带到和旅客之间的关系中来，要力争做到昨天、今天、明天，刚才、现在、等会，这位、那位、下一位，都提供同样优质的热情服务。

（二）服务礼仪

1. 服务礼仪的含义

服务礼仪是礼仪在服务行业内的具体运用，是礼仪的一种特殊形式。主要指服务人员在工作岗位上，通过言谈、举止、行为等，对客户表示尊重和友好的行为规范和惯例。简单地说，就是服务人员在工作场合适用的礼仪规范和工作艺术。服务礼仪是体现服务的具体过程和手段，使无形的服务有形化、规范化、系统化。

有形、规范、系统的服务礼仪，不仅可以树立服务人员和企业良好的形象，更可以塑造受客户欢迎的服务规范和服务技巧，能让服务人员在和客户交往中赢得理解、好感和信任。所以，作为民航服务人员来说，学习和运用服务礼仪已不仅仅是自身形象的需要，更是提高企业经济效益、提升竞争力的需要。

2. 服务礼仪的特征

服务礼仪是一门实用性很强的礼仪学科。作为礼仪的一种特殊形式，它同礼仪的其他门类相比，具有以下特征。

（1）规范性。服务礼仪的规范性主要体现为岗位规范，其基本内容包括：仪容规范、仪态规范、仪表规范和语言规范。即服务人员的仪容礼仪、仪表礼仪、仪态礼仪、礼貌用语等，都是与其具体服务岗位的工作特点紧密结合、融为一体的。所谓规范就是人们常说的规矩，服务礼仪的规范性要求服务人员站有站相，坐有坐相，没有规矩，不成方圆。服务礼仪典型的岗位规范有："待客三声"——来有迎声、问有答声、去有送声。"四个不讲"——不讲不尊重对方的语言，不讲不友好的语言，不讲不客气的语言，不讲不耐烦的语言。待客三声和四个不讲是全体服务人员在其工作岗位上必须做到的基本要求，只有做到这些，才能使顾客高兴而来，满意而归，为企业树立良好的形象。

（2）操作性。服务礼仪的可操作性在服务人员的工作岗位上表现得非常具体，绝不抽象，它不是"宾至如归""宾客至上""以人为本"的口号，而是一条条、一款款可操作的细则。比如有航空公司规定：乘务员在客舱口遇到走进来的乘客时，应微笑注视客人后，点头致意，问候"您好！"通过这个动作的完成，我们可以看出，民航对服务人员的语言、表情、动作，从时间到方式，都作了极其详尽的描述。服务人员在工作岗位上，必须按照此要求进行操作。

（3）单向性。服务礼仪拥有其他礼仪没有的单向性，这是由于服务关系的特殊性所决定的。服务从内容上讲是服务生产者满足服务消费者需求的行为，消费者向服务人员提出要求，服务人员则依据消费者的需求提供服务。在服务关系中，服务人员作为需求的满足方有义务最大限度地满足顾客的各种需求，却不能同时要求顾客来满足自己的某些需求。例如，服务人员向客人鞠躬，但不能要求客人向自己鞠躬，服务人员聆听着不满客人大声斥责，甚至辱骂，即使有理也不能同样的大声、坏脾气地回敬客人。

3. 服务礼仪的作用

服务业的快速发展，导致服务市场的竞争日益激烈。任何一个服务企业，在这样的环境中求生存、谋发展，最根本的条件是要有良好的服务质量来保证。一个服务企业，怎样才能创造良好的服务质量？提高服务人员的职业素质和能力是非常重要的一环。要实现这样的要求和目的，就必须依靠规范化的服务礼仪。服务人员只有明确了服务过程中正确的行为规范，才能更好地提高服务质量，才能以周到、热情、主动的服务水准为顾客提供全方位的服务。所以，推广服务礼仪，既是服务行业自身发展的需要，也是满足消费者的需求。

（1）有助于提高服务人员的个人素质。服务礼仪作为服务人员角色行为，为服务人员在服务过程中使自身的行为符合服务对象的要求提供了保障，也有助于服务人员个人素质的提高。服务礼仪通过深入剖析服务关系的性质来正确定位服务人员的角色，让服务人员真正明白服务的内涵和意义，使其在理解了什么是服务的基础上形成良好的服务意识，并使他们具备可依据的服务原则自如应对各种复杂的服务情景的能力，从而形成较高的服务人员应具备的个人素质。

（2）有助于展现良好的人际沟通。服务礼仪为在与服务交往时所可能出现的每一个场合，每一个细节作出了具体的行为要求，让服务人员能顺利地选择合适的行为与服务对象进行自觉的交往，防止出现让服务人员不知道应该怎样表示尊重，即使想表达而表达不出来的情况；也防止出现因为采用不正确的表达方式，而让服务对象误认为失礼，即表达错误的情况。服务礼仪通常简单、易行，它不仅能使服务人员和服务对象交往顺利，而且也使服务工作变得相对轻松和简单，使服务对象更容易产生被尊重和优越的心理感受。

（3）有助于提升服务水平与服务质量。服务质量，通常泛指服务人员服务工作的好坏与服务水平的高低。服务质量主要由情感性服务（服务态度）与机能性服务（服务技能）两个大要素构成。情感性服务是服务人员对服务对象的行为的总和，包括动作、表情和谈话等，其质量具有很大的主观性和不确定性。在一般情况下，消费者对情感性服务的重视程度，往往会高于对机能性服务的重视程度。可以说，提高服务水平和服务质量的关键在于提高情感性服务的质量，而情感性服务的质量又取决于服务人员的服务意识和礼仪修养。

（4）有助于塑造民航的整体形象。良好的企业形象是吸引消费者、扩大企业市场份额的有效保证。塑造并维护企业的整体形象不是为了自我欣赏，而是为了服务对象。而良好的服务礼仪是一个企业树立良好的企业形象的有效手段。人们对一个企业的认识，首先是从该企业为服务对象提供的服务开始的。因此，好的服务礼仪可以塑造、完善一个企业、一个地区乃至一个国家的整体形象。

（5）有助于扩大民航的竞争力。随[illegible]场经济的日益激烈，科学技术的不断发展和全球经济一体化的推进，企业生产的产品越来越满足不了消费者的要求，产品很难长期保持技术上领先，市场已经从卖方市场转为买方市场。消费者在购买商品时，不但希望买到质优的有形产品，而且希望获得满意的无形服务，从而使企业之间的技术竞争、价格竞争空间越来越小，而服务竞争显现出魅力。服务礼仪不仅能够给服务人员在服务过程中以行为指导，从而使服务交往变动容易进行，而且还能帮助服务人员养成良好的服务意识。具有良好服务意识的服务人员，能够长期赢得服务对象的认可，从而有效地扩大企业的竞争力。

（6）有助于增强民航的社会效益和经济效益。随着民航业的迅猛发展，各航空公司、机场之间的竞争再也不是有形产品之间的竞争，更多的是无形服务的竞争，航空公司和机场已经意识到良好的服务可以给企业带来可观的经济效益。与此同时，服务礼仪的意义绝对不只是局限于经济层面，而是已渗透到社会生活的各个层面，社会文明的发展和民主的进步，呼唤着服务礼仪的完善。服务礼仪可以给一个民航企业带来更多的社会效益，它使世界更美好，社会更和谐。

【实训项目】

1. 拟定一份提高个人礼仪素养的计划书。
2. 养成做礼仪日记的习惯，把每天践行的礼仪规范记录下来，做自己成长的轨迹图。

第三单元

民航服务人员的礼仪素质与能力培养

一、民航服务人员的礼仪素质天赋

每一个打算进入民航领域的人，都想要了解：在这个行业需要扮演何种角色？自身应该具备何种天赋？我们从国内外民航企业招聘员工时的要求可以看出：民航服务人员应该具有综合素质和服务才能，从外在的仪表仪态到内在的性格品德、从教育背景到工作经历、从服务思维到服务能力、从知识结构到工作能力，都有一些具体的要求。民航服务人员要善照顾，又要会处世，民航服务人员既是组织形象的传播者，又是组织形象的建立者。所以，从事民航服务人员需要天赋。根据民航业对人才的要求，民航服务人员的礼仪素质天赋表现为以下几个方面。

1. 良好形象

外形条件良好、气质高雅是民航业选择服务人员的首要条件。以貌取人的情况在各大航空公司的招聘广告中屡见不鲜。在注意力经济时代，美是一种竞争力，它能愉悦人的心理，产生强大的吸引力，为民航企业带来良好的效益。其实，爱美是动物的本能，千里马引颈长啸是期待被关注，孔雀开屏是博取赞赏。人们喜爱被美女接待，高兴接受帅哥的服务，民航企业满足广大旅客的心理需要，挑选颜值高的男女，从事民航服务工作，乃人之常情。因为，他们是民航企业经济效益和社会效益的保障。

2. 热爱交际

服务是与客人打交道，是一种人际交往。热爱交际的人，情商高，一般性格很外向，很幽默，善于沟通，无论是达官贵人，还是平民百姓，他们都能打成一片，一视同仁。到陌生的环境里，也不会恐惧，反而好奇心会很强。民航服务迎接南来北往、形形色色的旅客，热爱交际的民航服务人员，能轻松应对各路人马，把民航企业的文化迅速传递给旅客，让旅客立马产生温馨的感受，使民航服务工作产生高效应。

3. 喜欢照顾

天性喜欢照顾人的人具有奉献精神，他们通常是可靠、体贴、平和而踏实的人。他们善解人意，希望通过自己的努力让所有人都满意。同时，他们又是想法非常简单的人，与他们沟通时，你可以感受到他们的坦然和真诚，不会绕弯子或者把简单的事情讲得无比复杂。因此，喜欢照顾人的人很容易博得旅客的好感。民航服务需要民航服务人员具备这样的天赋。

4. 积极向上

积极向上是一种心态，它是人格品质中最具决定、统领和引导的因素。人因为积极向上而产生追求、产生理想、产生激情。民航服务人员在工作中，面对旅客，无论贫富、贵贱、宠辱、欣戚，无论多少误解、委屈、冤枉，任何时候，任何情况下，始终保持阳光心理、灿烂心态，容事、容物、容人的态度，将会为自己业绩提升、为民航企业声誉提升带向成功。

5. 团队精神

团队精神是大局意识、协作精神和服务精神的集中体现，核心是协同合作，反映的是民航服务人员个体利益和民航企业整体利益的统一，并进而保证民航企业的高效率运转。

6. 注重细节

人们常说细节决定事情的成败。细节因其“小”，往往被人忽视，麻痹大意，或被轻视、嗤之以鼻。细节因其“细”，也常常使人感到烦琐，不屑一顾。“相信我们，我们有能力(处置)。不要着急，坐好”，这是 2015 年 7 月 26 日深航 ZH9648 航班空乘人员在发生纵火事件时高喊、安慰乘客的话。据机上乘客回忆，嫌疑人纵火后，他有闻到煤油味；机舱很快黑烟弥漫，呼吸很困难；嫌疑人在纵火时曾称不想活了。打火机是怎么带上飞机的，刀具又是如何通过安检的？是这起案件留给公众的最大疑问。这次教训告诉我们，细节疏忽不得、大意不得。否则，会有安全问题。

7. 坚忍品性

“古之立大事者，不惟有超世之才，亦必有坚忍不拔之志。”这是北宋大文学家苏轼《晁错论》中的一句话，意思是说自古以来能够成就伟大功绩的人，不仅仅要有超凡出众的才能，还一定要有敢于面对问题、解决问题的勇气和坚韧不拔的意志。民航服务是一个劳心劳力的活儿，民航服务人员必须要具有遇到旅客投诉、遇到高强度的劳作毫不退缩和勇往直前的坚忍品质，才能实现民航服务的高水准。

二、民航服务人员的基本能力

民航服务人员必须具备以下四种能力：形象塑造能力、沟通表达能力、组织协调能力和随机应变能力。

(一)形象塑造能力

形象是无形资产、社会资本。所谓民航服务人员形象，是指社会公众对民航服务人员的价值理念、气质、品德、能力等方面所形成的整体印象和综合评价。从某种角度来说它是一种“公共性”的社会形象，是民航服务人员自身修养的外在表现。民航服务人员作为组织形象的代言人，不仅是公众和舆论关注的焦点，也是民航组织的代表，因而民航服务人员的形象在民航服务活动中具有重要影响，它不仅影响到民航服务人员个人事业的发展，也影响到民航组织的整体形象和工作全局，甚至影响到公众关系。因此，应十分重视客观存在的民航服务人员的“形象问题”，并予以高度关注，施以科学管理。

（二）沟通表达能力

民航服务人员不论在哪个岗位工作，都要与人交往，与组织联系，具有较强的沟通表达能力。民航对客服务工作需要民航服务人员思维敏捷、口齿伶俐、能言善辩、谈吐得体，可以简洁明了地表达思想，发布信息，阐述观点，解释政策。演讲、谈判、交谈是民航服务人员沟通表达的三大基本功。在日常的谈话交流中，有 55% 的信息都是靠肢体语言来传达的。因此作为一个民航服务人员需要根据不同的场合、谈话对象及谈话目的、方式，选择不同的站姿、坐姿和步姿，还要相互配合，整体协调、连贯，以优美、高雅、自然、协调取胜，以获得理想的表达效果，从而表现出自然的风度美、气质美和韵致美，给对方留下美好的印象。

（三）组织协调能力

民航组织是一个处于复杂的环境之中，面对着多变的竞争形势，要与内外部各类公众进行物质、能量和信息交换的开放式的系统。它面临着各种各样的矛盾和问题，存在着错综复杂的关系。这些矛盾和问题的妥善解决，将有利于民航组织的生存和发展；反之，将会对民航组织功能的发挥产生消极的影响。因此，组织协调能力就成为民航服务人员的一项重要的能力。民航服务人员的协调能力即是通过有效地沟通，达到民航组织与旅客之间的理解、一致与合作，消除各自的异质实现双方受益与和谐发展。所以，当民航组织不论内部或外部发生利益关联和矛盾冲突时，民航服务人员就要积极主动地铺路搭桥，进行民航组织与旅客的对话、沟通的渠道，协调磋商，消除隔阂，缓解矛盾与冲突，融洽各方关系，不断维持和巩固彼此之间的良好关系，为民航组织创造一个关系融洽、共同发展的环境。

（四）随机应变能力

民航服务人员在工作中经常会遇到许多突发事件和矛盾冲突，这就要求民航服务人员有较强的随机应变能力，处变不惊、沉着冷静、机智果断地处理问题。在服务活动中，出乎意料的事情随时都可能发生，民航服务人员在工作中一定要机警、灵敏，有随时可以应付一切突发事件的应变能力，包括超前应变能力和临场应变能力；能够根据不同的场合，调节具体的服务策略和措施。在民航组织顺利发展之时，能保持民航组织原有的形象并力争进一步提高组织形象；遇到障碍之时，能保持清醒的头脑，并想法越过障碍继续前进；

民航组织形象受到损害时，能冷静地思考，并寻求出恢复组织形象的基本途径；在日常对客服务中，遇到临时性的问题，能临阵不慌，保持理智，及时提出解决问题的方案，从而达到优质服务的目标。

三、民航服务人员的素质培养

民航服务是一种高水准、内涵十分丰富的工作，其工作成效的大小与民航服务人员的素质是密不可分的。因此，必须重视民航服务人员的素质培养和提高。其培养途径有两条：

（一）心理素质的培养

民航服务人员的心理素质是做好民航服务工作的一项重要的非智力因素，可从以下几方面进行：

（1）培养民航服务人员乐观而健康的情绪。首先，应树立乐观积极的人生态度，善于从身边的事物中寻找快乐，发现美的事物，体验到幸福的感受；其次，应对生活和工作中困难有充分的心理准备，学会接受现实，正视现实，注意克服急躁情绪；最后，应拓宽心胸，并清醒地认识到，急躁和忧虑是解决不了问题的，时时提醒自己，把牢骚转化为现实的态度和积极的行为。

（2）培养民航服务人员顽强果断的意志。首先，应培养对工作高度的责任感和使命感，明确自己所承担的工作目标和意义，强化达到目的动机，坚定自己完成工作的信念；其次，在日常生活和民航服务活动中，注意有意识地培养自己克服阻力和困难的意志，培养持之以恒的态度，克服懒散和随意性；最后，注意知识和经验的积累，避免优柔寡断，培养果断决策能力。

（3）培养民航服务人员强烈进取精神。首先，要拓宽视野，不能满足于已有的成绩；其次，要有充分的自信心，认识到别人能取得的成绩，自己经过努力同样能够达到；再次，要充分认识到现代社会是一个激烈竞争的社会，不进则退；最后，要有不怕挫折，懂得大胆地尝试才能出成绩的道理。

（二）能力素质的培养

（1）民航服务人员要提高自己的组织领导能力。首先，要了解和熟悉民航服务活动的要求和特点；其次，要努力学习相关知识，尽可能使自己熟悉并具有良好的业务能力；最后，要培养自己和他人的情感，减少心理距离和对抗。

（2）民航服务人员要提高自己的社会交往能力。首先，要了解交往的性质和特点。在一般情况下，或多或少都带有功利性的性质，民航服务人员要学会揣摩和了解对方的交往目的，增加民航服务工作的针对性；其次，要学习和掌握交往的有关技巧和方法。

（3）公共关系人员要提高自己的自控应变能力。第一，要勇于自制，具有高度的自制力是一种难得的美德。热忱是促使人采取行动的重要原动力，而自制力则是指引人行动方向的平衡轮；第二，要培养自己临变不惊的心理素质，力求保质和恢复镇静，以便沉着从容地考虑对策；第三，要锻炼自己锻炼灵活机动的适应性；第四，尽量丰富自己的学识，学会迂回战略和幽默地处理问题；第五，在面临重大变故时，要学会迅速反应，争取及时控制住局面；第六，任何好的应变措施和后果，往[illegible]事前的精心准备分不开。因此，民航服务人员应努力做好事前的策划准备工作。

【案例分析】

某航空公司要面向社会招一批空姐，前来报名的人络绎不绝。其中有几个女孩，心想空姐是多么时髦的职业，招的都是那些漂亮的女孩。于是，几个姑娘就到美容院将自己浓墨重彩地打扮了一番，活像电视剧里的韩日明星。她们兴高采烈地来到报名地点，谁知工作人员连报名的机会都不给她们，就让她们走。看着别的姑娘一个个报上了名，她们几个很纳闷：“这是为什么呢？”

问题：（1）工作人员为什么不给这几个姑娘报名？

（2）空姐的漂亮究竟有什么样的含义？

（3）如果你去应聘，会怎么打扮自己？

模块二

民航服务人员职业形象塑造

［知识目标］ 掌握良好的仪容设计标准和基本职业妆容修饰技巧，为个人职业形象的设计和塑造奠定基础，把握民航服务人员形象设计的基本原则，掌握正确的职业着装规范和符合职业场景的体姿体态要领。

［能力目标］ 掌握职业妆容的修饰技巧，掌握男士西服的着装规范，掌握领带的打法和使用规范，掌握女士职业套装的着装规范，掌握服装配饰的佩戴规范，掌握正确的站、坐、行、蹲规范和各服务礼仪的手势含义及使用技巧。

[案例导入]

2005年4月5日，法国航空公司为本土和海外全部36 000名员工更换了新制服，新制服由知名服装品牌公司、世界顶级奢侈品集团路威酩轩（LVMH）集团旗下的Christian de lacroix公司设计制作，替代了上一套由Nina Ricci设计、使用长达17年的制服（期间出现过一些设计变动）。该套制服被誉为AF战后最时尚的一款制服，尤其是女性乘务人员的制服，打破传统制服观念，进行了大胆创新，可以和93年版Nina Ricci为“协和”客机空姐专门设计的那套制服相媲美。新制服成为法航战后最时尚的制服，同时被美国有线新闻网CNN评为最新颖时尚的航空制服。

制服的整体风格体现了法航的特性，整个设计高雅大方，融合了法国固有的优雅和当今时代需要开放的姿态，达到了实用功能与美观舒适的完美结合，既体现了高雅的巴黎时尚又不乏创意，既素雅端庄又美轮美奂。设计师Christian lacroix意图为法航设计一套包罗万象的制服：100件单衣和饰物搭配的繁多变化，使每位着装者都能穿出个性和气质，穿出品位和职业风采。全套制服从手套、女鞋、帽子、短外衣到正装的设计，自始至终都由Christian lacroix独立完成，这在法航制服设计史上史无前例。此外，男女制服同时设计，这在公司历史上尚属首次，从而真正实现了风格的统一，体现了罕见的和谐。

为什么航空公司如此重视员工的制服呢？因为它代表了航空公司的企业形象，代表了航空公司的软竞争力。看似狭小的飞机座位空间和不算太长的飞行旅程，时刻上演着制服、空乘、客舱服务等细节的较量大戏，让自己成为乘客永远的首选，是航空公司在这场较量中唯一的出发点。当然，航空公司空乘人员靓丽的外表不仅仅体现在服饰上，更体现在内在涵养、仪容仪表、举止仪态等诸多方面，包含着很多不为人知的功夫和学问。

[问题思考]

1. 你认为空中乘务人员靓丽和帅气的职业形象由哪些因素构成？
2. 如何塑造和训练空中乘务人员的职业形象？

第一单元

民航服务人员仪容礼仪

一、女性仪容要求

仪容，主要是指个人的容貌。它包括一个人头部的全部外观，如头发、脸庞、眼睛、鼻子、嘴巴、耳朵等。

（一）航空服务人员的发型礼仪

发型的礼仪，是我们航空服务人员个人形象礼仪中不可或缺的一个重要组成部分。发型礼仪，指的是头发的护理与修饰的礼仪规范。在正常情况之下，人们观察一个人往往是“从头开始”的，位居于头顶之处的头发，自然不会被错过，而且还经常会给他人留下十分深刻的印象。

美发，一般是指对人们的头发所进行的护理与修饰。其目的在于，使之更加美观大方，并且适合自身的特点。

发型礼仪主要分为护发礼仪与美发礼仪这两个有机组成部分。前者主要与头发的护理有关，后者则是重点关注头发的修饰问题。任何一名航空服务人员如果不打算使自己“头上失礼”的话，对护发礼仪与美发礼仪均应认真地学习和遵守。

1. 护发礼仪的基本要求

护发礼仪的基本要求是：航空服务人员的头发必须经常地保持健康、秀美、干净、清爽、卫生、整齐的状态。要真正达到以上要求，就必须在头发的洗涤、梳理、养护等几个方面加以注意。

首先，要重视头发的洗涤。保持头发干净、清洁的基本方法是，要对它按时进行认真洗涤。洗涤头发，一是为了去除灰垢，二是为了消除头屑，三是为了防止异味，四是为了使头发条理分明。此外，它还有助于保养头发。

梳理头发时，航空服务人员应注意：一是要选择适当的工具，选用专用的头梳、头刷等梳理工具，其主要标准是不会伤及头发、头皮。在外出上班时，航空服务人员最好随身携带一把发梳，以备不时之用。二是要掌握梳理的技巧。三是要避免公开的操作，梳理头发是一种私人性质的活动，不能“当众理云鬓”，在外人面前梳理自己的头发，使残发、发屑纷纷飘落的情景尽落他人的眼底，是极不雅观和礼貌的。

最后，要重视头发的养护。绝大多数中国人都具有“黑头发、黑眼睛、黄皮肤”等共同的种族特征，我们每一个人都理当拥有一头浓密的乌发青丝。

2. 女航空服务人员发型礼仪的基本要求

对于航空服务人员来讲，美发礼仪的基本要求是：经过修饰之后的头发，必须以庄重、简约、典雅、大方为其主导风格。不论是修剪头发，还是为其选择一定的造型，航空服务人员都必须严格遵守以下要求。

（1）着制服时必须按照出勤标准梳理好发型；发型必须用发胶整理固定，做到不掉落，不松散。

（2）短发可留职业女士短发，长短整齐，不允许留超级短发及怪异发型，长度不过肩，不能挡住眉毛。

（3）如果染发只许染黑色或接近发色的自然色；白发过多者，建议染发。

（4）长发必须束起，盘于脑后，可使用学校统一发放的头花或发网，发网必须呈饱满状，禁止留刘海，碎发用发胶、夹子固定住（外露发夹数量不超过四枚）。

长发发型采取盘发发型如图 2-1—图 2-3 所示。

图 2-1

图 2-2

图 2-3

不允许出现散乱、掉落发丝、过度染色等现象，如 2-4、图 2-5 所示。

图 2-4

图 2-5

航空服务人员在修剪自己的头发时，有三个方面的问题应当引起重视：

其一，应当定期理发。根据头发生长的一般规律，常人在每半个月左右理一次头发是最为恰当的。至少，每次理发的时间间隔也不宜长于一个月。

其二，保持适当长度。对于航空服务人员头发的标准长度，业界已有成规在先。对于女乘务员，可以剪短发，不允许如同女学生一样将自己的一头秀发随意披散开来。那样尽管会使自己“女人味”倍增，却是航空服务中所不允许的。如果是长发，要将其盘起来。

女乘务员发型禁忌：时下社会所流行的一些新潮发型，如“崩克式”“烫字式”“梦幻式”“爆炸式”“多穗式”“迷乱式”“仿蛇式”等，虽华丽美艳，却绝对不适合航空服务人员选择，不能出现在航空服务工作场合。在一般情况下，不宜使用彩色发胶、发膏。女乘务员不能使用蓝、灰、棕等彩色发卡，不要在工作岗位上佩戴彩色、艳色或带有卡通、动物、花卉图案的发饰。不允许染成黑色、深棕色以外的颜色。

（二）航空服务人员的脸部修饰礼仪

人与人的交际，应该是从对面部的第一视觉点开始的，给人以美感的容颜，一般来说，总能引起人们的交际欲望，所以航空服务人员要重视对自己容颜的修饰。

脸部的修饰，要从细节入手，同时要注意保养皮肤和美化皮肤。

1. 脸部的修饰细节

（1）眼部的修饰。眼睛的清洁很重要，早上起床第一件事就是洗脸，此时就要注意眼睛的清洁。特别要注意眼角是否还留有眼屎，否则会使你当天的形象被破坏殆尽。女乘务员眉毛应以自然美为主。个别眉毛较粗浓的女乘务员，或者眉毛的形状生得不太理想，可以适当修剪美化。

（2）口部的修饰。口部的修饰范围包括口腔和口的周围两个方面。

口部修饰要注意口腔卫生，保持牙齿清洁。牙齿清洁的标准是无异物，无异味，保持洁白。在社交场合进餐后要剔牙，但切忌当着别人的面剔牙。正确方法是，用手掌或餐巾掩住嘴角，然后再剔牙，剔除的异物要吐到合适的地方，不要让它乱飞。其次是无异味。口腔有异味是很失风范的事情。平常最好不吃生葱、生蒜一类带刺激性气味的食物。每日早晨，空腹饮一杯淡盐水，平时多以淡盐水漱口，能有效地控制口腔异味。在工作时嚼口香糖是不礼貌的，特别是与人交谈时，更不应嚼口香糖。

（3）鼻部的修饰。鼻子的修饰重在保养。要点有三，一是注重保养，鼻子及其周围若是长疮、暴皮，生出“黑头”，连片的“青春痘”甚至出现“酒糟鼻”，严重影响美观。二是不能乱挤、乱挖、乱抠，鼻子是面部的敏感区，容易感染。三是要注意及时修剪鼻毛。

（4）耳部和颈部的修饰。修饰耳部主要是保持耳部的清洁，及时清除耳垢和修剪耳毛。耳朵里沟回很多，容易藏污纳垢，应注意耳朵的清洁。清除耳垢，不要当众进行，不要伤及耳膜。若有耳毛生长到耳朵外面，要及时修剪。

2. 航空服务人员的修饰化妆礼仪

化妆的基本步骤（图 2-6）：粉底→散粉→眉毛→眼影→眼线→腮红→口红→睫毛膏。

图 2-6

（1）粉底。客舱是特别干燥的空调环境，底妆就需要选择有保湿效果的粉底，粉底色上妆后与肤色接近，质地柔和。

（2）散粉。可以增加粉底的附着力使妆容持久，它可以缓和涂得过浓的腮红和眼影，也可以改善油性皮肤的化妆效果，选择粉底细腻、透明无反光型定型粉。

（3）眉毛。眉色应略浅于发色和睫毛色，禁止使用发红的棕色。三点之间的连线应柔和，不应有过强硬的线条感。

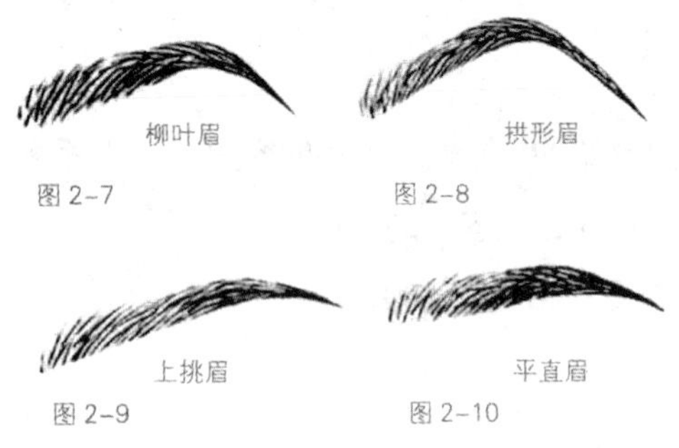

图 2-7　图 2-8

图 2-9　图 2-10

① 柳叶眉。对于柳叶眉的定义，基本上是说，眉头和眉尾基本上在同一条水平线上。眉峰在整条眉毛的 2/3 处。这样的眉毛，是比较百搭和常见的眉形，没有年龄和脸型的

②上挑眉。上挑眉基本上的形态是眉头低，眉尾高，眉头和眉尾不在一条水平线上。眉峰在整条眉毛的 2/3 处或者是 3/4 处。这样的眉形会比较适合圆脸型的人或者是脸盘儿左右比例稍大一些的人。上挑眉看上去会比较精神，有朝气。（图 2-8）

③拱形眉。拱形眉的眉头和眉尾基本上是在一条水平线上，眉峰在整条眉毛的接近 1/2 处的地方。整个眉毛的形状弧度较大，成拱形。这样的眉毛比较适合菱形脸或者三角形脸。拱形眉不太大众，一般情况下很少遇见。（图 2-9）

④平直眉。平直眉的概念是，眉头和眉尾在一条水平线上，眉峰在整条眉毛的 2/3 或者 3/4 处。眉峰呈菱形，眉尾较短，类似于柳叶眉，不过记得要区别于柳叶眉。基本上这样的眉形适合脸型稍长的人。平直眉会看上去比较无辜，较年轻。（图 2-10）

（4）眼影。用眼影刷蘸适量眼影粉，找到眼部结构位置，并将眼部结构表现出来，方法是由外眼角向内眼角均匀地晕染，然后用深色的眼影粉将眼部结构进一步强调。注意用粉扑隔离妆面。眼影色可与肤色、服饰色协调搭配成同一色系。（图 2-11）

图 2-11

禁止使用珠光与闪光的眼影。

（5）眼线。流畅的眼线能让明眸增添神彩，可用眼线液或眼线笔，但只能用黑色、深棕色、深蓝色，不允许画眼尾上挑的眼线。

（6）腮红。职业装的腮红不可强于口红，重点是在于利用柔和的色彩使得整个妆容更加亮丽。

（7）口红。禁止使用油腻及珠光的口红或唇彩，可使用唇线笔勾勒唇线改善唇型，但禁止口红或唇彩涂抹在唇线之外。（图 2-12）

图 2-12

图 2-13

（8）睫毛膏。红套装睫毛膏应选用黑色或深棕色（近似于黑色）；蓝套装睫毛膏应选用黑色或深蓝色（近似于黑色）；呈“之”字形涂抹，容易上色，也比较均匀；如果粘贴或种假睫毛，所选睫毛长度不超过一厘米。（图 2-13）

（9）手和指甲。航空服务人员的手和指甲应经常保持干净，修剪整洁；染色指甲的颜色以透明色、肉色和淡粉色为限，涂抹均匀，不能有脱落现象；染色指甲长度不超过指尖 3 毫米；不染色指甲长度不超过指尖 2 毫米。（图 2-14）

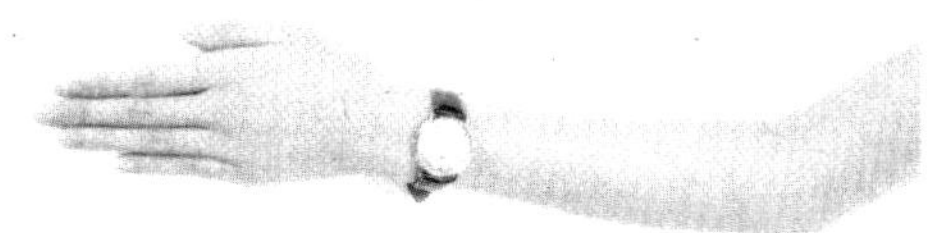

图 2-14

禁止使用大红、大绿、大紫等彩色指甲油，禁止使用珠光色或含闪粉的指甲油，禁止彩绘美甲。

3. 如何保养皮肤

（1）保持精神愉快、思想开朗，对防止皮肤的老化有非常重要的作用，使人在内外生活环境中取得和谐和统一。

（2）摄取充足和必需的营养物，饮食要多样化，避免偏食，应多吃一些含蛋白质、维生素、矿物质丰富的食品。

（3）应保证充足的睡眠，皮肤更新及呼吸的时间主要在晚上 10 点至凌晨 2 点左右，所以避免熬夜，对皮肤健康很重要。

（4）坚持经常运动，增强体质。

（5）皮肤的清洁卫生，用清洁霜或洗面奶去除面部污垢，将洗面奶涂于额头、鼻梁、面颊、下颌及脖颈处，用指尖在脸上各部位向上打圈按摩，溶解面部油污，然后用温水（水温低于 35℃）从外向里，从下往上冲洗面庞及脖颈，一般一天 1 ~ 2 次。

（6）对于全身皮肤的清洁，因地、因季节不同而异，沐浴完后搽上润肤露，保持皮肤的湿润。

（7）避免寒冷和风沙的刺激，特别在冬、春季，以免使皮肤变得干燥、粗糙。

（8）日光或紫外线的照射，是皮肤衰老的主要因素之一，过度日光照射可引起皮肤起皱、松弛、老化、色素沉着、毛细血管扩张、光敏性皮炎、皮肤癌等疾病。人们应避免在上午 11 点至中午 3 点暴晒在日光下，出门时撑伞或戴帽子，外搽防晒霜。对于面部的雀斑、毛细血管扩张、粗大毛孔等问题皮肤，可用光子嫩肤仪进行治疗。

（9）避免进食辛辣、刺激的食物和饮料，特别是饮酒和吸烟，吸烟会阻碍皮肤的新陈代谢，加速皮肤的衰老。

（10）避免长时间化浓妆及不卸妆入睡，这样不利于皮肤的呼吸。

二、男性仪容要求

牙齿要保持洁白，尽量少抽烟，不喝浓茶。如果长期吸烟和喝浓茶，天长日久，牙齿表面会出现一层“茶锈”和“烟渍”，牙齿变得又黑又黄，有损形象。

口周围的修饰主要是针对男性，男士应当每天坚持剃胡须。使用剃须刀，剃须泡沫太麻烦，占用时间，可以购买一把电动剃须刀。

男性乘务员的发型要求是：既不宜理成光头，也不宜将头发留得过长。为了显示出航空服务人员的精明干练，同时也是为了方便其工作，通常提倡航空服务人员将头发剪得以短为宜。具体而论，男乘务员中，“长发男儿”是不允许的。不仅如此，在理短发时，还必须做到：头发前不覆额，侧不掩耳，后不及领。

保持头发清洁；只许染黑色或接近发色的自然色；脸部保持清洁、无胡须；耳毛、鼻毛不得外露；手部应保持清洁，指甲应修剪整齐，指甲长度不超过手指尖 2 毫米；男士鬓角长度以高于耳朵中部为宜；不可剃光头；白发过多者，建议染发。（图 2-15—图 2-17）

不允许染成自然发色以外的颜色。

图 2-15

图 2-16

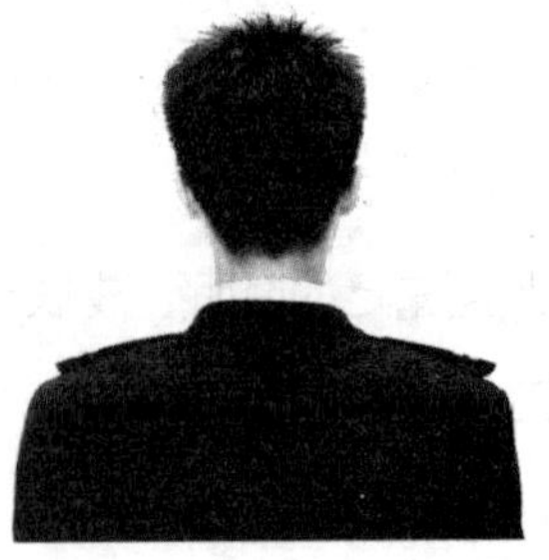

图 2-17

【实训项目】

1. 实训目标：训练航空服务人员妆容。

（1）具备航空服务专业人员的基本职业形象。

（2）能熟练地化职业妆，并养成严谨细致的职业妆容习惯。

2. 实训背景

从南宁飞往北京的CZ6283于18点起飞，机组成员进入登机前状态。

3. 实训内容

航空服务人员起飞前发型、妆容等检查。

4. 实训准备

准备一间形体训练室，四面墙安装长度及地的镜子，能从头到脚照到训练人员。

5. 实训内容与操作标准

发型是否符合标准。对着镜子练习盘发。

检查指甲长度和指甲油颜色。

女乘务员对镜子练习化妆，注意职业妆容的特点。

男乘务员对照镜子检查自己的发型、胡须、鼻毛、口腔等是否符合要求。

当一组的同学模拟场景实训时，其他组的同学可为其进行监督和评估，老师可先制作评分表，由同学自己互相评分并在表演完毕后给予讲解。

第二单元

民航服务人员仪表礼仪

一、职业着装的基本礼仪要求

服饰是人们审美的一个重要方面，服饰的大方和整洁有一种无形的魅力，它能反映一个人多方面的素养，人们初次见面开口说话之前，往往先从服饰来判断对方的地位、品位和气质。“服饰等于您的名片，等于您的徽章。”这句话虽有夸大的成分，但足见服饰是否高雅大方，往往关系到社交活动的成功与否。因此，在社交场合，一个人穿戴什么样的服饰，直接关系到别人对他个人形象的评价。正如意大利著名影星索菲亚·罗兰所说：“你的服装往往表明你是哪一类人物，它们代表着你的个性。一个和你会面的人往往自觉不自觉地根据你的衣着来判断你的为人。”大文豪比亚则进一步强调：“服装往往可以表现人格。”

服饰，包括服装，也包括随服装相配的装饰品，如纱巾、帽子、发卡、项链、手链、胸花、纽扣、提包、鞋袜以及领带、领带夹等。

服饰是一种文化、一种“语言”，是影响人际交往中“首因效应”的重要因素之一。在节奏如此之快的今天，人际交往常常没有时间进行心与心的交流，第一面就决定了彼此是否有继续深入交往的可能。衣着往往是最为重要的一环。它能透露出一个人的生活水平、身份、地位、品位，甚至是性格和爱好。

任何一种服饰都在一定程度上体现着社会的精神风貌，反映着社会的等级差异与角色分工的不同，同时也充当着礼仪的工具。服饰能够反映一个人的社会生活和文化素养，得体的服饰能使人具有一种无形的魅力。在职场上，人们首先考虑的是服饰的社会性作用，而把装饰性作用放在第二位来考虑。

服饰礼仪应遵循的基本原则如下：

1. 个性原则

个性原则是指在社交场合树立个人形象的要求。一个人所穿的服装往往能传达出性格、爱好、心理状态等多方面的信息，不同的人由于身材、年龄、性格、职业、文化素养等不同，自然就会有不同的个性特点，所以服装选择首先应考虑自身特点，把握形体尺寸，力求做到“量体裁衣”，扬长避短；其次，保持并创造自己所独有的风格，突出长处，符合个性要求，选择能与个性融为一体的服装，穿出自己的风格。着装切勿穷追时髦，随波逐流。

2. 着装的 TOP 原则

TOP 是三个英语单词的缩写，它们分别代表时间（Time）、场合（Occasion）和地点（Place），即着装应该与当时的时间、所处的场合和地点相协调。

（1）时间原则。时间涵盖了每一天的早间、日间和晚间三个时间段，也包括每年春、夏、秋、冬四个季节的交替以及不同的时期、时代。因此，人们在着装时应考虑到时间层面，做到随时更衣。比如，冬天要穿保暖、御寒的冬装；夏天要穿通气、吸汗、凉爽的夏装。如今，有的女士在隆冬季节穿上短裤套外套，给人的感觉就不太符合季节特征，不符合人们心理上的审美习惯。又比如长袍马褂是清代男子最典型的服饰，但如果在今天有谁穿在大街上那就不符合时代特征了。商务人员的着装既不能过于超前，也不能过于落后。

（2）场合原则。衣着要与场合协调。与顾客会谈、参加正式会议等，衣着应庄重考究；听音乐会或看芭蕾舞，则应按惯例着正装；出席正式宴会时，则应穿中国的传统旗袍或西方的长裙晚礼服；而在朋友聚会、郊游等场合，着装应轻便舒适。试想一下，如果大家都穿便装，你却穿礼服就有欠轻松；同样的，如果以便装出席正式宴会，不但是对宴会主人的不尊重，也会令自己颇觉尴尬。人们早间在家中和户外的活动居多，无论外出跑步做操，还是在家里盥洗用餐，着装都应以方便、随意为宜，如可以选择运动服、便装、休闲服等，这样会透出几分轻松温馨之感。旗袍最能体现东方女性的风韵美，但如果有谁穿着旗袍去挤火车，那就大煞风景了。

（3）地点原则。从地点上讲，置身在室内或室外，驻足于闹市或乡村，停留在国内或国外，身处于单位或家中，在这些变化不同的地点，着装的款式理当有所不同，切不可以不变而应万变，即特定的环境应配以与之相适应、相协调的服饰，以获得视觉与心理上的和谐感。例如，穿泳装出现在海滨浴场，是人们司空见惯的，但若是穿着它去上班、逛街，则非令人哗然不可；西装革履地步入金碧辉煌的高级酒店会产生一种人境两相宜的效果，而若出现在大排档，便会出现极不协调、反差强烈的局面；在静谧肃穆的办公室里着一套随意性极强的休闲装，穿一双拖鞋，或者在绿草茵茵的运动场着一身挺括的西装，穿一双皮鞋，都会因环境的特点与服饰的特性不协调而显得人境两不宜。

（4）协调原则。这种协调既包含了服饰与年龄、身份、职业、体型、时间、场合上的协调，更包含服饰本身在色彩、款式、材质以及与之相配套的装饰物的协调。

服饰颜色协调是指上下身服饰的颜色要协调——颜色可以是对比色、互补色、相近色等。全身穿着相同色系，即所谓的“同色系”，就是相同颜色的深浅变化，如桃红色、粉红色、紫红色，是红色系；黄绿色、草绿色、橄榄绿，是绿色系。若采取全身穿着同色系色彩“深深浅浅”的搭配方式，如中灰色西装外套搭配淡灰色套头针织衫与深灰色长裤，再加上银项链与铁灰色手包，可以让整体造型呈现出活泼却协调的美感。

服饰风格协调是指服饰风格协调强调“服装在功能和款式上的统一性”。例如，“西装”

和“运动鞋”强穿在一起就会不协调，雪纺材质的和皮草材质的就不能一起搭配。

二、民航员工职业着装规范

各航空公司和机场民航员工的制服往往分为春秋装、夏装、冬装。（图 2-18—图 2-21）

图 2-18

图 2-19

图 2-20

图 2-21

1. 春秋装

春秋装包括：外套、马甲、长袖衬衣、裙子、帽子、丝巾、长筒丝袜、工作皮鞋。

穿着外套时必须戴帽子；穿着马甲时可不戴帽子，也可以戴帽子。

制服须保持干净整洁、烫熨挺括；穿着制服外套时必须系好纽扣；不得佩戴装饰性物件；不允许出现衣服褶皱的状况；长袖衬衣应清洗干净、熨烫平整；穿着时应系好所有纽扣；长袖衬衣领口、袖口扣子必须扣好，不允许挽起袖子。

2. 夏装

夏装包括：短袖上衣、夏裙、长筒丝袜、工作皮鞋、短袖上衣、马甲、长筒丝袜、工作皮鞋。

马甲要求尺寸适中，保持干净平整；穿着时必须系好纽扣；马甲上必须佩戴名牌。

3. 冬装

冬装包括：冬装大衣、外套、马甲、长袖衬衣、裤装、裙装、帽子、短丝袜、工作皮鞋、皮靴。不允许出现熨烫不匀和抽丝外漏等现象。

注意：个人服装不能与飞行服装混搭，男乘务员穿夏季衬衫时里面穿一件白色背心，女乘务员穿着制服时不可随意混搭。

三、职业着装的饰品佩戴规范

1. 帽子

帽子与相应服装配套，着春秋、冬装制服、大衣，送客时必须戴帽子。帽徽端正，正对鼻梁，帽檐不遮眉，在眉上方的 1 ~ 2 指处，不能遮住眉毛。（图 2-22）

图 2-22

2. 名牌

佩戴统一发放的工作名牌；名牌必须字迹清楚、无破损；穿着制服⺀马甲、围裙时必须佩戴名牌；名牌佩戴于左胸上侧，距肩线 15 厘米居中

图 2-23

3. 工作鞋

穿着工装时，应穿统一发放的工作皮鞋；工作皮鞋应保持干净光无破损。

4. 丝袜

丝袜的颜色以肉色为标准，禁止穿黑色丝袜。（图 2-23）

5. 头花、发饰

穿着制服佩戴发网；发网必须是黑色，盘发髻时要求使用隐形发网；如需佩戴发卡，必须为黑色，发卡上不得有任何装饰物；佩戴发卡的总数量不得超过 4 枚。（图 2-24）

图 2-24

6. 丝巾

佩戴统一发放的丝巾，佩戴方法如图 2-25—图 2-27 所示。

图 2-25

图 2-26

图 2-27

不允许出现丝巾褶皱、破烂、污渍，佩戴方向错误、不整齐等状况。

7. 佩戴登机证

穿大衣时登机证挂在大衣领外，自然下垂，正面朝外。穿制服时，登机证挂在制服衬衫衣领内，自然下垂，正面朝外。

8. 佩戴饰物

男乘务员可以佩戴一枚戒指、一块职业手表。女乘务员可以佩戴一对黄豆大小的耳钉、一枚戒指、一块职业手表。戒指要求款式大方简洁。手表不能是卡通式，表带只能是皮质或金属材质，手表款式要求简洁大方。

9. 飞行箱包

飞行箱包包括小背包、小拉箱；执行任务时必须携带统一发放的男女乘务员箱包；箱包外不得有装饰物、贴画等。应保持箱包外观的清洁。小背包不得斜背于肩上。（图 2-28、图 2-29）

图 2-28

图 2-29

【实训项目】

1. 实训目标：训练航空服务人员优美标准的职业着装。

（1）具备航空服务专业人员的基本职业形象。

（2）能熟练化职业妆，并养成严谨细致的职业装习惯。

2. 实训背景

从南宁飞往北京的 CZ6283 于 18 点起飞，机组成员进入登机前状态。

3. 实训内容

航空服务人员起飞前职业装等检查。

4. 实训准备

准备一间形体训练室，四面墙安装长度及地的镜子，能从头到脚照到训练人员。对应工作岗位的制服和箱包、鞋袜等；化妆间一间，化妆品若干；飞行箱包。

5. 实训内容与操作标准

发型是否符合标准。对着镜子练习盘发。

检查指甲长度和指甲油颜色。

制服穿着前的检查：①确认自己的岗位制服；②确认适合自己的尺码；③重点检查领口和袖口的洁净；④细心检查衣服上是否熨烫整齐，扣子是否齐全，是否有漏缝或破边。按顺序检查，发现问题及时调换。

制服和衬衣的穿着：①从衣架上取下衬衣，穿好；②衬衣穿好后下摆必须在裤子或套裙里面；③对着镜子检查，扣子是否扣齐，穿着是否符合规范；④换下不需洗涤的衣物应挂在衣架上，制服口袋不许装与工作无关的任何物品。

鞋袜的实训要求：①整洁，皮鞋应该经常擦油，保持干净光亮；②丝袜不能钩丝或有破洞。

女乘务员帽子、丝巾、工号牌等饰物佩戴的实训要求：①帽子要戴端正，符合规范；②工号牌要端正地别在制服左胸上方；③丝巾是制服的组成部分，配套的制服应按规定系好丝巾。

男乘务员领带、帽子等饰物佩戴的实训要求：①帽子要戴端正，符合规范；②工号牌要端正地别在制服左胸上方；③领带是制服的组成部分，配套的制服应按规定系好领带；④领带扎在硬领衬衣上，扎前衬衣的第一个纽扣应当扣上；⑤系领带不能过长或过短，站立时下端齐及腰带为最好；⑥领带系好后，前面宽的一面应长于里面窄的一面；⑦领带不用时，应打开领结，垂直吊放，以备再用。

检查首饰佩戴是否符合标准。

当一组的同学模拟场景实训时，其他组的同学可为其进行监督和评估，老师可先制作评分表，由同学自己互相评分并在表演完毕后给予讲解。

第三单元

民航服务人员仪态礼仪

一、挺拔的站姿

航空服务人员工作状态中站姿的基本要点如下：站如松。

（1）头摆正，脊椎挺直，挺胸收腹，下巴微微往里收。

（2）双手伸直自然下垂，手指自然弯曲放在身体两侧。

（3）女士双手可以在体前交叉，右手在上，肘部略微外张，双手轻轻放在身体前面，男士可双手或单手背于身后。

（4）女士站立时膝和脚后跟应并拢靠紧脚成“V”字形，男士站立时，双脚可以适当分开，但不可超过肩宽。

图 2-30

女士站立时要表现轻盈、妩媚、典雅、娴静的女士美。站立时双手自然垂于身体两侧，或手自然抬臂至腹部做提包状，脚后跟并拢，双脚成丁字步。端正的脊柱是构成女士形体曲线美的根本，因此站立时要腰部挺直、下腹微收、胸部挺起，只有这样才能显示女士的曲线美，才能有亭亭玉立的美感。（图 2-30）

男士的站姿要体现刚健、潇洒、英武、强壮，站立时双手自然垂于身体两侧，或相握叠放于腹前、身后。双脚可以叉开，与肩同宽。（图 2-31）

站姿忌讳之处：无精打采，东倒西歪；双手叉腰，抱在胸前；身体倚墙，以物支撑；弓腰驼背，两肩不平；手臂乱摆，两腿抖动；手插衣袋，多小动作。比如，职业女士经常要穿高跟鞋工作、交际应酬等，难免会有脚很疲劳的时候，但无论如何也不能出现随意靠着墙或者桌子、歪着身子等懒散的身影。

图 2-31

二、优雅的坐姿

航空服务人员坐姿的基本要点是：坐如钟。

（1）男士坐姿如下：入座时要轻稳，头部挺直，双目平视，下颌内收；身体端正，两肩放松，勿倚靠座椅的背部；挺胸收腹，上身微微前倾，坐满椅子的 2/3 左右。双膝自然并拢或略分开。（图 2-32、图 2-33）

图 2-32

图 2-33

规范的坐姿还需注意两手摆法：①有扶手时，双手轻搭或一搭一放。②无扶手时，两手相交或轻握放于腹部；左手放在左腿上，右手搭在左手背上；两手呈八字形放于腿上。

（2）女士坐姿如下：头正腰直，坐姿端正，膝盖并拢。坐满椅子的 2/3。两手轻轻放在膝盖上，或放在沙发扶手的一侧。

两腿摆法：①凳高适中时，两腿相靠或稍分，不能超过肩宽。②凳面低时，两腿并拢，自然倾斜于一方。③凳面高时，一腿略搁于另一腿上，脚尖向下。

两脚摆法：①脚跟与脚尖全靠或一靠一分。②也可一前一后或右脚放在左脚外侧。

“S”形坐姿：上体与腿同时转向一侧，面向对方，形成优美的“S”形坐姿。

叠膝式坐姿：①两腿膝部交叉，一脚内收与前腿膝下交叉，两脚一前一后着地，双手稍微交叉于腿上。②起立时，右脚向后收半步，而后站起。③离开时，再向前走一步，自然转身退出房间。（图 2-34—图 2-37）

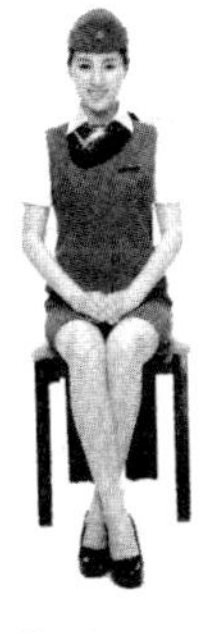
图 2-34

图 2-35

图 2-36

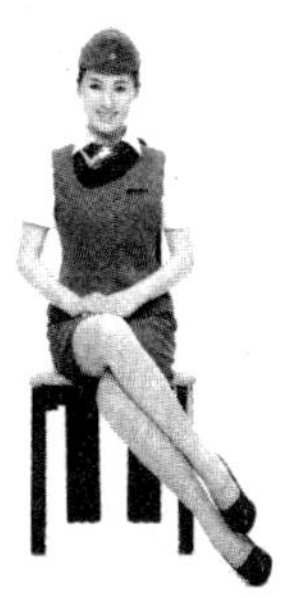
图 2-37

三、含蓄的蹲姿

航空服务人员蹲姿的动作要领是：身体保持直线，双腿靠拢，一脚在前，一脚在后，两腿向下蹲，前脚全着地，小腿基本垂直于地面，后脚跟提起，脚掌着地，臀部向下。蹲姿有以下两种类型。

图 2-38

图 2-39

（1）高低式。高低式蹲姿，它的基本特征是：双膝一高一低。要求在下蹲时，左脚在前，右脚稍后。左脚应完全着地，小腿基本上垂直于地面；右脚脚掌着地，脚跟提起。这时右膝低于左膝，右膝内侧可以靠在左小腿内侧，形成左膝高右膝低姿态。女士应靠紧两腿，男士可以适度地分开。臀部向下，基本上以右腿支撑身体。（图 2-38、图 2-39）

（2）交叉式。交叉式蹲姿，通常适用于女士，特别是穿短裙的女士采用。其优点在于造型优美典雅。基本特征是蹲下后双腿交叉在一起，两腿前后靠近，合力支撑身体。上身略向前倾，而臀部朝下。（图 2-40）

蹲姿的忌讳之处：在拾捡掉落地上的东西或者拿取低处的物品时，为了省事，只弯下腰，臀部向后翘起，这样很不雅观。突然下蹲、距人过近、方位失当、毫无遮掩、蹲着休息也是女士忌讳的蹲姿。

图 2-40

四、潇洒的行姿

航空服务人员走姿的基本要点是：走如风。

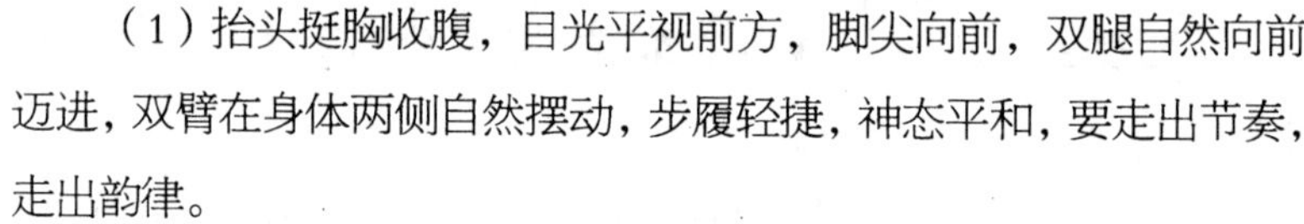
（1）抬头挺胸收腹，目光平视前方，脚尖向前，双腿自然向前迈进，双臂在身体两侧自然摆动，步履轻捷，神态平和，要走出节奏，走出韵律。

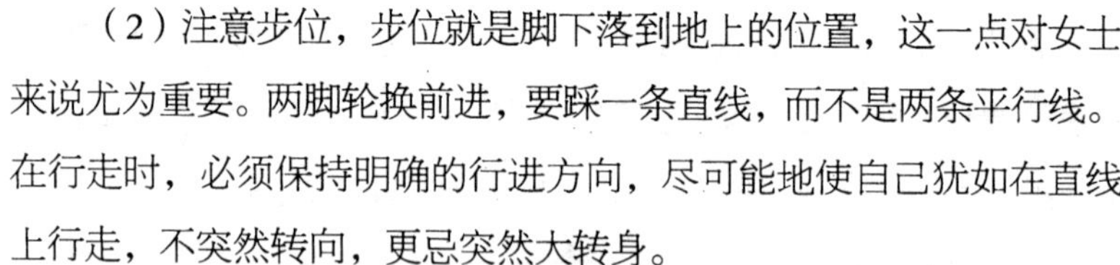
（2）注意步位，步位就是脚下落到地上的位置，这一点对女士来说尤为重要。两脚轮换前进，要踩一条直线，而不是两条平行线。在行走时，必须保持明确的行进方向，尽可能地使自己犹如在直线上行走，不突然转向，更忌突然大转身。

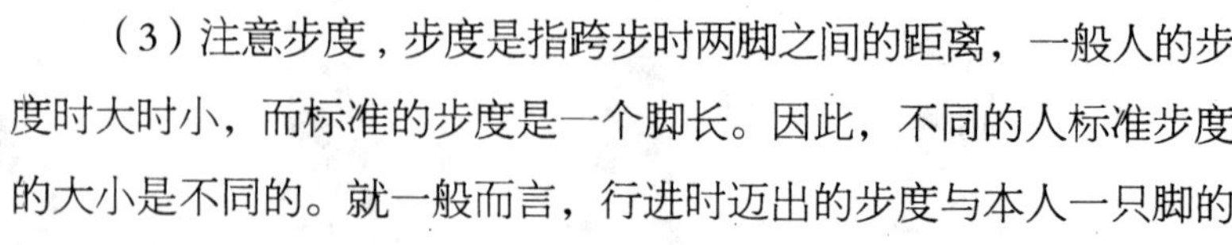
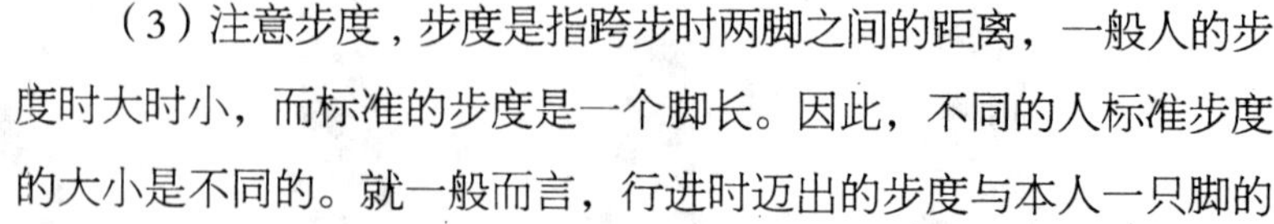
（3）注意步度，步度是指跨步时两脚之间的距离，一般人的步度时大时小，而标准的步度是一个脚长。因此，不同的人标准步度的大小是不同的。就一般而言，行进时迈出的步度与本人一只脚的长度相近。即男子每步约 40 厘米，女子每步约 36 厘米。

（4）男士走路步态稳重，以显示其刚强英武的男子风骨美，女士走路步态应轻柔匀称自如，以显示其端庄典雅的女子窈窕美。速度均匀，在正常情况下，男子每分钟 108 ~ 110 步，

女子每分钟 118 ～ 120 步。不突然加速或减速。

（5）陪同客人的走姿是位于客人侧前方 2 ～ 3 步，按客人的速度行进，不时用手势指引方向，招呼客人。

（6） 与同事同行时走姿：在办公室不可并肩同行，不可嬉戏打闹，不可闲聊。

（7）与客人反向而行走姿：接近客人时，应放慢速度；与客人交会时，应暂停行进，空间小的地方，要侧身，让客人通过后再前进。

（8）与客人同向而行走姿：尽量不超过客人；实在必须超过，要先道歉后超越，再道谢。

走姿禁忌：走路时忌讳驼背哈腰、晃臂扫腰、晃肩摇头、左顾右盼、东张西望、克服内八字或外八字。（图 2-41）

图 2-41

五、准确的手势

航空服务人员在介绍某人、请人做某事、为客人指示方向时，上身略向前倾，手臂伸直，五指自然并拢，掌心稍稍向上，目光面向客人方向以肘关节为支点，上身稍向前倾 15 度，指向目标方向。这可以表示对他人的敬重、诚恳、恭敬、有礼貌。如果掌心朝下含有压制、控制他人的含义，用一个手指指点，含有教训人的意思。

具体来说，请客人开始行进时，应面向客人稍许欠身；若双方并排行进时，服务人员应居于左侧；若双方单行行进时，服务人员应居于左前方约一米左右的位置；在陪同引导客人时，服务人员行进的速度须与客人相协调；及时的关照提醒，经过拐角或楼梯之处时，须关照提醒客人留意；在行进中与客人交谈或答复其提问时，应将头部、上身转向客人。

为他人进行阅读指示时，五指并拢，指向阅读内容，面带微笑，同他人有目光交流，并有语言配合。（图 2-42、图 2-43）

图 2-42

图 2-43

六、亲切的表情

微笑是一种国际礼仪，能充分体现一个人的热情、修养和魅力。

微笑是一种基本的职业修养，在面对客户、宾客及同仁时，要养成微笑的好习惯。

微笑是一种魅力，亲切温馨的微笑可以缩短双方的距离，营造良好的交往氛围，是人际交往中的润滑剂。

对航空服务人员表情的要求是：永不消失的职业微笑贯穿地面服务和航班空中服务全程。对客人微笑服务，神态真诚热情而不过分亲昵，表情亲切自然而不拘泥，眼神专注大方，不四处游动。

微笑的训练方法有以下几种：

（1）心情调适法。心情愉悦，多想美好的事情，发自内心地笑。

（2）发声练习法，练习“一”“七”。

（3）三秒钟迅速微笑法，把右手放在右肩上“耶”。

（4）咬筷子练习。

【实训项目】

1. 实训目标：训练优美标准的职业仪态

（1）具备航空服务专业形象的基本职业仪态。

（2）能灵活对动作加以运用，并养成良好习惯。

2. 实训背景

从南宁飞往北京的CZ6283于18点起飞，机组成员进入登机前状态和飞行状态。

3. 实训内容

模拟候机楼行走礼仪；模拟候机楼待机礼仪；模拟客舱迎客礼仪；模拟舱巡视礼仪；模拟舱餐饮服务。

4. 实训要求

在模拟舱外走廊和模拟舱里，进行各种站姿、走姿、蹲姿、手势、鞠躬、微笑等仪态的训练，掌握动作规范，能自行纠错直至形成习惯。

每16人一组，6人模拟机组乘务员，其余模拟乘客，然后互换角色。

模拟候机楼行走礼仪，含携物礼仪，女乘务员左肩挎包、右手拉箱，男乘务员左手提包、右手拉箱，通过候机楼时，纵队行进，步伐有韵律美感。注意不要甩动飞行箱或者身体摇晃，行进间不勾肩搭背，不可吃东西、打手机或者高声喧哗。

模拟候机楼待机坐姿，标准坐姿，集中就座，安静等候。不与乘客混坐，不可吃东西、嬉闹、补妆、打瞌睡、不跷二郎腿、不抖动双腿。飞行箱集中摆放整齐。禁止坐在窗台上、柜台上、台阶上。

模拟客舱迎客礼仪，乘务员站在客舱内指定位置，面对乘客呈45度，恭候客人登机。标准站姿、鞠躬、手势、真诚甜美的微笑训练。

模拟舱巡视礼仪，乘务员在客舱走动，观测旅客需求、安全状况，处理特殊情况，提供及时周到的服务。在正确站姿的基础上，轻稳迈步，双手交叉握于腹部，手腕略微上抬，双臂微收，微笑前进。指示行李放置，检查起飞和降落时客人是否关闭电子设备，巡查客人在飞行期间有何需求，检查行李架，指示座位号码、座椅位置。

模拟舱餐饮服务礼仪，在模拟舱中进行模拟餐饮服务，让学生加上各种姿态，包括端、拿、倒、送、放、收、捡的标准动作，含走姿、微笑、指示、蹲式服务等。

对镜子练习常用手势，包括请、招呼他人、挥手道别、指引方向、递接物品展示物品等手势，站姿、走姿、蹲姿、微笑、眼神，并互相纠正。

当一组同学模拟场景表演时，其他组的同学可为其进行监督和评估，老师可先制作评分表，由同学自己互相评分并在表演完毕后给予讲解。

模块三

民航服务人员语言礼仪

［知识目标］ 掌握礼貌用语、文明用语、民航服务用语、通信用语和书面用语的规范和要求，掌握化解矛盾冲突的语言技巧。

［能力目标］ 能按照礼仪规范使用各类语言，能运用语言技巧化解矛盾，提高服务效能。

[案例导入]

在上海飞往乌鲁木齐的航班上，某乘务员在乘务组全部工作结束后巡视客舱，24F的一名旅客问正在巡视客舱的男乘务员："现在飞到哪儿了？"乘务员回答："我也不知道。"旅客听后对于乘务员的回答非常不满，于是张口说："你是、是……吃啥饭的！"乘务员因为没听清就回头问了一下，旅客当时正看着窗户外面没有理会乘务员说什么，于是乘务员就拉了一下旅客的袖子，继续询问旅客："先生您刚才说什么，有什么事吗？"于是旅客就说："你吃啥饭的？你白干这工作的？"乘务员听后有些生气，没有很好地控制情绪，与旅客发生了争执，最后该旅客要意见卡投诉乘务员，虽经乘务长努力调节，但旅客仍表示不接受道歉。

乘务员在回答旅客问询时，应注意语言技巧，在面对旅客的问题时应直接说：我帮您问一下驾驶舱机组人员，而不应该先说我不知道，这样很容易让旅客产生不满的情绪。尤其是后面的发展，作为一名乘务员，每一班都会遇到形形色色的旅客，这就要求乘务员能较好地控制自己的负面情绪，少说一句话，多做一件事。

[问题思考]

1. 你认为该乘务员在服务用语方面存在哪些问题？
2. 空中乘务员应掌握哪些基本的语言技巧？

第一单元 》》》》》》》》》》

民航服务工作语言

一、文明礼貌用语

语言是社会交际的工具，是人们表达意愿、思想情感的媒介或符号。服务工作离不开语言，专业的礼貌用语表达了接待工作人员对顾客的尊敬、欢迎之意。

（一）语言交谈的基本要求

语言交谈作为一门艺术，有许多规范和原则，需要人们用心研究。从总体上来说，语言交谈的基本要求有以下几条：

1. 态度诚恳亲切

说话时的态度是决定谈话成功与否的重要因素，因为谈话双方在谈话时都能知觉到对方的表情、神态，积极、真诚、亲切的态度在谈话时代表对对方的肯定，所以谈话时一定要给对方一个认真、和蔼、诚恳的感觉。在交谈中，要眼神交汇，面带真诚的微笑，微笑将增加感染力。

2. 措辞谦逊文雅

措辞的谦逊文雅体现在称呼和交谈用词两个方面：在称呼上，对他人应多用敬语、敬辞，对自己则应多用谦语、谦辞。谦语和敬语是一个问题的两个方面，前者对内，后者对外，内谦外敬，礼仪自行。在交谈用词上，要多用雅词雅语，少用脏词脏话，多用褒义词，少用贬义词，多用肯定句，少用否定句。这些都是一个人平时素养的表现。

3. 语音优美柔和

在交谈时，语音不仅仅是词语信息的传递，同时还包含着交谈者的情感态度。语音的优美柔和包括语音、语调、语速几个方面。一般而言，在礼仪场合，口头交谈以柔言谈吐为宜。要做到谈吐优美柔和，首先应加强个人的思想修养和性格锻炼，同时还要注意在遣词用句、语气语调上的一些特殊要求。在语气语调上，要亲切柔和、诚恳友善，不要以教训人的口吻谈话或摆出盛气凌人的架势。

4. 姿态端正大方

交谈时除注意语言美、声音美之外，姿态美也很重要。首先要做到的是双方应互相正视、互相倾听，不要东张西望、左顾右盼。其次，交谈过程中眼睛不应长时间地盯住对方的某一位置，让人感到不自在。另外，交谈姿态不要懒散或面带倦容，哈欠连天，也不要做一些不必要的小动作，如玩指甲、弄衣角、搔脑勺、抠鼻孔等。这些小动作显得猥琐、不礼貌，也会使人感到你心不在焉、傲慢无礼。有人说，维纳斯千百年来一直保有完美的形象，很大程度上是因为她从不开口说话，这同时说明了一个人交谈时外在形象是十分重要的。

（二）常用礼貌用语

1. 称呼语

称呼语是指民航服务人员对顾客的尊称。

（1）男宾不论其年龄大小与婚否，可统称为“先生”，女宾则根据婚姻状况而定。已婚女子称“夫人”（太太），也可统称“女士”，以上称呼可以连同姓名、职衔、学位一起使用，如“王小明先生”“张总经理”“李局长”“史密斯夫人”“卡特教授”“张女士”“基辛格博士先生”等。

（2）对地位高的政府官员、外交使节、军队中的高级将领，按不同国家的习惯，有的可称“阁下”，以示尊重，如“部长阁下”“总统阁下”“大使先生阁下”“将军先生阁下”等。美国、墨西哥、德国等国家则习惯称“先生”，不称“阁下”。

（3）对君主立宪制国家，则应称国王、王后为“陛下”，称王子、公主、亲王为“殿下”。对有公、侯、伯、子、男爵位的可称其爵位，如“公爵先生”“公爵夫人”等，也可称“阁下”。

（4）对军人一般称军衔，或军衔加先生，知道姓名的可冠以姓名，如“上校先生”“莫利少校”“维尔斯中尉先生”等。

在涉外场合，正确使用称呼非常重要，切忌使用“喂”来招呼顾客。比如，英、德等国家对头衔非常看重，如对方有博士学位，在称呼时一定不能省略。即使对称呼较为随便的美国人，在不熟悉的情况下，最好还是称“某某先生”“某某夫人”“某某女士”为好。否则，会伤害对方的感情，或者被对方认为缺乏教养。总之，在称呼上要多加学习研究，善于正确使用，以免造成误会。

2. 问候语

问候语是指民航服务人员接待顾客时，应根据时间、场合和对象的不同，所使用的规范用语。

（1）与顾客见面，应主动说：“您好，欢迎到 ×× 来。”“您好，欢迎光临。”“女士们，先生们，欢迎你们的光临。”“您好，×× 女士（先生），我们一直恭候您的光临。”“您好，见到您很高兴。”

（2）按每天不同的时间问候顾客，“您早！”“您好！”“早上好！”“下午好！”“晚上好！”“晚安！”

（3）根据工作情况需要，在使用上述问候语的同时，最好紧跟其他一些礼貌用语，如“先生，您好，欢迎光临，请参观我们的展品！”“早上好，先生，您对我们的产品有什么建议吗？”“晚上好，夫人（太太），辛苦了，请先在这儿休息一会儿吧。”这样就会使对方倍感自然和亲切。

（4）接待外宾时要按照外宾习惯来问候。例如，初次见面用“How do you do”，熟人用“How are you”。千万不能用“您吃饭了吗？”“您上哪儿去啊？”这类话。这类话在中国习以为常，可在外宾听来会产生误会，或者认为是干涉他的私事。

（5）向顾客道别或给顾客送行时可说：“再见！”“明天见！谢谢光临，欢迎再来。”

（6）遇到节日、生日等喜庆日子，应说：“祝您圣诞快乐！”“祝您生日快乐！”“祝您健康长寿！”“新年好！”“恭喜发财！”“大吉大利！”对香港、广东籍顾客，习惯上说愉快而不说快乐（因在方言中“乐”与“落”同音，是商人忌讳之字）。

（7）顾客若患病或身体不适时，则主动表示关心，可以说“请多保重”“祝您早日康复”等慰问语。

（8）当气候发生变化时应说：“请多添衣服，当心感冒（着凉）。”“请带好雨具。”

3. 应答语

应答语是礼仪工作人员在回答顾客问话时的礼貌用语。

（1）对前来的顾客说：“您好，我能为您做什么？”“请问，我能帮您什么忙？”

（2）引领顾客时说：“请跟我来。”“这边请。”“里边请。”“请上楼。”

（3）接受顾客吩咐时说：“好，明白了！”“好，马上就来！”“好，听清楚了，请您放心！”“好，知道了！”

（4）听不清或未听懂顾客问话时应说：“对不起，请您再说一遍。”“很对不起，我还没有听清，请重复一遍，好吗？”

（5）不能立即接待顾客时应说：“对不起，请您稍候。”“请稍等一下。”“麻烦您，等一下。”

（6）对稍等后的顾客打招呼时说：“对不起，让您久等了。”

（7）接待失误或给顾客添麻烦时应说：“实在对不起，给您添麻烦了。”“对不起，方才疏忽了，今后一定注意不再发生这类事。请再次光临指导。”

（8）有事要问顾客时应说：“对不起，我能不能问一个问题？”“对不起，如果不麻烦的话，我想问一件事。”

（9）当顾客表示感谢时应说：“不用谢，这是我应该做的。”“别客气，我乐于为您服务。”

（10）当顾客误解致谦时应说："没关系。""这算不了什么。"

（11）当顾客赞扬时应说："谢谢，过奖了，不敢当。""承蒙夸奖，谢谢您了。""谢谢您的夸奖，这是我应该做的。"

（12）当顾客提出过分或无礼要求时应说："这恐怕不行吧。""很抱歉，我无法满足您的这种要求。""对不起，中国人还没有这种习惯。"此时，必须沉得住气，婉言拒绝，表现出教养和风度。

（三）语言交谈的影响因素

1. 交谈性质与环境

（1）社交。社交性质的交谈主要以交流、联络感情为主。在这种场合，交谈双方要积极地把握各种交谈交流的机会，寻找话题，谈话时要真诚热情。这种性质的谈话随意性比较大，天南海北，只要能够调节气氛，且为对方所接受，都可以谈。

（2）事务。事务性质的交谈以完成任务为核心。在进行这类交谈时，要做到用词专业、表意准确。当然，事情的完成也需要感情的铺垫，因此，在交谈之时适当的寒暄、问候是必不可少的。

（3）服务。服务性质的交谈以顾客满意、完成任务为主。服务用语的专业性主要表现在用词专业、态度热情、服务耐心、充满爱心、谦虚包容。

2. 交谈态度

人的感情一般是通过语言和表情流露出来的。人们常说"言以传情，情以动人"，就是这个道理。因此，工作中说话时的神态、表情是十分重要的。比如，当你向别人表示祝贺时，如果嘴上说得非常动听，而表情却冷冰冰的，那对方一定认为你只是敷衍而已。同样，当你向别人表示慰问，而神态却显得很不专心时，对方也一定认为你是在故作姿态。这样，对方不但不会对你感激，反而会引起疑虑甚至反感。所以，礼貌用语首先必须做到态度诚恳和亲切，也就是让对方体会到语言和情感的一致。

3. 语音质量

（1）发音标准。语言是思想情感的载体，谈话者的发音直接决定了交谈的顺畅性。在交谈时，场合比较正式，有不熟悉的人参与时，要尽量使用普通话。发音标准主要表现为口齿清楚，嗓音字正腔圆、平实明朗，无太多的尾音，每个音节之间要有恰当的停顿。发音不标准会增加交流的难度。

（2）发音清晰。优美的发音会使人产生快感，声音质地的好坏直接决定了交谈的效果。口吃、大舌头是不会使人有好印象的，更无法产生美感。清晰优美的语音听来会如潺潺流水，迂回向前、生动活泼，给予人们清爽干脆的形象。一般来说，优美的发音比较清纯干净，符合人的生理特征，如小孩和女性的声音由于发声部位在口腔前部所以一般细腻柔和，而成年男性的声音因多是嗓音而比较浑厚稳重。礼仪工作人员在接待宾客时，语音要标准，无论是普通话、外语、方言，咬字要清晰，尽可能讲得标准；嗓音要动听，增加语言的感染力与吸引力。

（3）音量适中。音量是指声音的大小强度，声音高、强度大会产生刺耳嘈杂的感觉，声音小、强度低又不利于交往。交谈时音量的大小有两点基本要求：一要恰当、适度。二要顺畅、自然。在交谈时，说话用多大音量，要看周围的环境和场合，一般应根据听者的远近，适当控制自己的音量，最好控制在对方听得见的限度内。在礼仪场合，要保持音量适中。

另外，优美的声音还表现在音量与音高、语调的和谐上。音高，就是声音的响度，即高和低，包括语调，即声音的升和降。音高可分为高音、中音、低音三种。高音比较高亢、明亮，中音比较丰满、结实，低音则比较低沉、宽厚。一般内容适于用中音，重要内容和强烈的情感适于用高音，而悲伤、惋惜、深思一类的内容更适于用低音。语调上情感强烈时用升调；内容由重到轻，情感沉重或舒缓时用降调。总之，在一般礼仪场合，音高、音量要适中，语调要求平稳自然。

（4）语速适中。语速是指说话速度，适中的语速有利于交谈双方的情感表达与信息传递。语速过快不利于自我控制，也不利于对方理解沟通，过慢又容易使人烦躁不安或萎靡消沉。

（5）口气谦和。语音的质量是与人的情感、情绪联系在一起的。俗话说“言为心声”，在礼仪场合，口气谦和表达了交谈者尊重对方、和谐相处的愿望。

总之，要使自己的声音具有吸引力，让人爱听，就要“包装”声音，塑造出声音的美。声音的优美既有先天的生理基础，也有后天的训练塑造，通过科学的训练可以达到理想的效果。

4. 交谈主题

主题是指在交谈时的主要话题、中心话题。在交谈时，正确的话题选择是十分重要的。经常说错话，讲错事，不但无法给予受众美的享受，还破坏了说话者在人们心目中应有的美好形象。

（1）适宜的主题。

① 双方既定的主题。谈话之前双方已事先约定认可的主题，所以一般目的明确、主题突出。如双方在工作上的合作、求人帮助、咨询意见以及某些沙龙聚会上的已经通知参与者的主题。

② 健康时尚的主题。健康的主题是指有利于人们身体健康和心理健康的主题，如饮食、体育赛事、保健、文艺、学习等主题。时尚的主题是指紧跟社会生活与时代节奏的主题。如旅游、影视、形象保养以及目前社会上正热议的话题。

③ 共同关注的主题。这类主题是由于交谈双方性格爱好及周边环境等方面的原因，二者共同关注的话题，当然也包括社会普遍关注的话题。如体育、休闲、娱乐、旅游等以及世界和我国关注的大事等。

（2）忌谈的主题。

① 对方禁忌的主题。这些主题主要包括个人的隐私、对方的缺陷、容易刺激对方的话题。个人的隐私主要有个人尤其是女士的年龄、婚姻、收入、住址、经历、工作、信仰，这些话题有干涉他人生活之嫌。对方缺陷指对方生理及工作、学习等方面不及常人的地方。容易刺激对方的话题是指我们已经了解的、由于对方某些不幸的经历而不愿提及和回避的话题。

② 非议捉弄的主题。谈论这类主题的人喜欢品评、打击、贬低别人，以别人的痛苦为自己最大的快乐。这些人对别人要求苛刻、尖酸刻薄、传播闲言碎语、制造是非、非议不在场的人士，有些人以调侃对方、挖苦别人、让对方出丑为乐。“来说是非事，必是是非人”，谈论这种话题，其实也是对自己人格的一种贬低。

③ 消极庸俗的主题。消极庸俗的主题主要是指一些令人恐怖、不符合国家法律规范、违背社会伦理道德、生活堕落的话题。这些话题直接影响到人的身心健康，如凶杀、疾病、黄赌毒、庸俗价值观、诋毁国家和人民的话题。

二、民航服务用语

在为旅客服务时了解旅客，用文明用语和礼貌用语与旅客进行有效沟通，可以使旅客在享受民航服务的同时，获得更大的心理满足，让旅客舒心、顺心、开心是服务语言要达到的最低要求。

（一）民航服务基本用语

1.“请”字开路

“请”是一种礼貌，更是一种姿态。当一个人对另一个人说“请”时，这个人已经将“尊贵”和“显赫”给了对方，将谦恭的姿态表现了出来，被“请”的人将非常乐意为“请”字后面的行为努力，因为他体会到了尊重和恭维。所以，民航工作人员多用“请”这个美好的词语来表达自己对旅客行为的希望和要求。

2.“谢谢”压阵

“谢谢”就是在对方为自己做出一些善意言行以后，自己的言辞上所做的一种情感回报。

“谢谢”有下列几种功能：一是表达自我情感。人们在接受别人的善意言行后，都会产生一种感激之情，情动于衷，发乎言辞。二是强化对方的好感。人际关系学认为，人际交往是一个互动的过程，一方的善意行为必然引起另一方的酬谢，而这种酬谢又将进一步使对方产生好感，并发出新的善意行为。三是调节双方距离。

3. “对不起”不离口

民航许多员工，在对旅客说“对不起”时心存疑虑，怕一声“对不起”为自己找来不必要的麻烦。“对不起”不是责任的划分，只是服务人员对旅客歉意的表达。“对不起”不仅仅是一句客套，更是“旅客总是对的”的服务理念的体现。及时、到位的一声“对不起”，可以浇灭旅客因不满意的服务而生起的火焰，能够化干戈为玉帛，调节人际关系。

在民航服务中，下列情况都应该给旅客说一声“对不起”。

（1）由于文明员工的服务失误（如客舱服务时，不小心饮料弄脏了旅客服装；旅客行李晚到等），而给旅客带来不便。

（2）由于其他旅客的疏忽导致旅客的利益受到损失。

（3）由于航班延误（不管是什么原因引起的延误），致使旅客不能按时到达目的地。

（4）由于机场或航空器上设备、设施设置的人性化不够，设备设施的损害导致旅客意外伤害的情况，等等。

（二）民航服务常用语

1. 民航广播用语

民航广播用语是民航服务用语的重要组成部分，大多数旅客在接受民航服务时，更多的是通过机场或航空器上的广播词了解民航服务信息。因此，清晰、准确、亲切的民航广播用语是民航服务质量的基本要求。

清晰：是指广播词简单明了，表达的意思通俗易懂，播音员吐字清晰。

准确：是指广播词不能够给人以歧义，特别是涉及安全事项和旅客具体行程的广播词，更要准确无误。

亲切：是指广播的语气要亲和宜人，广播用语要多从旅客的角度表述，以人为本，善意地提醒旅客遵守或遵从民航安全和服务规范。

从民航服务的角度，民航广播用语通常包含以下几个方面：

（1）安全设备使用说明的广播用语。

（2）旅客广播用语。

（3）航班信息的广播用语。

（4）航空器起飞、降落的广播用语。

（5）供餐广播用语。

（6）航班不正常时向旅客致歉的广播用语。

（7）安抚旅客情绪的广播用语。

（8）找寻旅客的广播用语。

2. 地勤服务窗口常用语

（1）您好，请出示您的身份证（或相关证件）和登机牌。

（2）对不起，您的证件与规定不符，我需要请示，请稍等。

（3）谢谢，请往里走。

（4）请把您的行李依次放在传送带上，请通过安全门（配以手势）。

（5）请稍等，请进。

（6）请各位旅客按次序排好队，准备好身份证件和登机牌，准备接受安全检查。

（7）请将您身上的香烟、钥匙等物品放入筐内。

（8）先生（小姐）对不起，安全门报警了，您需要接受手工检查。

（9）请摘下您的帽子。

（10）请转身，请抬起双臂。

（11）检查完毕，谢谢合作。

（12）请收好您的随身物品。

（13）对不起，请您打开这个包。

（14）对不起，这是违禁物品或限带物品，按规定不能带上飞机。

（15）对不起，水果刀您不能随身带上飞机，您可交送行人带回或办理托运。

（16）谢谢合作，祝您一路平安。

【知识链接】

航空公司柜台语言规范

1. 对走近柜台的旅客，工作人员应站立迎接，面带微笑，主动真诚问好，主动询问旅客要求。欢迎词："先生 / 女士，您好！欢迎光临。"

2. 旅客到达柜台前配合适当的手势主动引导旅客就座。"先生 / 女士，请坐，请问有什么可以帮你？ / 请问您需要办理什么业务？"

3. 旅客需要查询航班、票价时。"好的，现在为您查询，请稍等。""为您查询到 × 日当天只有一趟航班，起飞时间 ××。该航班现在有头等舱、经济舱的客票，请问您需要什么类型的机票？"

4. 了解到客人需要办理的业务后引导客人填写购票单或相关表格，出示相关身份证件等。"先生 / 女士，请出示您的有效身份证件并填写购票单。"

5. 工作人员须双手接旅客证件为其办理业务，"先生 / 女士，请您稍等，马上为您办理。"

6. 得知旅客姓名后主动提供姓氏尊称服务且态度热情、称呼准确，对于姓氏难于辨识或拼写复杂的旅客，应通过礼貌方式询问。"先生 / 女士，请问您贵姓？"

7. 当柜台所有工作人员都在办理业务但后面有旅客在排队时，应主动指引旅客到休息区等候。“先生 / 女士，请您到休息区稍等！”

8. 办理完毕后，工作人员须站立双手奉还旅客证件并交票据，并提示旅客进行客票信息核对。“先生 / 女士，这是您的机票行程单，请您核对一下乘机人姓名、日期、起飞时间。”

9. 站立送客，提供必要指引，使用结束语。“建议您在航班起飞前 90 分钟到达机场办理乘机手续，机场提前 30 分钟停止办理登机手续。”“×× 先生 / 女士，请您慢走，祝您旅途愉快！”

3. 客舱服务常用语

客舱乘务员在进行客舱服务时，一定要用旅客熟悉的话语与之交谈，同时要注意用词的准确及礼仪，完整地表述服务意愿，不能够随意省略词语，以免引起歧义，甚至旅客的不满。

（1）欢迎您乘坐 ×× 航空公司班机。

（2）请出示您的登机牌。

（3）我来为您引座。

（4）请随我来。

（5）我帮您拿行李好吗?

（6）为了使飞机在起飞时保持配载平衡，请您按指定的座位入座。

（7）这是呼叫钮，如果需要我们帮忙，请按一下。

（8）请把您的箱子放在行李架内。

（9）您不能把行李放在这儿，过道不能堵塞。

（10）由于机械故障，航班已延误，机械师们正在对飞机进行仔细检查。

（11）由于空中航路拥挤，我们要等待通行许可（才能起飞）。

（12）由于地面有雾，本次班机将延误约两小时。

（13）请您回到您座位上好吗？飞机马上要起飞了。

（14）请在安全带信号消失前坐在座位上，系好安全带。

（15）飞机马上要起飞了，请不要在客舱内走动。

（16）为确保飞行和通信系统的正常操作，请您不要使用手提电话 / 激光唱机 / 调频收音机。

（17）对不起，让您久等了。

（18）请您配合一下不要把行李放在紧急出口旁边。您可以把它放在座位下面。

（19）对不起，请回到座位上，飞机马上起飞，厕所暂时停用。

（20）起飞后您可以使用手提电脑，但下降时请关闭。

（21）几分钟之后我们将提供饮料（快餐、餐食），请放下您前面的桌板。

（22）我们的机长完全有信心安全着陆。我们所有的机组人员在这方面都受过良好的训练，请听从我们的指挥。

4. 特殊情况下服务用语

（1）不正常航班。

① 航班变更通知旅客规范用语："您好，请问是 ×× 先生 / 小姐吗？我们非常抱歉地通知您，由于 ×× 原因，您原来购买的从甲地到乙地、航班号为 ×× 的航班，现在的时间已经提前（推迟）×× 小时，现在的时间是 ××，您看可以吗？请您按照变更后的时间提早到达机场办理乘机手续。"

② 航班取消通知旅客规范用语："您好，请问是 × 先生 / 小姐吗？我们非常抱歉地通知您，由于 ×× 原因，您原来购买的从甲地到乙地、日期为 ××、航班号为 ×× 的航班已经取消。现改乘的日期为 ××、航班号是 ××、起飞时间为 ××，请您接到我们通知后，按规定时间前往 ×× 机场办理登机手续。"若旅客坚持要退票，则："您可以到我司任一直属售票处或原出票地点办理免费退票手续，谢谢！"

若旅客不愿意乘坐航空公司安排的航班，要自己选择时刻，则："请告诉我您选择 ×× 时间的航班，我们会根据您的要求安排好您的行程。"

③ 答复旅客电话确认规范用语：

首先要求旅客报记录编号："好的！请告诉我您的记录编号。"

当旅客报不清楚或不了解记录编号时："对不起，请再告诉我乘机人的姓名、航班号和乘机日期。"

当提出 PNR 时，请务必核对旅客姓名、航段、航班号和起飞时间，确认订座状态为 RR 状态。

"现在机票已经确认，请您按时去 ×× 机场办理乘机手续。"

（2）特殊旅客。

① 重要旅客。对方提出申报 VIP，则："请问 ×× 先生 / 女士的工作职务或级别"，在核对姓名时必须重复 VIP 的职务或级别；公司总裁级（含）以上领导订票，若是本人，听到报名后，立即问候："× 总，您好！"待其报完选乘航段，核对航段和姓名，注意不要逐字核对姓名。

② 无成人陪伴儿童。"请问，这位儿童自己搭乘航班吗？"得到肯定，则："专为 5—12 周岁独自乘机的儿童推出无成人陪伴服务。请您报一下 ×× 的出生年月，好吗？"

"×× 符合办理无成人陪伴的条件，送票时您将填写一份《无成人陪伴儿童乘机申请书》，请事先准备好接、送人员资料。

（3）晚到旅客。

①若旅客购票时间接近该航班截止办理乘机手续时间，售票员应主动热情地提醒旅客尽快办理乘机手续。如"该航班截止办理乘机手续时间为 × 时 × 分，请您尽快到值机柜

台办理乘机手续。”“现在距离截止办理乘机手续时间还有 ×× 分钟，请您抓紧时间。”

② 若旅客购票时间已经超过了航班截止办理乘机手续时间，在航班有剩余座位的情况下售票员可先请示是否可为其办理客票。如可办理，柜台人员应立即引导旅客办理乘机手续，以保证航班正点。如“该航班已过截止时间，请您稍等，我先帮您请示是否可为您办理”。

③ 若旅客购票时间已经超过了航班截止办理乘机手续时间，航班在无剩余座位的情况下，售票员应热情主动地为旅客推介后续航班。如“该航班已超过截止时间，我帮您查看后续临近航班是否有剩余座位，可以吗？”

（三）言谈细节禁忌

（1）语气粗鲁、声音刺耳。

（2）呼吸声音过大，使人感到局促不安和犹豫。

（3）语言平淡，气氛沉闷。

（4）声音表露倦怠。

（5）说话时鼻音过重。

（6）解说时，口齿含糊，令人难以理解。

（7）说话语速过慢或过快。过慢，使听的人感觉沉闷；过快，容易使人思维跟不上。

（8）与旅客谈话时，不可边走边讲或不停地看表，手不可放在口袋里，或双臂放在胸前。

（9）对旅客提出的意见和要求，不要有厌烦的情绪和神色，更不可用责备的口吻甚至粗暴的言语。

（10）不要打断旅客的讲话，如不得已打扰时，应等对方讲完一句话后，说声“对不起”，再进行说明。

（11）忌打听旅客的个人隐私，如旅客的薪金收入、年龄、衣饰价格等。

（12）服务过程中，不得与旅客嬉笑玩闹，更不可对旅客评头论足。

（13）对旅客提出的要求应尽量满足，如不能做到，要耐心解释，不可怠慢；应允的事件一定要落实，不能言而无信。

【实训】

1. 两人一组，用固定电话或手机现场表演各类情形的通话，其他同学观摩，表演结束后，由同学们点评，最后老师总结，以下情形供参考。

（1）客户电话预订机票。

（2）通过电话向上级汇报工作。

（3）正在与旅客交谈时，电话震动提示有来电。

2. 自编小品“过安检”。

学生 3 ~ 5 人分为一组，自编小品“过安检”，可以将安检过程中常用的礼貌用语表现出来，师生点评。

第二单元

化解冲突的语言技巧

一、沟通的目的与意义

沟通就是为了设定的目标，把信息、思想和情感在个人和群体间传递，并且达成共同协议的过程。从沟通的概念可以看出，沟通不仅仅是信息的传递，更是思想和情感在个人和群体间的传递。如果一个服务沟通行为只是传递了一项冰冷的信息，而没有将我们的感情传递给旅客，我们的沟通就是无效的，甚至是失败的。

沟通并不是一种本能，而是一种能力。也就是说，沟通不是人天生就具备的，而是在工作实践中培养和训练出来的。服务人员在面对旅客时，什么话该说和什么话不该说应该是民航服务沟通最基本的艺术。

（一）引导旅客行为

旅客有没有明白我们的服务意图，是否配合我们的服务工作，特别在航班不正常时是否按照我们的意思去做，这些事情不沟通是不会知道的，所以服务沟通可以有效地引导旅客行为。

（二）激励员工改善绩效

服务团队其他成员一般不太知道我们在忙什么，我们也不知道他在想什么，我们面对的服务困难他人也未必了解，其实，这就是失去了激励。因此，作为服务团队的一员，我们应该弥补这个问题，常常与其他成员沟通交流，哪怕只有短短的几个字，对团队成员都会有非常大的影响。

（三）表达情感

表达情感指的是两方面的内容，一是通过沟通，表达公司对员工的情感；二是通过服务沟通，表达公司、员工对旅客的情感。团队情感分享可以打造具有凝聚力的服务团队，与旅客的情感分享可以产生“自己人”印象，让旅客的服务满意度上升。

（四）流通信息

服务中的信息流通可以提高服务质量，减少由于信息不畅而导致的服务失败，更可以减少旅客对我们的误会。在沟通基础上理解，在沟通基础上合作，尽量在服务的各环节都让旅客满意。

【小测试】

交谈能力测试

1.你是否时常避免表达自己的真实感受，因为你认为别人根本不会理解你？（ ）

A.肯定　　B.有时　　C.否定

2.你是否觉得需要有自己的时间、空间，一个人静静地独处才能保持头脑清醒？（ ）

A.肯定　　B.有时　　C.否定

3.与一大群人或朋友在一起时，你是否时常感到孤寂或失落？（ ）

A.肯定　　B.有时　　C.否定

4.当一些你与之交往不深的人对你倾诉他的生平遭遇以求同情时，你是否会觉得厌烦甚至直接表现出这种情绪？（ ）

A.肯定　　B.有时　　C.否定

5.当有人与你交谈或对你讲解一些事情时，你是否时常觉得百无聊赖，很难聚精会神地听下去？（ ）

A.肯定　　B.有时　　C.否定

6.你是否只会对那些相处长久，认为绝对可靠的朋友才吐露自己的心事与秘密？（ ）

A.肯定　　B.有时　　C.否定

7.在与一群人交谈时，你是否经常发现自己驾驭不住自己的思路，常常表现得注意力涣散，不断走神？（ ）

A.肯定　　B.有时　　C.否定

8.别人问你一些复杂的事，你是否时常觉得跟他多谈简直是对牛弹琴？（ ）

A.肯定　　B.有时　　C.否定

9.你是否觉得那些过于喜爱出风头的人是肤浅和不诚恳的？（ ）

A.肯定　　B.有时　　C.否定

评分标准：

选 A 记 3 分；选 B 记 2 分；选 C 记 1 分

诊断结果：

9—14 分：你很善于与人交谈，因为你是一个爱交际的人。

15—21 分：你比较喜欢与人交朋友。假如你与对方不太熟，刚开始可能比较少言寡语，可一旦你们熟起来，你的话匣子就再也关不上了。

22—27分：你一般情况下不愿与人交谈，只有在非常必要的情况下，才会与人交谈。你比较喜欢一个人的世界。

二、运用沟通技巧化解冲突

（一）民航服务中的沟通模式与过程

我们在工作和生活中，会采用不同的沟通模式，可能我们用得最多的是语言，这是我们人类特有的一个非常好的沟通模式。实际上在工作和生活中我们除了用语言沟通，有时候还会用书面语言和肢体语言去沟通，如用我们的眼神、面部表情和手势去沟通。归纳起来，我们的沟通方式有两种：即语言的沟通和肢体语言的沟通。通过这两种不同模式的沟通，可以把沟通的三个内容即信息、思想和情感传递给对方，并达成协议。

1. 语言的沟通

语言是人类特有的一种非常好的、有效的沟通方式。语言的沟通包括口头语言、书面语言、图片或者图形。口头语言包括我们面对面的谈话、会议等。书面语言包括我们的信函、广告和传真，甚至现在用得很多的E-mail等。图片包括一些幻灯片和电影等，这些都统称为语言的沟通。

在沟通过程中，语言沟通对于信息的传递、思想的传递和情感的传递而言，更擅长传递的是信息。

语言的沟通渠道

语言的沟通渠道 / 模式	书面	图片
	•信	•幻灯片
一对一（面对面）	•用户电报	•电影
•小组会	•发行量大的出版物	•电视 / 录像
•讲话	•发行量小的出版物	•投影
•电影	•传真	•照片 \ 图表 \ 曲线图 \ 画片等
•电视 / 录像	•广告	•与书面模式相关的媒介定量数据
•电话（一对一 / 联网）	•计算机	
•无线电	•报表	
•录像会议	•电子邮件	

2. 肢体语言的沟通

肢体语言包含得非常丰富，包括我们的动作、表情、眼神。实际上，在我们的声音里也包含着非常丰富的肢体语言。我们在说每一句话的时候，用什么样的音色去说，用什么样的声调去说等，都是肢体语言的一部分。

肢体语言的沟通渠道

肢体语言表述	行为含义
手势	柔和的手势表示友好、商量，强硬的手势则意味着："我是对的，你必须听我的。"
脸部表情	微笑表示友善礼貌，皱眉表示怀疑和不满意。
眼神	盯着看意味着不礼貌，但也可能表示兴趣，寻求支持。
姿态	双臂环抱表示防御，开会时独坐一隅意味着傲慢或不感兴趣。
声音	演说时抑扬顿挫表明热情，突然停顿是为了造成悬念，吸引注意力。

3. 空间距离

当人们进行交际的时候，交际双方在空间所处位置的距离具有重要的意义，它不仅告诉我们交际双方的关系、心理状态，而且也反映出民族和文化特点。根据霍尔博士（美国人类学家）研究，有四种距离表示不同情况：

（1）亲密接触 （0 ～ 45 cm）：交谈双方关系密切，身体的距离从直接接触到相距约45 cm之间，这种距离适于双方关系最为密切的场合，比如说夫妻及情人之间。

（2）私人距离（45 ～ 120 cm）：朋友、熟人或亲戚之间往来一般以这个距离为宜。

（3）社交距离（120 ～ 360 cm）：用于处理非个人事物的场合中，如进行一般社交活动，或在办公、办理事情时。

（4）公众距离（360 ～ 750 cm）：适用于非正式的聚会，如在公共场所听演出等。

根据这一空间距离理论可以发现，服务最适合的空间距离是私人距离的远状态和社会距离状态。当服务者与被服务者之间的距离大于这一状态时，被服务者感受不到服务的热情，会产生备受冷遇的失落感，对服务的不满将随着这种失落感的加重而爆发。当服务者与被服务者之间的距离小于这一状态时，被服务者有一种被侵犯了私人领地的感觉，对于服务，他没有感到热情，更多的是有一种强迫感和受压抑感，似乎有一种外力在迫使他接受他极不情愿接受的产品。

我们说沟通的模式有语言和肢体语言这两种，语言更擅长沟通的是信息，肢体语言更善于沟通的是人与人之间的思想和情感。

4. 沟通的过程

沟通的过程，由于多种因素影响，事实上却是非常复杂，经过不断的努力，一些专家已经总结出了沟通过程的一般模型，并将沟通过程恰当地分解成为沟通过程八大要素。它们分别是：信息、编码、通道、译码、信息、噪声、反馈、环境。（图 3-1）

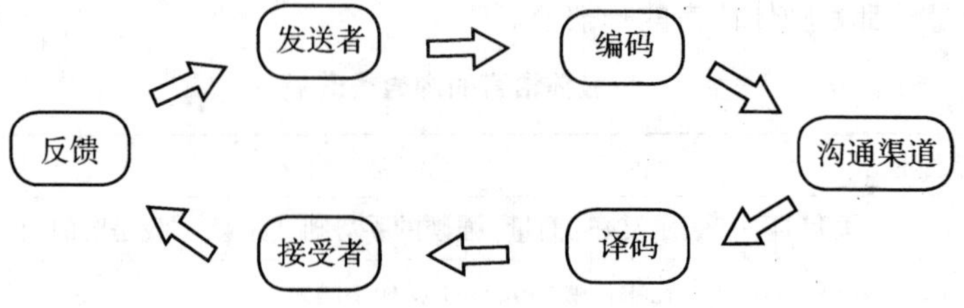

图 3-1　有效服务沟通的过程

沟通的过程是一个完整的双向沟通的过程：发送者要把他想表达的信息、思想和情感，通过语言发送给接收者。当接收者接到信息、思想和情感以后，会提出一些问题给对方一个反馈，这就形成一个完整的双向沟通的过程。在发送、接收和反馈的过程中，我们需要注意的问题是：怎样做才能达到最好的沟通效果。

（二）民航服务中的沟通障碍

所谓沟通障碍，是指信息在传递和交换过程中，由于信息意图受到干扰或误解，而导致沟通失真的现象。在人们沟通信息的过程中，常常会受到各种因素的影响和干扰，如语言、文化、个性特征、情绪反应、社会地位等方面的差异，而使沟通受到阻碍。

1. 沟通障碍的来源

（1）发送者的障碍。在沟通过程中，信息发送者的情绪、倾向、个人感受、表达能力、判断力等都会影响信息的完整传递。障碍主要表现在：表达能力不佳；信息传送不全；信息传递不及时或不适时；知识经验的局限；对信息的过滤。

（2）接受者的障碍。从信息接受者的角度看，影响信息沟通的因素主要有：信息译码不准确；对信息的筛选；对信息的承受力；心理上的障碍；过早地评价情绪。

（3）沟通通道的障碍。沟通通道的问题也会影响到沟通的效果。沟通通道障碍主要有以下几个方面：第一，选择沟通媒介不当。比如对于重要事情而言，口头传达效果较差，因为接受者会认为“口说无凭”“随便说说”而不加重视。第二，几种媒介相互冲突。当信息用几种形式传送时，如果相互之间不协调，会使接受者难以理解传递的信息内容。 如领导表扬下属时面部表情很严肃甚至皱着眉头，就会让下属感到迷惑。第三，沟通渠道过长。组织机构庞大，内部层次多，从最高层传递信息到最低层，从最低层汇总情况到最高层，中间环节太多，容易使信息损失较大。第四，外部干扰。信息沟通过程中经常会受到自然界各种物理噪声、机器故障的影响或被另外事物干扰所打扰，也会因双方距离太远而沟通不便，影响沟通效果。

2. 民航服务中常见的沟通障碍形式

（1）语言障碍。

（2）文化传统与文化程度的障碍。

（3）情绪情感的障碍。

（4）个性障碍。

（5）角色地位障碍。

（6）因态度、信念不同等因素引起的障碍。

（7）因信息表达不清引起的障碍。

【案例】

从长沙飞往天津的航班，晚点近 4 个小时，部分乘客对此不满而拒绝登机，最后飞机到点起飞，而 21 名天津乘客被滞留在长沙黄花国际机场（简称“长沙机场”）。昨天（16 日）凌晨 01:30 左右，天津乘客张先生从长沙打来热线电话，抱怨自己和其他 20 名天津乘客被滞留在长沙机场。“本来是前天 21:10 的航班，可飞机昨天（3 月 16 日）凌晨 01:00 左右才到。” 等了 4 个多小时，机长却告诉大家：“登不登机？飞机五分钟后起飞！”乘客觉得自己像被牵着走，没有选择的余地。“3·15 当晚， 我们却受到了如此待遇。”张先生想登机，但都没有登机时间。飞机起飞了，有的乘客还在等候室里睡着，根本不知道。这 21 名乘客乘坐的是奥凯航空有限公司（Okay Airways Company Limited ，简称“奥凯航空”）从昆明飞往长沙后再飞往天津的航班。奥凯航空工作人员李先生告诉记者，当时由于昆明下雪，飞机又发生了机械故障，所以延误了起飞时间。“飞机在昨天（3 月 16 日）凌晨 00:40 落地长沙，20 分钟后已有 23 名乘客成功登机，在乘务人员一再催促无果的情况下，飞机被迫于昨天（3 月 16 日）凌晨 01:23 关闭舱门准备起飞。”李先生说，公司已按相关规定为 5 名乘客办理了退票，滞留的 21 人也于昨天（3 月 16 日）凌晨被安排住进酒店，并于昨天（3 月 16 日）上午改签其他航班飞抵北京后，乘车返津，这些费用都由奥凯航空承担。

（三）民航服务中的沟通技巧

1. 有效沟通的五种态度

每个人在沟通过程中，由于信任的程度不同，所采取的态度也不一样。如果你的态度不是一个端正、良好的态度，那么沟通的效果肯定是不好的。在沟通过程中，根据果敢性和合作性的不同，分为五种态度。请你注意，态度决定一切。如果态度问题没有解决，沟通的效果就不好。

（1）强迫性的态度。强迫性态度，果敢性非常强，却缺乏合作的精神。在工作和生活中，确实有这样的情况，如父母对小孩子、上级对下级，在这种强迫的态度下，沟通实际上不容易达成一个共同的协议。

在民航服务中，如果旅客的行为威胁到民航飞行安全、旅客生命财产安全和民航员工生命、民航财产安全的紧急情况时，面对不合作的旅客，必须用强迫的态度与之沟通。

（2）回避性的态度。在沟通中既不果断地下决定，也不和你主动去合作，那么这样一种态度叫回避的态度。他总是回避着你，不愿意与你沟通，不愿意下决定，所以得不到一个良好的沟通结果。

（3）迁就性的态度。具有迁就态度的人虽然果敢性非常弱，但是他却能与你合作，你说什么他都会表示同意，那么在平时工作生活中，你有没有遇到对方采取的是一种迁就的态度？通常下级对上级往往采取一种迁就态度。当你与下级沟通的时候，你要注意：他的态度是否发生了问题，采取的是不是迁就态度。如果是，那么沟通就失去了意义，得不到一个正确的反馈。

在父母和小孩沟通的时候，小孩也可能迁就地说好、行，因为一方有权力，另一方没有权力。

（4）折中性态度。折中性的态度果敢性有一些，合作性也有一些，非常的圆滑。旅客是我们的衣食父母，他们对我们是有权力的，旅客是中国民航生存的基础，我们要爱我们的旅客。因此，正常的民航服务应该用合作，甚至适当迁就的态度进行沟通。

（5）合作性态度。合作性在沟通过程中，需要有一个正确的态度：既要有一定的果敢性勇于承担责任、下决定，同时又要有合作性，这样的态度才是合作性的态度，才能产生共同的协议。

2. 善于聆听

（1）聆听的原则。

① 聆听者要适应讲话者的风格。每个人发送信息的时候，说话的音量和语速是不一样的，你要尽可能适应他的风格，尽可能接收他更多、更全面、更准确的信息。

② 聆听不仅仅是用耳朵在听，还应该用你的眼睛看。耳朵听到的仅仅是一些信息，而眼睛看到的是他传递给你更多的一种思想和情感，因为这是需要更多的肢体语言去传递，所以听是耳朵和眼睛在共同工作。

③ 首先是要理解对方。听的过程中一定要注意，站在对方的角度去想问题，而不是去评论对方。

④ 鼓励对方。在听的过程中，看着对方保持目光交流，并且适当地点头示意，表现出有兴趣的聆听。

（2）有效聆听的四个步骤。

步骤 1：准备聆听。首先，就是你给讲话者一个信号，说我做好准备了，给讲话者以充分的注意。其次，准备聆听与你不同的意见，从对方的角度想问题。

步骤 2：发出准备聆听的信息。通常在听之前会和讲话者有一个眼神上的交流，显示你给予发出信息者的充分注意，这就告诉对方：我准备好了，你可以说了。要经常用眼神交流，不要东张西望，应该看着对方。

步骤 3：采取积极的行动。积极的行为包括我们刚才说的频繁点头，鼓励对方去说。那么，在听的过程中，也可以身体略微地前倾而不是后仰，这是一种积极的姿态，这种积极的姿态表示着：你愿意去听，努力在听。同时，对方也会有更多的信息发送给你。

步骤 4：理解对方全部的信息。聆听的目的是理解对方全部的信息。在沟通的过程中你没有听清楚、没有理解时，应该及时告诉对方，请对方重复或者解释，这一点是我们在沟通过程中常犯的错误。所以在沟通时，如果发生这样的情况要及时通知对方。

（3）聆听的五个层次。在沟通聆听的过程中，因为我们每个人的聆听技巧不一样，所以看似普通的聆听却又分为五种不同层次的聆听效果。

① 听而不闻。所谓听而不闻，简而言之，可以说是不做任何努力地去听。听而不闻的表现是不做任何努力，你可以从他的肢体语言看出，他的眼神没有和你交流，他可能会左顾右盼，他的身体也可能会倒向一边。听而不闻，意味着不可能有一个好的结果，当然更不可能达成一个协议。

② 假装聆听。假装聆听就是要做出聆听的样子让对方看到，当然假装聆听也没有用心在听。在工作中常有假装聆听现象的发生，如你和客户之间交谈的时候，客户有另外一种想法，出于礼貌他在假装聆听，其实他根本没有听进去；上下级在沟通的过程中，下级惧怕上级的权力，所以做出聆听的样子，实际上没有在听。假装聆听的人会努力做出聆听的样子，他的身体大幅度地前倾，甚至用手托着下巴，实际上没有听。

③ 选择性地聆听。选择性地聆听，就是只听一部分内容，倾向于聆听所期望或想听到的内容，这也不是一个好的聆听。

④ 专注地聆听。专注地聆听就是认真地听讲话的内容，同时与自己的亲身经历作比较。

⑤ 设身处地地聆听。设身处地地聆听，不仅是听，而且努力在理解讲话者所说的内容，所以用心和脑，站在对方的利益上去听，去理解他，这才是真正的设身处地的聆听。设身处地的聆听是为了理解对方，多从对方的角度着想：他为什么要这么说？他这么说是为了表达什么样的信息、思想和情感？如果你的上级和你说话的过程中，他的身体却向后仰过去，那就证明他没有认真地与你沟通，不愿意与你沟通。当对方和你沟通的过程中，频繁地看表也说明他现在想赶快结束这次沟通，你必须去理解对方：是否对方有急事？可以约好时间下次再谈，对方会非常感激你的通情达理，这样做将为你们的合作建立基础。

【案例】

某航班上，有两位老人，一位五六十岁，一位七八十岁，他们的脸上挂着不悦的表情，没坐在一排。坐在前排的老大爷虽然气鼓鼓的，但仍不时地用关切的眼神望着老奶奶。乘务员上前扶老奶奶坐下，主动到老大爷身旁，蹲下与他交谈。老大爷小声说，那位老奶奶是他的老母亲，快九十岁了。他刚离休，想把老母亲接到自己家养老，不想路上因一点小事与母亲拌了嘴，都不说话了。了解了这一切，乘务员对老大爷说："大爷，您放心吧，老奶奶就交给我照顾吧。"一路上，乘务员为老奶奶盖上了毛毯并说："老奶奶，您的儿子怕您冷，让我给您盖上。"老奶奶愣了一下，笑了笑。乘务员又为老奶奶送上一杯白开水，说："老奶奶，您儿子怕您喝不惯那些甜酸的饮料，让我给您拿杯白开水来。""老奶奶，这是您的儿子为您特订的素食餐，味道好吗？"……一路上乘务员忙完正常的服务就去照顾老奶奶，老奶奶也渐渐地高兴起来，说："姑娘，你咋对奶奶这么好呢？"乘务员说："老奶奶，您啊，有一位孝顺的儿子，是他让我来专门照顾您的，您真有福气，让人多羡慕啊。"飞机还没到达，老大爷已经坐到母亲身旁了，看到他们有说有笑的样子，乘务员由衷地祝福两位老人能永远健康长寿。

分析：在这种情况下，乘务员应是一名调节员，耐心传递爱的信息，有效地架起乘客之间沟通的桥梁。

3. 有效反馈

反馈有两种：一种是正面的反馈，另一种是建设性的反馈。

正面的反馈就是对对方做得好的事情予以表彰，希望好的行为再次出现。建设性的反馈就是在别人做得不足的地方，你给他一个建议。请大家注意建设性的反馈是一种建议，而不是一种批评，这是非常重要的。

反馈有正面的和建设性的两种，有没有负面的反馈呢？在工作中，我们也会经常接收到一些负面的反馈，说你做的事情没有做好。那么，在接收的过程中，我们的心情会是什么样的呢？心情就会不愉快。负面的反馈你接收完了以后不仅没有帮助你，反而给你带来了很多负面的影响。所以只有正面的反馈和建设性的反馈，没有负面的反馈，不存在负面的反馈这个定义。在沟通过程中，没有反馈的信息，沟通就不完善，因为信息过去了却没有回来，是一种单向的行为。所以说，没有反馈就不能称为完整的沟通。反馈，就是给对方一个建议，目的是帮助对方，把工作做得更好。

在反馈的过程中，我们一定要注意有的情况并不是反馈：第一，指出对方做得正确的或者是错误的地方。反馈是你给对方的建议，为了使他做得更好。第二，对于他人的言行的解释，也不是反馈。例如，我明白你的意思，你的意思是什么——这不是反馈，这是聆听的一种。第三，对于将来的建议。对于未来和将来的建议也不是反馈。反馈就是对刚才你接收到的这些信息给对方一个建议，目的是使他做得更好。

反馈不是：① 关于他人之言行的正面或负面意见。② 关于他人之言行的解释。③ 对将来的建议或指示。

4. 赞美

赞美是人们最渴望的高级需要之一，在我们的生活中，人人需要赞美，人人喜欢赞美。在交谈时，赞美是对交谈者的一种欣赏、一种肯定。赞美是理智与情感融合而达到巅峰的一种表达形式，恰如其分的赞美能够促使对方更加完美，加深双方友谊。心理学家曾做过实验：首先让两组小孩长跑消耗体能，然后，一组小孩被批评，另一组受表扬，结果检验体能时，发现受批评的那组小孩像泄了气的皮球，更没力了，而受表扬的那组小孩全都兴奋得小脸红彤彤的，体能迅速恢复。

（1）赞扬的态度要真诚。赞美他人必须真诚。每个人都珍视真心诚意，它是人际沟通中最重要的尺度。英国专门研究社会关系的卡斯利博士曾说过："大多数人选择朋友都是以对方是否出于真诚而决定的。"如果你在与旅客交往时不是真心诚意，那么要与他建立良好的人际关系是不可能的。所以在赞美旅客时，你必须确认你赞美的人的确有此优点，并且要有充分的理由去赞美他。

（2）赞扬的内容要具体。赞扬要依据具体的事实评价，除了用广泛的用语如："你很棒！""你表现得很好！""你不错！"最好要加上具体事实的评价。例如："你的调查报告中关于技术服务人员提升服务品质的建议，是一个能针对目前问题解决的好方法，谢谢你提出对公司这么有用的办法。""你处理这次客户投诉的态度非常好，自始至终婉转、诚恳，并针对问题解决，你的做法正是我们期望员工能做的标准典范。"

（3）适当运用间接赞美的技巧。所谓间接赞美就是借第三者的话来赞美对方，这样比直接赞美对方的效果往往要好。比如你见到同事，对他说："前两天我和刘总经理谈起你，他很欣赏你接待客户的方法，你对客户的热心与细致值得大家学习。"无论事实是否真的如此，反正你的同事是不会去调查是否属实的，但他对你的感激肯定会超乎你的想象。

总之，赞美是人们的一种心理需要，是对他人敬重的一种表现。恰当地赞美别人，会给人以舒适感，同时也会改善与下属的人际关系。所以，在沟通中，我们必须掌握赞美他人的技巧。

另外有些时候，我们自认为是在赞美欣赏对方，但发现对方似乎不太领情，甚至还遭到质询。出现这种情况的原因主要有以下几点：一是不了解对方喜好，错把对方忌讳当优点。二是在赞美别人时不忘批评打击。三是功利性太明显，表达不自然。四是赞美吝啬，不够大方。五是吹嘘太严重，脱离实际。

赞美之于人心，犹如阳光之于万物。要想使别人欣然接受我们的赞美，我们还得学会赞美，要有一双美的眼睛，善于发现别人的优点。要乐于赞美，勤于赞美，善于赞美。

5. 谦虚

谦虚是我国优良的传统美德，毛泽东同志说："虚心使人进步，骄傲使人落后。"谦虚可以使我们学到更多的知识，使交往双方和睦相处。牛顿是个十分谦虚的人，从不自高自大。曾经有人问他："你获得成功的秘诀是什么？"牛顿回答说："假如我有一点微小成就的话，没有其他秘诀，唯有勤奋而已。"他又说："假如我看得远些，那是因为我站在巨人们的肩上。"我国古代赵国蔺相如主动给廉颇让道，引出了负荆请罪、将相和的故事，使赵国强盛了几十年。在交谈中，保持谦虚的方法主要有：

（1）转移对象。当对方赞美我们时，我们可以把荣誉与集体和同事共享，如球队获胜了，得到赞美时，我们可以说是整个球队努力的结果。

（2）相对肯定。这类谦虚往往包含深刻的哲理，告诉人们成功的艰辛，对人有启示作用。如在一次谈话中，有人盛赞鲁迅先生的才华，鲁迅说："哪里有什么天才，我只是把别人喝咖啡的时间都用在工作上了。"

（3）相对自轻。在谈话中这类谦虚可以通过对比，看出自己的不足，在谦虚的同时，也表明了自己积极向上的乐观精神。例如，当郭沫若看到鲁迅自比为"孺子牛"，感叹说："鲁迅先生愿意做一匹牛，我愿意做这匹牛的牛尾巴。"茅盾听说郭沫若谦虚地自比为牛尾，就说："那我就做牛尾上的毛吧。"

（4）征求批评。交谈中这类谦虚绝不是虚伪做作，表明了交谈者追求完美的精神。如在出色完成工作后，对自己在工作中的某些瑕疵和缺陷征求意见和批评。

（5）巧改词语。在对方赞美自己时，这类谦虚可以通过一些语言词句的改变来表达自己的虚心谦让。如有人在别人赞赏自己"治学"严谨时，将"治学"改为"自学"来以示谦虚。

在生活中我们经常可以遇到这样一些人，他们好为人师，摆出一副"万事通"的面孔，总喜欢指出别人这儿那儿做得不好。其实他们之所以这样，就是唯恐被人轻视，他们炫耀的目的就是要提高自己的地位。可是这样做的结果只能使他们捉襟见肘，遭人厌恶。道理很简单，你总认为别人没有办好事情的能力，别人也不会把你的能力放在眼里，没有人喜欢被贬低。

谦虚是谦让、平等的表现，是礼貌的重要内涵。孔子云："三人行，必有我师焉。"在交谈交往中，谦虚的态度可以使我们更加自信。

6. 幽默

幽默是人际交往的润滑剂，能使我们的生活充满阳光。幽默能使人豁达乐观，使人成功幸福。爱迪生说："如果你想征服这个世界，就必须使这个世界更有趣！"幽默是指诙谐有趣而意味深长。幽默体现了一个人的智慧与乐观。在交谈中，幽默可以活跃交谈的氛围，可以使自己脱离尴尬的处境。幽默的交谈方式主要有以下几点：

（1）自嘲。这是一种使用最多、最保险的幽默方式，它可以使自己适时地脱离窘境。钱钟书先生说："真正的幽默是反躬自笑的，它不但对于人生是幽默的看法，对幽默本身也是幽默的看法。"

（2）夸大。这种幽默是指通过无限地扩大和缩小事物的状态，使人们发现其中的荒谬性，得到娱乐的目的，如世界幽默大师萧伯纳。

（3）误会。这种幽默是指通过语言的对比、双关、歧义和文化上的不同，达到心理顿悟、哑然失笑的效果，如"方便"。

（4）转折。这种幽默主要通过逻辑上的先顺后逆、先逆后顺引出一些意想不到的结果来达到娱乐的目的，如对"儿子"的理解。

在日常交往交谈中使用幽默时要注意以下几点：

（1）交谈中的幽默是建立在互动的基础上的，必须以对方的语言为基础。

（2）内容必须乐观健康。

（3）少开他人玩笑，多自嘲。

【案例】

某国际航班上，乘务组解决了一个发生在日本与英国旅客间的"小冲突"。

该航班头等舱28个座位，坐了25名旅客。飞机大约起飞30分钟，坐在2排A座位的日本籍客人想从座位上起身出来。谁知一不小心，撞翻了小桌板上的饮料。桌上的茶水、啤酒一股脑地全洒在了他旁边英国旅客的裤子上，整个一条裤腿全湿了。

这位英国旅客大概准备去参加一个重要的邀请会，身着正式的西装衬衣和西裤。一看这情景，他"腾"的一下急了。日本客人连忙道歉，然而两人一个用英语，一个用日语，根本没法沟通，这使得英国客人非常生气。这时，头等舱乘务员忙上前来缓解旅客的情绪。同时，她们轮换着为英国旅客擦拭着裤腿上的水迹。到飞机快要降落时，英国旅客的裤腿经过反复擦拭，渐渐干了，可是他一直闷闷不乐，不吃不喝，也不说话。

这时，主任乘务长从挂衣间里拿出英国客人上飞机时穿的上身西装，半认真半开玩笑地对他说："Excuse me, Sir. This is a Dry Suit。"（"对不起，先生，这是一件干的衣服。"）为湿裤腿烦恼了一路的英国客人，听到这话，终于忍不住笑了，他热情地拥抱了乘务长，那位日本客人也感激地握住了乘务长的手。

【实训】

旅行团上了飞机。其中一位老人看到自己座位上方行李架上放满了东西（机载应急设备），就将行李架上的防烟面罩连同套子拿下，放在地板上，将自己的行李放在该应急设备的位置上。乘务员发现后，未调查设备移动的原因，就直接报告乘务长，且报告内容过于简单，造成乘务长判断失误，认为情况失控。乘务长未再次确认就汇报给机长，机长接到报告后通报地面处理，最后该旅行团导游被带下飞机，造成航班延误52分钟。

4人一组模拟以上场景，其他同学进行观摩，表演结束后，由同学们点评各组同学采用的沟通方式是否恰当，应如何处理此类问题。

模块四

民航服务人员岗位礼仪

[知识目标] 熟悉掌握客舱服务流程的礼仪规范和处理矛盾纠纷的艺术；熟悉掌握民航地面服务流程的礼仪规范和处理投诉纠纷的艺术。

[能力目标] 能按照服务礼仪规范要求，流畅地完成岗位（客舱或地面）服务工作。

[案例导入1]

2007年7月某日MU5142航班（太原—上海），一位旅客投诉："在飞机降落时想要去洗手间，被乘务员阻止，旅客认为乘务员在解释期间有不尊重她的意思。"

经向旅客电话了解，旅客说："刚广播了飞机下降广播后想上洗漱间，到后舱后，乘务员以飞机下降不安全为由阻止旅客上洗手间，告知旅客期间该乘务员与其他机组成员聊天说笑。"旅客认为既然是以安全为由，乘务员尚且闲聊说笑不以身作则，怎么能谈得上安全，认为乘务员不灵活。

[案例分析]

乘务员在按规定执行的同时应灵活掌握原则。当刚广播飞机下降时，十分钟之内可以灵活掌控，让旅客使用洗手间的同时善意提醒旅客飞机下降可能有颠簸，请扶好，同时委婉提醒旅客飞机已开始下降，请稍快一些。手册要求离飞机落地十分钟所有乘务员应坐好，系好安全带，此时如有客人要求用洗手间应婉言阻止，告知其危害性。最后应注意在要求旅客的同时，乘务员应首先以身作则。

[案例导入2]

有一位常年出差的客人就乘坐飞机时的感受谈到，早已习惯了各航空公司差异的空乘服务，笑脸越来越少，服务越来越不专业，然而乘坐新加坡航空公司去马尔代夫所享受的服务让我甚是感慨，航班延误共15分钟，但在延误的第五分钟开始发放点心和饮料并随时补发和增发给所需要的旅客，再到登机时，带儿童的旅客优先登机，让我特别专心地关注了新航的差异及特色服务，在这个过程中似乎很少有乘客感到登机延误的焦虑，甚至有旅客没有发现飞机延误了15分钟登机。登机时，所有乘务员的规范礼貌、问候和解说，让所有乘客真正感到了内心的微笑。

登机后的特色服务让我记忆犹新，乘务员以最快的速度为每位乘客递上有独特香味的热毛巾，给儿童分发专用的耳机和小玩具，发餐前询问客人对食物有无特殊要求，以及发餐时在暂不想用餐的客人座椅上方贴上"请勿打扰"的提示便条，如同将五星级的饭店服务搬进了机舱；若下机时有儿童睡着了，可带走保暖的毛毯等，所有这一切特殊服务，无不让乘客感受到了新航服务的热心和贴心。

为什么新航较其他航空公司更好地让乘客感受到他们差异化的温馨服务？它所提供的产品从本质上讲，与其他航空公司差异不大，于是当有形产品难以差异化时成功的关键就在于确保基础服务质量的同时，如何增加更有价值延伸的差异化服务。新航成功打造了热情的、亲切的、温和的、优雅的空姐品牌形象，他们在服务细节上的差异化最重要的莫过于机上空乘人员所表现出来的职业素养和形象，无论他们是男是女，是美是丑，均能让你在第一时间内感受到与他们心灵的零距离。

客舱服务的魅力带给乘客无限的享受。

问题思考

1. 你能从中领悟到客舱服务技能和服务技巧的区别吗？
2. 怎样给客人提供优质的服务？

第一单元

民航客舱服务礼仪

客舱服务是航空公司服务质量和效益的最直接的体现和保障。客舱服务有自身的特点，客舱服务主要由以下四个阶段构成：预先准备阶段、直接准备阶段、空中实施阶段、航后讲评阶段。

一、登机前的礼仪规范

登机前的准备是否完整、得体，充分体现了一个乘务员的工作态度、责任心和航空公司的形象。首先是我们的乘务员按照航空服务专业化形象的要求着装、化妆、做发型，佩戴工作证、姓名牌等。下面我们来学习登机前（预先准备阶段）的具体礼仪规范。

（一）个人应携带的物品准备

1. 证件

乘务员在执行任务时必须携带登机证、健康证、乘务员执照，中华人民共和国因公护照（国际航线）和港澳通行证（地区航线）。

2. 资料

乘务员手册、广播词、应急安全操作手册、航线资料。

3. 物品

手电筒、手表、便签、笔、开关器、剪刀、围裙、化妆包、牙具、针线包等。

（二）个人仪容仪表仪态准备

空姐的仪容仪表，包括人的容貌、姿态、服饰和个人卫生等方面，它是空姐精神面貌的外观表现。

1. 发型

空姐身着制服时，头发注意保持发型整洁美观、大方自然、统一规范、修饰得体。发型以乘务业务规定的标准发型为主，不留怪异发型。

2. 化妆

空姐值勤时必须化工作妆，补妆，保持良好的精神面貌，保持手和指甲修剪整洁。不使用不健康颜色及亮彩色等的口红，不佩戴过大的饰物、时装手表，不在旅客面前补妆、修饰。注意面部局部的修饰，保持眉毛、眼角、耳部、鼻部的清洁，不要当众擤鼻涕、挖耳朵。注意口腔卫生，坚持刷牙、洗牙，在上飞机的前一天不吃带味的食物。注意手部的美化，手和手指甲应随时保持清洁，要养成勤洗手的好习惯，经常剪指甲，不要将指甲留得过长，给旅客一种不卫生的感觉。

3. 着装准备

（1）空姐必须对个人的服饰予以重视，它关系到个人的形象和航空公司的形象。所以空姐在飞机上必须遵守航空公司有关服[illegible]的规定，做到飞行时按规定着装。

（2）空姐在着工作服时，应保持工作服干净整洁，每次上飞机前，应将工作服熨烫平整，工作装不允许出现皱纹、残破、污渍、脏物、异味，干净整洁的服装会给旅客带来清新舒服的感觉。

（3）值勤时，同一航班乘务组乘务员可根据航线季节、天气变化及个人身体素质着装，空姐一律着裙装；迎送客时，空姐可着马甲，寒冷地区可着大衣。

（4）皮鞋应保持光亮、无破损，空中应着单皮鞋，平底鞋只能在空中服务时穿着。着制服时须扣好纽扣，空姐着大衣、风衣时要系好腰带，佩戴围巾、手套。

（5）登机证佩戴在制服、风衣、大衣胸前，上机后摘掉；服务牌佩戴在制服右上侧，衬衣和围裙的左上侧。

二、客舱迎送的礼仪规范

客舱迎接恭送旅客（直接准备阶段），包括迎客、送客两个环节。亲和的微笑，能表现出空乘人员的善意、尊重和友好，会给客人留下非常深刻的印象；舒心的问候，对于融洽自己与乘客之间的感情有很大的帮助；端庄的仪态，可以透露出空乘人员良好的修养，有了端庄的仪态，才能既尊重别人，又赢得别人的尊重。周到的迎接，可以给客人宾至如归的感觉；美好的送别，可以给客人留下美好的回忆。

亲和的微笑和端庄的仪态在前面的章节中有详细阐述，下面着重阐述空乘人员舒心的问候。

（一）舒心的问候

1. 问候要积极主动

空乘人员向乘客问候一定要积极主动，这是职业和礼貌的要求，也会让空乘在此后的谈话交流和服务中取得主动。如果问候不主动，有可能因为乘客的走动、接听耳机、与他人交流而错过问候乘客的时机。此外，如果乘客先于自己问候，空乘人员一定要反过来问候乘客，不能没有反应。

2. 问候声音要清晰、洪亮且柔和

空乘人员问候乘客时，首先声音要洪亮，确保乘客能听得见。特别是在早晨、午后、傍晚乘客神经尚未完全兴奋时，大声的问候会使乘客感到兴奋，也使乘客对其有鲜明突出的印象，有利于服务气氛的开朗、活跃。

空乘人员问候乘客时，还要语言清晰。无论是中文还是英文问候，力求发音准确，吐词清晰，确保乘客听得清楚，不要含混不清，也不要语速太快，更不要应付了事，否则就达不到问候的目的。

空乘人员问候乘客时，还要语气柔和，确保乘客听得舒服。语气生硬，便失去了热情友好和善，不仅使问候成了多余，甚至会起到相反效果。

3. 问候要注意人物、时间及乘机状况

乘客的情况千差万别，他们身份不同、目的不同，所以绝不可千人一样的问候。例如，对于行李过多的乘客，可以说“欢迎登机，我来帮你吧”；对于匆匆赶来的乘客，可以说“你好，请不要着急，飞机还要等一会儿才起飞”；对于生病的乘客，可以说“请不要担心，我们会尽力照顾你的”等，这些都是非常得体的问候。相反，如果对一个悲伤的人说“你好”，对一个外籍乘客说“你吃了吗？”等，则是不合适的问候。

（1）正常迎客：

① 先生（小姐、女士），您（早上、下午、晚上）好！

② 欢迎登机！欢迎选乘 ×× 航空公司航班！

③ 您的座位排数显示在行李架的下方蓝色（橘色）亮灯处。ABC 在您的右侧，DEF 在您的左侧（AF 座靠窗，CD 座靠通道）。

④ 我能看一下您的登机牌吗？我来帮您找座位！

⑤ 您的座位是 × 排 × 座，在客舱的前部/中部/后部，靠窗的/中间的/靠通道的座位。

⑥ 对不起，我可以帮您放行李吗？

（2）延误时迎客：

① 欢迎登机！

② 您辛苦了！

③ 让您久等了！

（3）通道被堵塞迎客：

① 先生/小姐，您好！请您侧身让身后旅客先通过，谢谢！

② 对不起！请您先入座。您的行李一会儿我来帮您一起安排好吗，请您让后面的旅客先通过！

（4）送客时：

① 飞机已经完全停稳，您可以下飞机了。

② 再见，请走好 。

③ 当心脚下。

④ 欢迎您再次乘坐我们的航班！

4. 问候时的正确仪态规范

乘务员的仪态体现了一名乘务员的性格和心灵、文明程度和心理状态。

（1）微笑：应真诚，发自内心。正确的姿势是微笑着注视乘客的眼睛，坦诚自信，明快地与乘客打招呼，欢迎乘客的到来。

（2）站姿：收腹、挺胸、提臀，女乘务员双手交叉，自然放于小腹部前，不露大拇指。男乘务员双手背于身后，双腿略开与双肩平行；或双腿并拢，双臂自然下垂，贴于身体两侧，给旅客留下挺拔、舒展、健美的印象。空乘人员问候乘客时可以不握手。

（3）走：在标准站姿的基础上，面带微笑，目视前方，自然稳健，步伐轻，不要过大过急，脚内侧走在一条直线上，脚尖略开，肩臂带动手臂，重心在腰间，两脚走时距离为一脚半。要做到轻、稳、灵，不要给客人留下忙乱无章、慌张的感觉。

（4）鞠躬：迎客时 15°，安全示范表演及起飞后致意鞠躬 30°，向旅客致意 45°。注意鞠躬时动作要慢，头、颈、肩、背在一条直线上，须停留 2 秒钟，视线自然下垂。

（5）指示方向：五指并拢，小臂带动大臂，根据指示方向距离的远近调整手的高度，身体随着手的方向自然转动，目光与手的方向一致。安排旅客就座时，应站姿端正，不可手放在椅背上，也不可用手指指着座位。常用礼仪手势的运用："请进"手势、前摆式、"请往前走"手势、"请坐"手势、挥手道别等。

（6）开关行李架：以侧身向旅客，单手即可，避免同时举起双臂，检查行李架时应反扣以检查是否关紧。

（7）在客舱相遇：乘务员在客舱通道相遇时，应背对背侧身而过，始终正面面向旅客；与旅客相遇时，应停下来，侧身正面面向旅客，以手势请其先过。

（8）交流：与旅客交流时，身体应与之成 45° 角，保持距离，站姿端正，腰可稍弯，目光注视对方，以示尊敬。谈话时，避免使用专业化术语及边走边讲。可采用蹲式交流（与左边旅客谈话左腿低，与右边旅客谈话右腿低，双手自然放在腿上）。在服务过程中多说一些简练、通俗、亲切的话语或专业用语，让旅客感受到我们既温馨又专业的服务。

迎送旅客的礼仪规范如图 4-1、图 4-2 所示。

图 4-1

图 4-2

三、客舱巡视的礼仪规范

客舱巡视（空中实施阶段）是体现乘务员服务技能和服务技巧的重要环节，直接关系到航空公司的服务质量和声誉。

1. 与旅客沟通礼仪

与旅客沟通，首先我们要明确一个概念：服务意识，即在服务过程中，设身处地地考虑服务对象的感受、立场、利益、需求的良好服务习惯。

服务意识是认识问题，认识到了，在实践中自觉注意到了，服务意识就体现出来了。服务意识可体现在态度、服务过程、沟通过程及服务结果等细节之中，沟通是实践问题，受对象、环境、能力和技巧的影响。在良好服务意识指导下的沟通能够很好地促进服务，促进与旅客关系的建立。

可见，服务沟通在服务中起到的作用是巨大的，甚至是起决定意义的。

空乘人员要善于察言观色，有很好的听话能力，能迅速判断乘客的情况、心理和服务需求，尽量站在旅客的立场上，力求听懂旅客的话外之音或欲言又止之处。不看对象、场合，千篇一律地应答或服务是非常不合适的，乘务员面对的客人来自不同国家、不同地区，文化层次不同，职业、年龄、地位不同，风俗习惯不同，因此必须注意分别对待，以满足每位旅客的心理需求和服务需求。

图 4-3

与旅客沟通应注意：①正确的站姿与蹲姿。②语言沟通中的微笑礼仪。③及时了解旅客需求并进行处理。（图 4-3）

2. 书报杂志服务礼仪

（1）将报纸叠好后，相同的报纸摆在一起；杂志要每本分开排列成扇形。

（2）一只手四指并拢，手心向上拖住报纸或杂志底部，拇指在里侧，另一只手并拢扶在报纸或杂志的左（右）上角。

（3）单独为旅客提供书报时，用不垫垫纸的小托盘送出。

（4）询问旅客是否需要打开阅读灯。

3. 发送物品礼仪

（1）收物品按照先外后里的顺序，与送的顺序相反。

（2）收杯子：使用托盘，事先在托盘内铺好托盘垫纸。左边的旅客用右手收，右边的旅客用左手收，在托盘内将杯子由里向外摆放，每摞高度最多不超过 5 个。

（3）收餐盘：用服务车收，在服务车内的顶部摆放两个铺好托盘垫纸的大托盘，用来放餐盒等杂物，餐盒放入服务车内，按照从上往下的顺序逐格摆放。

（4）回收时应遵循先外后里的原则。

（5）回收物品时应征求旅客意见；旅客主动递出时，应表示感谢。

（6）主动为旅客递送干、湿纸巾。

四、客舱广播的礼仪规范

客舱广播室是用艺术语言传达情感，这需要乘务员能说标准的普通话和流利的英语。乘务员在努力学好业务知识的同时，应加大训练普通话和英语口语的力度。我们知道，广播器传出的效果是只闻其声，不见其人，这就要求广播员在广播时声情并茂，让旅客感觉犹如是在听美妙的音乐。

在客舱播音中，对象感是广播员在面对话筒，乘务员在眼前没有乘客广播时要努力做到心中有人。在备稿时要对乘客进行设想，在广播时感受到乘客的存在和反应，意识到乘客的心理、要求、愿望和情绪等，并由此调动自己的思想情感，使之有感情地表达情感。如果没有情感地广播，那么乘客听到的广播将是平淡呆板、没有起伏或速度过快过慢似的自言自语。

（一）机内广播礼仪规范要求

（1）负责广播的乘务员，必须经过专门培训，取得广播资格证后方可上岗。

（2）保证部分相应的航线有相应语种的广播。

（3）广播用语准确、规范，使用专用的广播词，广播员语言亲切自然、音量适中。

（4）广播语种顺序：中文、英文、相应语种。

（5）在条件允许的情况下，根据机型分舱广播。

（6）长航线的夜航飞行，中途开餐时可不进行餐前广播。

（7）航班延误及时广播通知旅客。

（8）紧急情况下，带班乘务长负责广播。

（二）模拟客舱广播演练

1. 部分广播词

（1）登机广播。

女士们、先生们：

欢迎来到南航“空中之家”。当您进入客舱后，请留意行李架边缘的座位号码对号入座。您的手提物品可以放在行李架内或座椅下方。请保持过道及紧急出口通畅。如果有需要帮助的旅客，我们很乐意协助您。南方航空愿伴您度过一个温馨愉快的空中之旅。谢谢！

Ladies and Gentlemen:

Welcome abroad China Southern Airlines. As you enter the cabin, please take your seat as soon as possible. Your seat number is indicated on the edge of the overhead bins.Please put your carry-on baggage in the overhead bin or under the seat in front of you. If you need any assistance, we are glad to help you. We wish you a pleasant journey. Thank you!

（2）舱门关后。

女士们、先生们：

飞机客舱门已经关闭。为了您的安全，飞行全程请关闭手提电话及遥控电子设备。飞机平飞后，手提电脑可以使用，下降前请关闭。在本次航班上请您不要吸烟。现在请确认您的手提电话已关闭。谢谢您的合作！

Ladies and Gentlemen:

The cabin door is closed. For your safety, please do not use your mobile phones and certain electronic devices on board at any time. Laptop computers may not be used during takeoff and landing. Please ensure that your mobile phone is turned off. This is a non-smoking flight, please do not smoke on board.

Thank you for your cooperation.

2. 安全演示

（1）安全演示录像。

女士们，先生们：

现在我们将为您播放安全演示录像，请注意观看。如有疑问，请随时与乘务员联系。谢谢！

Ladies and Gentlemen:

May we please have your attention for the safety demonstration? If you have any queations after the safety video, please contact the flight attentions. Thank you!

（2）安全演示示范。

女士们，先生们：

现在客舱乘务员将为您介绍机上应急设备的使用方法及紧急出口的位置。

Ladies and Gentlemen:

We will now take moment to explain how to use the emergency equipment and locate the exits.

救生衣在您座椅下面的口袋里（座椅上方），仅供水上迫降时使用。在正常情况下请不要取出。

Your life vest is located (under/above) your seat. It may only be used in case of a water landing. Please do not remove it unless instructed by one of your flight attendants.

使用时取出，经头部穿好。将带子由后向前扣好系紧。

To put your vest on, simply slip it over your head. Then fasten the buckles and pull the straps tight around your waist.

当您离开飞机时，拉动救生衣两侧的红色充气手柄，但在客舱内请不要充气。充气不足时，请将救生衣上部的两个充气管拉出，用嘴向里充气。

Upon exiting the aircraft, pull the tabs down firmly to inflate your vest while inside the cabin. For further inflation, simply blow into the mouth pieces in either side of your vest.

夜间迫降时，救生衣上的指示灯遇水自动发亮。

For water landing at night, a sea-light will be illuminated.

氧气面罩储藏在您座椅上方。发生紧急情况时，面罩会自动脱落。

Your oxygen mask is above your head. It will drop down automatically in case of emergency.

氧气面罩脱落后，请用力向下拉面罩。将面罩罩在口鼻处，把带子套在头上进行正常呼吸。在帮助别人之前，请自己先带好。

When it does so, pull the mask firmly towards you to start the flow of oxygen. Place the mask over your nose and mouth and slip the elastic band over your head. Please put your own mask on before helping others.

在您座椅上有两条可以对扣的安全带。当“系好安全带”灯亮时，请系好安全带。解开时，将锁扣打开，拉出连接片。

When the Fasten Seat Belt sign is illuminated, please fasten your seat belt. To fasten your seat belt, simply place the metal tip into the buckle and tighten the strap. To release, just lift up the top of the buckle.

本架飞机共有三个紧急出口，分别位于客舱的前部、中部和后部。

There are three emergency exits on this aircraft. They are located in the front, the middle and the rear of the cabin respectively. Please note your nearest exit.

在紧急情况下，客舱内所有的红色出口指示灯和白色通道指示灯会自动亮起，指引您从最近的出口撤离。

In case of an emergency, Track Lighting will illuminate to lead you to an exit. White lights lead to red lights which indicate the nearest exit.

在您座椅前方的口袋里备有《安全须知》，请您尽早阅读。

For additional information, please review the safety instruction card in the seat pocket.

谢谢您的留意！

Now, please sit back and enjoy your flight. Thank you!

3. 起飞前安全检查

（1）白天。

女士们，先生们：

我们的飞机很快就要起飞了，请您配合客舱乘务员的安全检查，系好安全带，收起小桌板，调直座椅靠背，靠窗边的旅客请您协助将遮光板拉开。

谢谢您的合作！祝您旅途愉快！

Ladies and Gentlemen:

We will be taking off shortly. Please be seated, fasten your seat belt and make sure that your tray table is closed, your seat back is in upright position. If you are sitting in a window seat, please help us by opening the sunshade. Thank you!

（2）夜间。

女士们，先生们：

我们的飞机很快就要起飞了，请您配合客舱乘务员的安全检查，系好安全带，收起小桌板，调直座椅靠背，靠窗边的旅客请您协助将遮光板拉开。同时，我们将调暗客舱灯光，如果您需要阅读，请打开阅读灯。

谢谢您的合作！祝您旅途愉快！

Ladies and Gentlemen:

We will be taking off shortly. Please be seated, fasten your seat belt and make sure that your tray table is closed, your seat back is in upright position. If you are sitting in a window seat, please help us by opening the sunshade. We will be dimming the cabin lights. If you wish to read, please turn on your reading light.

Thank you!

4. 驾驶舱发出起飞信号后

女士们，先生们：

飞机很快就要起飞了，请您再次确认是否系好安全带。谢谢！

Ladies and Gentlemen:

Our aircraft will be taking off shortly. Please make sure that seat belts are securely fastened. Thank you!

（1）欢迎词：

女士们，先生们：

欢迎您乘坐中国 ×× 航空公司 ×× 航班由 _____ 前往 _____（中途降落 _____）。由 _____ 至 ____ 的飞行距离是 _______，预计空中飞行时间是 ________ 小时 _______ 分。

飞行高度 ______ 米，飞行速度平均每小时 _______ 公里。

飞机很快就要起飞了，现在客舱乘务员进行安全检查。请您在座位上坐好，系好安全带，收起座椅靠背和小桌板。请您确认您的手提物品是否妥善安放在头顶上方的行李架内或座椅下方。（本次航班全程禁烟，在飞行途中请不要吸烟。）

本次航班的乘务长将协同机上 _______ 名乘务员竭诚为您提供及时周到的服务。

谢谢！

Welcome

Good morning（afternon, evening）, Ladies and Gentlemen:

Welcome aboard ×× Airlines flight ×× _____ to ______ (via______) The distance between______ and _______ is ______ kilometers. Our flight will take ________ hours and _______ minutes. We will be flying at an altitude of ________ meters and the average speed is _______ kilometers per hour.

We will take off immediately, Please be seated, fasten your seat belt, and make sure your seat back is straight up, your tray table is closed and your carry-on items are securely stowed in the overhead bin or under the seat in front of you.（This is a non-smoking flight, please do not smoke on board.）

The（chief）purser _________ with all your crewmembers will be sincerely at your service. We hope you enjoy the flight!

Thank you!

（2）航线介绍广播：

女士们，先生们：

我们的飞机已经离开 _____ 前往 _____，沿这条航线，我们飞经的省份有 _______，经过的主要城市有 _______，我们还将飞越 _____。

在这段旅途中，我们为你准备了 ×× 餐。供餐时我们将广播通知您。

下面将向你介绍客舱设备的使用方法：

今天您乘坐的是 ×× 型飞机。您的座椅靠背可以调节，调节时请按座椅扶手上的按钮。在您前方座椅靠背的口袋里有清洁袋，供您扔置杂物时使用。在您座椅的上方备有阅读灯开关和呼叫按钮。如果您有需要乘务员的帮助，请按呼唤铃。在您座位上方还有空气调节设备，您如果需要新鲜空气，请转动通风口。洗手间在飞机的前部和后部。在洗手间内请不要吸烟。

Ladies and Gentlemen:

We have left _____ for _____. Along this route, we will be flying over the provinces of _____ , passing the cities of _____, and crossing over the ______ Breakfast（lunch, supper）has been prepared for you. We will inform you before we serve it.

Now we are going to introduce you the use of the cabin installations.

This is a ×× aircraft. The back of your seat can be adjusted bu pressomg the button on the arm of your chair. The call button and reading light are above your head. Press the call button to summon a flight attendant. The ventilator is also above your head. By adjusting the airflow knob, fresh air will flow in or be cut off. Lavatiories are located in the front of the cabin and in the rear. Please do not smoke in the lavatories.

（3）餐前广播：

女士们，先生们：

我们将为您提供餐食（点心餐）、茶水、咖啡和饮料。欢迎您选用。需要用餐的旅客，请您将小桌板放下。为了方便其他旅客，在供餐期间，请您将座椅靠背调整到正常位置。谢谢！

Ladies and Gentlemen:

We will be serving you meal with tea, coffee and other soft drinks. We welcome to make your choice. Please put down the table in front of you. For the convenience of the passenger behind you, please return your seat back to the upright position during the meal service. Thank you!

（4）预定到达时间广播：

女士们，先生们：

本架飞机预定在 _____ 分钟后到达 ______。地面温度是 _________，谢谢！

Ladies and Gentlemen:

We will be landing at _____ airpote in about _____ minutes. The ground temperature is _____ degrees celsius. Thank you!

（5）下降时安全检查广播：

女士们，先生们：

飞机正在下降。请您回原位坐好，系好安全带，收起小桌板，将座椅靠背调整到正常位置。

所有个人电脑及电子设备必须处于关闭状态。请确认您的手提物品是否已妥善安放。稍后，我们将调暗客舱灯光。

谢谢！

Ladies and Gentlemen:

Our plane is descending now. Please be seated and fasten your seat belt. Seat banks and tables should be returned to the uprite position.

All personal computers and electronic devices should be turned off. And please make sure that your carry-on items are securely stowed. We will be dimming the cabin lights for landing.

Thank you!

（6）达到终点站：

女士们，先生们：

飞机已经降落在 ______ 机场，外面温度 ______ 摄氏度，飞机正在滑行，为了您和他人的安全，请先不要站起或打开行李架。等飞机完全停稳后，请您再解开安全带，整理好手提物品准备下飞机。从行李架里取物品时，请注意安全。您托运的行李请到行李提取处领取。需要在本站转乘飞机到其他地方的旅客请到候机室中转柜办理。

感谢您选择 ×× 航空公司班机！下次路途再会！

Ladies and Gentlemen:

Oue plane han at _____ airport . The local time is _____ .The tempeartuer outside is _____ degrees Celsius（_______ degress Fahrenheit）.The plane is taxiing. For your safety, please stay in your seat for the time being. When the aircraft stops completely and the Fasten Seat Belt sign is turned off. Please detach the seat belt, take all your carry–on items and disembark（please detach the seat belt and take all your carry–on items and passport to complete the entry formalities in the termainal）. Please use caution when retrieving items from the overhead compartment. Your checked baggage may be claimed in the baggage claim area. The transit passengers please go to the connection flight counter in the waiting hall to complete the procedures.

Welcome to _____（city）. Thank you for selecting ×× airline for your travel today and we look forward to serving you again. Wish you a pleasant day. Thank you!

（7）旅客下飞机广播：

女士们，先生们：

本架飞机已经完全停稳（由于停靠廊桥），请您从前（中、后）登机门下飞机。谢谢！

Ladies and Gentlemen:

The plane has stopped completely, please disembark from the front（middle，rear）entry door.

Thank you!

图 4–4

五、客舱送餐服务的礼仪规范

客舱送餐服务礼仪规范有：端、倒、递、拿、推、拉。

1. 端

有双手端和单手端两种方法：双手端时，用双手轻轻地将托盘端起，置于身体前面，高度在腰部的位置，保持抬头挺胸的姿势，以自然步前进；单手端则是用左手托起托盘，有高拖和低托两种位置，高拖是将托盘拖至齐肩初，手指后指，低托是将托盘拖至齐胸处，手指前指，同样保持抬头挺胸的姿势，以自然步前进。

2. 倒水

图 4-5

倒水时，左手握住杯子的中部，右手持壶，倒至7分满左右。然后面带微笑，双手为客人奉上。要注意：很多空乘人员为了杯子拿得更稳，而直接握住杯沿，这是非常不礼貌的，因为杯沿是客人嘴唇直接接触的位置。（图 4-5）

3. 低处取物

拿取低处物品或拾起落在地上的东西时，最好走进物品，上体正直，单腿下蹲，利用蹲和屈膝的动作，慢慢低下拿取，以显文雅，不要只弯上身，翘臀。

在接待工作中，给客人送茶水、饮品时，如果是低矮的茶几，也应使用优美典雅的蹲姿。

4. 递物与接物的动作仪态

递物与接物是常用的两种动作，应当双手递物和双手接物（五指并拢），表现出恭敬与尊重的态度。递接物品时注意两臂加紧，自然地将两手伸出。

在接待工作中，所有东西、物品都要轻拿轻放，客人需要的东西要轻轻地用双手送上，不要随便扔过去，接物时应点头示意或道声谢谢。

递上剪刀、刀子或尖利的物品时，应用手拿着尖头部位递给对方，让对方方便接取。同时，还要注意递笔时，笔尖不可以指向对方。递书、资料、文件、名片等，字体应正对接收者，要让对方容易马上看清楚。这些微小的动作能显示出你的聪明与修养。

5. 推拉服务车的规范

推餐车：五指并拢扶在服务车身上方两侧，向前行进。

拉餐车：双手握拳，拇指不要外露，拉服务车上方的凹槽，向后倒退。

六、客舱乘客（异议）矛盾处理的礼仪规范

服务人员的工作就是和形形色色的乘客打交道，那么就会在个别时候由于这样或那样的原因和乘客产生异议。服务工作中，乘客的异议处理也是日常工作内容。在服务过程中往往会出现很多不同类型的乘客，所以作为服务人员要经常对服务工作进行分析总结；必须有良好的应变能力，能灵活应对乘客的不满情绪，总结出一些固定的客服公式，然后再因时、因地、因人对症处理，变被动为主动，这样才能消除异议，更好地服务于乘客。如果处理不当或者由此导致正面冲突，尽管这类现象是偶然的、个别的，但是它却往往会给

双方带来不快，并且还会有损于企业的形象。正因为如此，这类现象一旦发生，服务人员和航空公司都要高度重视，有效地处理。异议处理的情况如何，关系到乘客的满意度、忠诚度，关系到航空公司的信誉度。航空公司和服务人员对于异议的正确态度，既要事先积极进行预防，力争将可能减少到最低程度，又要及时发现，并且妥善对其进行处理。

（一）正确看待异议

异议就是乘客在享受服务的过程当中或过程后产生的不满、疑问、抱怨或投诉的行为。日常服务过程中谁都有可能出现一些小的失误或疏忽，从而导致乘客异议，而单位或个人也正是在不断地满足和解决乘客的异议的同时得到学习和成长的机会，不断地提升服务单位和服务人员自身的水平。如果永远没有乘客的异议，我们就永远不知道如何有效地改进自己的工作，异议不仅是企业了解乘客意见的线索，也代表着珍贵的“合作信号”。在处理异议的过程中直接锻炼了服务人员对待问题处理的能力，锻炼了服务人员的耐心，培养了服务人员和客户的沟通能力，也让服务人员从根本上意识到服务的重要性和感知旅客的确切需要，从而会给服务人员留下很深的印象，可以避免再次引起客户异议。而对于某些问题，服务单位给予相对应的改进，就可以从根本上提高综合服务质量。

（二）防止乘客异议

无论是航空公司，还是服务人员，都不希望有异议的产生。既然如此，防患于未然才是上策。一般来讲，服务人员自身服务工作的不规范是引起乘客异议的重要原因，所以防止乘客异议要从自身工作做起。

1. 事先准备

在正式接待乘客之前，服务单位、服务人员为了保证服务工作的顺利进行，需要提前着手做一些必要的预备、筹划或安排。充分的岗前准备会让服务人员在工作中有条不紊、轻松自如，能有效地避免因为准备不充分而带来的工作上的不便，也能在出现意外时及时有效地解决问题。主要包括：充分休息，严格遵循工作操作规范和做好服务环境的准备。

2. 端正服务态度

服务人员端正服务态度，在服务的过程中律己从严，在接待乘客的时候主动服务、热情服务、周到服务，可以避免异议的产生。

（1）主动服务，就是服务要在乘客开口之前。一个简单的服务却已包含着这样一个意义：主动服务表示提供服务的单位功能齐全与完备；主动服务也意味着要有更强的感情投入。有了相应的服务规范和工作标准，只能说是有了为达到一流服务而应具备的基础条件，并不等于就有了一流的服务。服务人员真正从心里理解他们、关心他们，才能使自己的服务更具有人情味，让客户倍感亲切，从中体会到服务单位的服务水平。

（2）热情服务，是指服务人员出于对自己从事的职业有肯定的认识，对乘客的心理有深切的理解，因而富有同情心，发自内心、满腔热情地向乘客提供良好服务。服务中多表现为精神饱满、热情好客、动作迅速、满面春风。服务态度好坏的评价，与热情、微笑、耐心等都有关系，但以上这些还不是服务的实质内容，衡量服务的根本标准最终在于是否有积极主动解决客户要求的意识和能力，是否能完善地提供具体的服务。

（3）周到服务，是指服务内容和项目上想得细致入微，处处方便乘客，体贴乘客，千方百计为乘客排忧解难。这些服务是实质性的，是乘客能直接享受到的。周到服务还体现在不但能做到做好共性规范服务，还能做到做好个性服务。个性服务有别于一般意义上的规范服务，它要求有超常服务。所谓超常服务就是用超出常规的方式满足客户偶然的、个别的、特殊的需求。周到服务还要求有更为灵活的服务。应是在规范的基础上创造性、灵活地处理各种意外情况，以尽量满足乘客突发而至的各种需求，从而在乘客心目中留下深刻的印象。

周到服务还要求有更具体、更细致的服务。客户消费，想得到的不仅仅是物质产品，更重要的是希望享受到轻松的氛围、惬意的回忆、体贴的照顾，这就要求服务人员能从乘客的角度出发考虑问题，根据他们的不同需求提供有针对性的服务。个性服务不是想当然的、没有标准的服务，而是源于规范服务，又高于规范服务。两者互为依存、互为促进。如果只停留和满足于规范服务，不向个性化服务发展，服务水准难以上新台阶，个性服务和规范服务并重，更能显示出服务的周到性。

（三）怎样处理乘客异议

1. 乘客异议的心理

（1）发泄的心理。顾客在接受服务时，由于受到挫折，通常会带着怨气、不满与抱怨，把自己的怨气、抱怨发泄出来，这样乘客的忧郁或不快的心情会由于得到释放和缓解，而维持心理上的平衡。

（2）尊重的心理。乘客在接受服务时的挫折和不快，总希望我们认同他的不满与抱怨是有道理的，他们最希望得到的是同情、尊重和重视，并向其表示道歉和立即采取相应的措施等。

（3）补偿的心理：乘客的不满与怨气的目的在于赔偿，包括财产和精神上的补偿。当乘客的权益受到损害时，他们希望能够及时得到补偿。

2. 处理乘客异议的准则

（1）乘客永远是对的。这是客舱服务礼仪的一项基本规则，树立了“乘客永远是对的”这一观念，就会以平和的心态来处理乘客的问题，就会认识到有抱怨和不满的乘客是对航空公司仍然有期望的乘客，应该对乘客给予肯定、鼓励和感谢，并尽可能地满足乘客的要求。

这样说并不是要对乘客的一切所作所为都要直接予以肯定，而是意味着作为乘客有权利对服务人员进行严格要求，有权利对服务提出批评、建议或投诉。

（2）如果乘客错了，请参照第一条。从字面上理解这个理念很容易，但这个理念要让服务人员认同并转化为行为需要一个过程。这就要求：即使乘客有误解，也绝不能和乘客进行争辩。和乘客争辩只会使客户更加情绪化，使事情变得更加复杂甚至恶化，结果是赢得了争辩却失去了客户。

（3）创造一种感动。有效处理异议的过程就是创造感动的过程。在处理异议中，让乘客感动，获得意外之喜，是最有效的处理方式。

3. 如何处理乘客的异议

在给乘客服务时不可避免会接到乘客投诉，对待不同的投诉时有不同的处理办法，这主要是因当时的投诉环境、事件原因、乘客特点等会有所不同。但总的来说，处理类似的投诉要遵守一些步骤和方法。

（1）感谢异议。要以真诚、友好的态度对待乘客的异议，千万不要把乘客的异议视为对自己的指责和刁难。这是处理乘客异议的前提。

（2）倾听。苏格拉底说：自然赋予我们人类一张嘴，两只耳朵，也就是让我们多听少说。不管客户是如何的气势汹汹、喋喋不休，有经验的服务人员都会微笑面对，先做好倾听者，注意倾听而不是反驳，让客户将不满的“牢骚”发泄出来，然后再进行解释、安抚工作。这时候倾听是最基本的态度，正在气头上的客户，只有等其发泄完了，才有可能听得进去服务人员说的话。在客户怒气未消的时候就发表意见，可能引起客户更大的反感和不满。而且一切解释语或安慰语都是多余的，如“你可能不明白”“你肯定弄错了”“你不要叫”“你平静一点”“这是不可能的”等，不但解决不了什么问题，甚至还会使客户火气上升。

倾听是交流与情感沟通的重要环节，只有注意倾听对方谈话的内容，观察其表情和语气，才能更好地理解对方的思想和心理活动，才有利于做好服务工作；在任何旅客服务中，倾听和观察都可以帮助旅客建立信心，并与其搭起沟通的桥梁，我们在处理旅客异议时一定要仔细倾听，不要辩解，一直听到最后至客人冷淡。在倾听时，可以不时地说：“我理解你的心情，我也会这样想的。”继而进一步阐明自己的观点，这样既可以尊重对方的心理，显示自己的教养好素质，也有利于创造一个相互信任和理解的良好气氛，并且这是倾听的方法。

倾听时，目视对方，全神贯注，不东张西望或做一些无关的下意识的小动作；通过直视的双眼、赞许的点头或手势，使对方感觉你是实实在在地在听，表示出你的诚意和对对方的尊重、礼貌。

倾听时，不能完全消极被动、禁止旁观，而应采取提问、赞同、简短评述、插话、表示同意等方式，如用“原来如此”“你说得对”“是这样的”“请继续说下去”这样的话，主动让对方说下去，这种反应与说话人同乐同愁的语言，会促使交谈双方高兴地进行下去。

倾听时，应善于捕捉信息。在听的间隙回味、思索对方的话，从中判断出说话的真实意图，据此采取不同的针对对方的有效办法以解决矛盾。

乘客的服务需求虽然千奇百怪，但有时解决起来并不困难，关键是了解乘客的真正心理。对很多乘客来讲，有时的第一需要是说出抱怨的话：飞机不准时、延误没人管、程序很麻烦、乘机手续不清楚、安检很别扭、有关人员脸难看等，甚至对空乘人员发火、发脾气。此时，送上一杯水、一个微笑、一份关切，更多地去倾听。

当乘客找服务人员倾诉、投诉的时候，要作好这些准备：给乘客倒上一杯水，尽可能找一个安静的地方，让双方坐下来。这样更能方便乘客先消消气，放松心情。坐姿尽量保持略微前倾，这个姿势是表明谦虚倾听的姿势。要带上笔和笔记本。服务人员要检验理解所听到的和乘客所要求的并没有不同的地方，不清楚的地方一定要询问清楚。以具体的、量化的方式，向乘客确认谈话的内容。等乘客把话说完之后，再提意见或疑问。善用自己的身体语言，并了解乘客目前的情绪。在倾听的时候，要用关注的眼神及间歇的点头来表示自己正在仔细地倾听，让乘客觉得自己的意见受到重视。同时也可以让服务人员观察对方在述说事情时的各种情绪和态度，以决定以后的应对方式。倾听事情发生的细节，确认问题所在。倾听不仅是一种动作，还必须认真了解事情的每一个细节，然后确认问题的症结所在，并利用纸笔把问题的重点记录下来。如果对于抱怨的内容还不是十分了解时，可以在乘客将事情说完之后再询问对方。不过在确认的过程中，千万不能让乘客产生被质问的印象，而应以婉转的方式请对方提供情况，如“很抱歉，有一个地方我还不是很了解，是不是可以再向您请问有关……的问题”。并且在对方说明时，随时以“我明白了”来表示对问题的了解状况。

（3）道歉。在听完乘客抱怨以后，不管乘客的抱怨是否合理，都要立即向乘客诚恳地道歉，以平息乘客的不满情绪。但千万不要为了平息乘客的怒气，而随便向乘客作出承诺，以免做不到的时候让乘客更加失望。要对事件的原因加以分析、判断，有些乘客可能比较敏感，喜欢小题大做，遇到这种情况千万不要太直接地指出乘客的错误，应该婉转、耐心地向他解释，以取得乘客的谅解。如果真的是乘客错了，也千万不要责备他，相反要概括地说明问题，说明这是个误会，或者把责任归于自己的解释不清而引起了误会。要间接婉言说出，以维护对方的自尊心，没有必要把内疚或不满留给乘客。

（4）解决问题。在提出解决问题方法的时候，要按照企业的规定，并站在客户的立场，尽量满足乘客的要求。与乘客达成共识后，必须迅速采取补救行动，而不能拖延。否则，乘客的抱怨不仅不会消除，反而会加重，甚至又产生新的不满。前来投诉的乘客，除了要解决问题，更多的是要得到一种心理平衡。所以有的时候可以采取“补偿性关照”这样的技巧来巧妙满足乘客的要求。

（5）提供可替代的服务。如果服务人员不能按照乘客的要求去做的时候，可以告诉乘客目前能够做到的、最接近其需要的事情是什么，向其提供至少两个可供选择的替代方案。如果提出解决问题的方案后，乘客仍不满意，就可以询问其意见，看看到底他需要什么样的服务或补偿才能够平息心中的不满，尽最大的可能来满足乘客的需求。当然，如果乘客提出的意见超出公司的规定或是服务人员的权限范围，那么就要先请示领导再作定夺。特别是一些“无理”的或是难以达到的要求，作为服务人员决不能轻易开口子，否则就是对其他的乘客不公平，以后的服务工作也就难以开展了。

（6）兑现服务承诺。协商、确定好异议的解决办法之后，就要兑现承诺。不兑现服务承诺，就会给乘客留下这样的印象：你并不在乎他；乘客无法信任你；航空公司没有责任感；一旦承诺给乘客答复，就要抓紧时间，这是避免接到愤怒的电话或来访的一个办法。

（7）务必确定乘客是满意的。可以在服务过程结束的同时，问乘客一两个简单的问题，比如：“我们是不是已经解决您的顾虑了？”“有其他事情可以再为您服务吗？”几天以后再打电话确定乘客是否真的感到满意，这是异议处理模式“善始善终”的做法。

（8）处理完异议后要作总结和完善。这样做是为了避免在今后的工作中重蹈覆辙，发生类似的异议；并且在可能的情况下，给乘客以适当的补偿或异议处理后进行信息跟踪，这样往往会起到更好的效果。

4. 对乘客投诉的处理

（1）全面听取乘客抱怨。

（2）如可能应设法改变此时的状况。

（3）真诚地向乘客道歉。

（4）将情况及时与乘务长、机长沟通。

（5）如该乘客仍不满意，到达时通知地面人员及相关部门。

（6）应记录情况，包括乘客姓名、地址等。

（7）将投诉情况填写《乘务情况报告表》并报相关部门。

思考题：

1. 空中客舱巡视礼仪有哪些规范？
2. 书报杂志应该怎样递给乘客？
3. 托盘使用时应该注意哪些礼仪规范？
4. 收取物品时应该遵循什么样的礼仪规范？
5. 特殊顾客的种类有哪些？

【实训项目】

1. 航前准备会实训演练。航线：成都—北京，以乘务组为单位。

2. 模拟舱服务礼仪规范实训演练：晚餐供应（飞机模拟舱、咖啡、啤酒、茶、红酒、各类饮料、各类点心、三种以上主食、餐饮推车、小毛巾、餐巾布等）。

3. 对于乘客异议处理方法的实训演练。

4. 自己制作一张温馨的休息卡。

【知识链接】

航空安全员的职责

民用航空器中执行空中安全保卫任务的空勤人员、航空安全员在机长领导下工作，分为安全员兼乘务员、专职安全员或空警。

（1）在乘客登机前和离机后对客舱进行检查，防止无关人员、不明物品留在客舱内。

（2）制止与执行航班任务无关的人员进入驾驶舱。

（3）在飞行中，对受到的航空器进行检查，妥善处理发现的爆炸物、燃烧物和其他可疑物品。

（4）处置劫机、炸机及其他非法干扰事件。

（5）制止扰乱航空器内秩序的行为。

（6）协助有关部门做好押解人犯、被遣送人员在飞机上的监督工作。

（7）协助警卫部门做好警卫对象和重要乘客乘坐民航飞机、专机的保卫工作。

（8）执行上级交给的其他安全保卫工作。

兼职航空安全员，在接受3个月初始乘务员培训（完成乘务员资格培训的学习内容后），还将接受近2个月的安全员资格培训，每3年还要接受1～4周的复训。初始安全员的安全培训内容包括：3000米长跑、单杠引体向上、双杠曲臂伸、百米短跑、立卧撑、仰卧起坐、客舱擒敌、格斗技巧、爆炸物学习、谈判技巧、警械使用、民航法规等。

名词解释：

扰乱行为：是指在航空器上不遵守行为规范或不听从机组人员指示，从而扰乱航空器上良好秩序和纪律的行为。

非法干扰：是指诸如危害民用航空和航空运输安全的行为或未遂行为。

模拟舱演练中的要求

在模拟舱的实训演练中，要求努力做到四多：多练、多动、多看、多听。多练即一个环节内容进行反复练习；多动即开动脑筋，把规定动作做得细腻，而不是简单地走走过场和形式主义；多看即是看其他人动作表现有哪些比自己做得好的地方或不尽如人意的地方，好的要学习，不正确的地方要指出来，相互帮助相互促进；多听是每一次做好一个完整的模拟演练出舱后，要认真听老师或教员的总结和评价，组员之间也要进行交流与讨论，找到在这一轮的模拟演练中自己做得规范到位和还要继续加油的地方等。

无论个人将来在航空公司哪个具体的岗位上工作，通过模拟舱的实战演练都可为今后的工作带来实际有效的帮助。当感受了空中飞行过程中的各种服务细节后，也就知道了什么是航空服务中的高标准、严要求，进而促使自己的内心再确认航空工作那份由来已久的神圣和使命感。为乘坐本次航班的每位乘客提供满意的服务，就是航空公司全部的工作宗旨，一切服务的宗旨都在乘客的身上，这也是航空公司工作的所有核心。所以要求在模拟空中服务的演练中，一定要做到用心、专注，找到和平时不一样的真实触动感，这样对航空服务的意识会提升得很快。

如何调解乘客的纠纷

1. 迅速制止乘客之间产生的纠纷，耐心倾听，了解原因，寻求合适的解决方法。
2. 采取积极有效的措施化解矛盾，把影响降到最低，避免矛盾激化和事态的扩大。
3. 设法改变产生纠纷的状况。
4. 注意掌握语言分寸，控制好自己的情绪，不要对乘客妄加评论，不要指责训斥乘客。

第二单元 》》》》》》》》
民航地面服务礼仪

民航地面服务工作是航空公司服务质量体现的另一个重要窗口，地面服务始于旅客进入候机楼办理乘机手续，止于旅客进入机舱。

民航地面服务，广义地说包括航空公司、机场、代理企业为旅客、货物提供的各种服务以及空管、航油公司、飞机维修公司等向航空公司提供的服务。狭义地说主要是指航空公司、机场等相关机构为旅客提供的各种服务。

一、候机楼值机服务的礼仪规范

值机人员的工作是旅客登机前非常重要的一个环节，也是保障飞行安全的前提。旅客在购票完成后第一次接触到的航空公司工作人员就是值机人员，虽然为旅客提供服务的时间很短，但直接代表和反映了航空公司的服务质量。

（一）语言方面

在值机服务时应使用敬语或礼貌用语，不得使用地方土话或服务禁语。要求语言简洁明了、文明礼貌，吐字清晰、语速适中， 语气亲切、和谐自然。

（二）迎送旅客方面

应主动问候，如“您好”“再见”或“早上好”“请慢走”“旅途愉快”。问候旅客时尊称旅客的姓氏和称谓，会使旅客有一种已被航空公司确认了自己身份的感觉。值机人员对待每位国内外旅客都应彬彬有礼、一视同仁，遇到老、弱、病、残、孕、幼等特殊旅客应主动上前给予特殊服务。在任何情况下都不能讥讽、挖苦、讥笑旅客，即使是由于旅客态度不当引起或服务人员有理也不得与旅客争辩，更不允许举止鲁莽、语言粗俗，与旅客说话明显不礼貌，态度不佳，轻视旅客，服务态度差，工作效率低下，引起旅客不悦不满现象的行为。

（三）行为举止方面

不要卖弄，也不卑屈或过分殷勤，但要自然、不做作、和蔼可亲、温文尔雅、保持微笑。每位员工都应随时保持良好的情绪和最佳精神状态，以愉悦的心情接待每一位旅客。

随时保持与旅客视线接触的积极状态；与旅客视线相交时，员工应主动作出反应，以消除旅客羞于开口或犹豫不决的心理，礼貌地打招呼，赢得旅客的好感。随时保持与客人平视，以示亲切、尊重、诚恳。当你正与一位旅客应答，而另一位旅客走近时，可在不中断应答的同时用目光向另一位致意。虽短暂，却是你热情的流露。

工作时间内不得有不卫生行为，如随地吐痰以及乱扔烟头、纸屑、果皮等。在值机柜台内不得高声叫嚷、大声喧哗、开玩笑、打闹。在为旅客提供值机服务期间，面对旅客不得打哈欠，伸懒腰，抓痒，剔牙， 挖鼻孔，掏耳朵，剪指甲。工作时间不得有哼歌曲、吹口哨、梳头发、照镜子、化妆、打响指等行为。

值机工作时间不能与熟人交谈，工作时间内办私事（在不影响工作的情况下）一律不超过 5 分钟。占用工作电话接听私事一律不超过 3 分钟，未经同意不得私自邀请朋友或亲戚进入工作岗位。工作期间不得饮酒或上班时间带有醉态，不得吃零食（包括口香糖）或在工作岗位上用餐，不得吃带有异味或刺激性食物上岗。在岗期间不允许玩电脑游戏，听收录机，阅读报纸、杂志等。员工在工作场所内或面对旅客，不得接打私人电话和玩手机，在岗期间，携带手机时应将手机调整至“关机或振动”状态。

二、候机楼问询服务的礼仪规范

（一）问询服务的分类

服务提供：航空公司问询、机场问询、联合问询。

服务提供方式：现场问询、电话问询。

服务柜台的设置位置：隔离区外的问询、隔离区内的问询。

（二）问询服务的礼仪规范

1. 首问责任制

首问责任制服务，即旅客求助的第一位工作人员有责任在第一时间确保准确答复或有效解决问题的前提下提供优质服务，否则必须将用户指引到能提供有效服务的单位或岗位。

2. 候机楼问询服务

（1）候机楼问询服务：为旅客及其他顾客提供诸如航班信息、机场交通、候机楼设施使用等一系列问询服务，问询服务往往能直接解决旅客在旅行过程中遇到的许多麻烦，或能为旅客解决问题指明方向，因而深受旅客欢迎，已经成为航空运输业旅客服务不可缺少的窗口。

（2）候机楼问询的礼仪要求：

① 规范的手势：员工使用手势为旅客提供指引服务时，应五指并拢，手臂自然伸屈，目光朝向手指示方向，指示用语礼貌、详细。

② 工作人员回答旅客问讯时必须站立服务，旅客的机票、证件等应双手接、递。

③ 工作人员为旅客服务时必须使用普通话、文明用语和称谓用语，做到来有迎声、走有送声；应以平和的目光注视对方，面带微笑。当旅客有事前来询问，如服务人员正在工作时，应当向旅客示意稍等，以表歉意，事后应立即接待旅客并帮助旅客解决问题。

④ 工作人员与旅客对话时，要保持正常语音语调，态度和蔼，言辞委婉，耐心、亲切回答旅客的问题，内容应真实、准确；不得漫不经心、支吾搪塞。应答旅客，不可简单地答“不知道”“没有”“不行”，他绝不希望听到这些话，他想知道的是“如何，怎么办”。

⑤ 在聆听旅客谈话时，工作人员要全神贯注，如果因未听明白或了解情况而必须插话，应先争得旅客同意。

⑥ 在回答旅客问讯时，应坚持首问负责的原则，切忌互相推诿。

⑦ 与旅客接触时，应精神集中、平视对方并保持适当距离。

⑧ 为旅客提供热情、主动、耐心、细致的服务，善始善终，应对恰当，避免引起旅客投诉。

⑨ 工作人员在为旅客提供服务过程中，遇有旅客利益受到损害时，应首先致歉，然后用委婉、平和的语气耐心解释并提供尽可能的帮助。工作人员在为旅客提供服务的过程中，当旅客的要求不能得到满足时，首先致歉，然后耐心解释，并尽可能提出可行建议。

（3）服务用语规范要求：

① 工作人员应使用“十四字”礼貌用语：您、您好、谢谢、对不起、请、不客气、再见。

② 问讯服务推荐用语：问候语如您好（早上好、上午好、下午好、晚上好、新年好、节日好），请问您需要什么帮助?

③ 请求重复：对不起，请您说慢一点。

④ 解释及建议：

——对不起，您的航班还没有准确的到达时间，请您稍后再问。

——对不起，您咨询的信息我需要向其他部门了解，大约需要 ×× 分钟。

——对不起，请您在旁边柜台咨询您的航班信息。

⑤ 道别：再见，祝您旅途愉快。

三、候机楼 VIP 要客服务的礼仪规范

了解 VIP 旅客范围、心理特征和服务要点，有助于我们更好地学习 VIP 服务的礼仪规范。

（一）重要旅客

VIP 是英语 very import passenger 的缩写，又分为 VIP，VVIP，VVVIP。VIP 为：各省副省长、各市市长、全国性组织（如全国妇联）的领导、北大清华等名校的校长（“享受副部级待遇”者）、中科院院士、大型国企老总之类。例如，我国最高人民检查副检察长，最高人民法院副院长，政府、党中央副主任以上和相当于这一级别的国家机关负责人，我国自治区、直辖市人大

常委会副主任副省长，自治区人民政府副主任，直辖市副市长、省委副书记以上和相当于这一级的党、政府领导人。

VVIP为：省、部级及以上官员、国资委的官员、民航系统的官员（即使达不到VVIP层级，也要按VVIP来保障）。例如，军队在职正军级少将以上的军事系统领导人，外国政府副部长以上以及相当于这一级别的外国政府领导人，我国和外国大使即由我驻外使、领馆提出要求按重要旅客接待的客人。

VVVIP为：中央政治局常委级以上领导。例如，我国党和国家领导人；外国国家元首和政府首脑，外国国家会议议长和副议长；联合国正、副秘书长。

1. 重要旅客的心理特点

自尊心、自我意识强烈，希望得到一种应有的尊重；与普通乘客相比较，他们更重视环境的舒适和接受服务时心理上的感觉；同时，由于乘坐飞机的机会可能比较多，他们会在乘机的过程中对机上服务有一种有意无意的比较。服务员为他们服务时要态度热情，语言得体，落落大方，针对他们的心理需求采用不同的服务方式。在服务过程中的心态要健康，做到亲切、大方、自然。

2. 重要旅客的服务要点

（1）重要旅客通常最后上飞机，最先下飞机。

（2）尽早了解要客的有关情况及特殊要求、饮食习惯、生活习惯。

（3）重要旅客登机后，能准确无误地叫出他们的姓氏及职务；在不能得知重要旅客的姓氏时，与之沟通或从登机牌中了解，据情况处理。

（4）重要旅客原则上由乘务长亲自服务，也可视情况指定乘务员服务。

（5）服务时注意避免暴露重要旅客的身份。

（6）保证重要旅客在机上的安全和与地面的交接工作。

3. 重要旅客服务的注意事项

（1）不要随便打听要客的事情。

（2）不是在本舱位服务的乘务员不要进入本舱位。

（3）不要打扰要客的工作和休息。

（4）对有随行人员的要客，乘务长要与随员保持联系，了解要客有无新的要求。

（二）地面机场VIP服务礼仪规范

贵宾服务的原则：尊，尊贵境界，顶级荣耀；致，周到细致，舒适之旅。

1. 出港服务礼仪规范

包括迎宾服务，办理乘机手续，房间服务，送宾服务。

（1）迎宾服务：

① 旅客到达时，迎宾员确认客人姓名及预约情况及时将客人到达的信息通报信息中心、房间服务员。

② 迎宾员根据信息中心安排，将客人引导至预先安排的房间，交与房间服务员；向客人（或随行人员）收取身份证件确认航班号，并询问是否托运行李，告知托运行李及随身行李的相关规定；与客人（或随行人员）核实待托运行李的状况（如件数、有无易碎物品等）并将行李贴贴于托运行李上（注明航班号、房间号、客人姓名或单位名）。

③ 迎宾员将办理乘机手续的相关证件全部收齐后交与信息员，由信息员安排人员办理乘机手续。

④ 迎宾员及时返回门厅迎宾。迎宾员随时保持与信息中心的沟通，掌握临时增加客人的安排情况，确保无漏。

⑤ 迎宾员及时传递和反馈来自客人的服务要求和临时的业务信息，尽量满足其需求并做好解释工作。

（2）办理乘机手续：

① 办理乘机手续人员须确认办票截止时间，及时、准确地为客人办理乘机手续。

② 办理乘机手续人员与信息员确认客人身份证等相关物品，确保无遗漏。

③ 办理乘机手续人员与迎宾员交接托运行李件数，确认行李贴上内容与待办手续一致，并与客人（或随行人员）一同前往值机柜台办理登机牌。

④ 办理乘机手续人员办票时与值机人员确认航班号与工作单上的航班号是否一致，核对登机牌上的姓名、身份证号与身份证件是否一致并再次确认航班号。

⑤ 办理乘机手续人员将办理好的乘机手续清点好交回信息中心。

（3）房间服务：

① 房间服务员在接到迎宾通知后，将房门打开按规范迎接客人。

② 房间服务员在客人到达入座后，主动向客人简要介绍提供的服务内容（饮食品、报纸杂志等），礼貌征询客人服务需求后及时通知操作间准备。

③ 房间服务员提供饮品后，及时通报客人航班信息及办理乘机手续情况。

④ 房间服务员在休息间门外站立等候，每隔五分钟返回房间，观察客人的饮用品使用情况，及时为客人续水，清理台面并随时根据客人的需求提供服务。

⑤ 房间服务员及时向信息中心报告服务人数。

⑥ 房间服务员在安检处办理好登机手续后，将相关手续当面清点好交还给客人（或随行人员）；如需客人签字，须双手呈上，请客人在工作单上签字认可。

（4）送宾服务：

① 接到信息中心航班登机通知后，到信息中心领取《贵宾服务工作单》，并对客人登机牌及工作单上相关信息进行再次确认。

② 待要客车到位后，进入房间礼貌地通知客人登机，提醒检查随身物品有无遗漏，协助客人顺利通过安检；并请客人（或随行人员）核对身份证、登机牌是否齐全；如发现客人有遗失遗留物品，房间服务员应按规范填写《旅客遗失遗留物品登记本》；遗失遗留物品的存放、处理按照机场相关规定执行。

③ 引领客人乘坐贵宾接待用车，告知驾驶员停机位，驾驶员复述后，前往飞机停靠处；服务员再次确认飞机号及停机位。

④ 在引导客人上下贵宾车（或廊桥侧梯）及车辆起步时，服务员应作好语言提示，避免发生意外。

⑤ 送客登机至舱门口后将登机牌副联交到检票口，请值机员在《贵宾服务工作单》上签字确认，办理客人交接事宜；若是 VIP，必须先请乘务员签字并进行服务交接，请值机员在《贵宾服务工作单》上签字确认，办理客人交接事宜。

⑥ 若客人借用临时证件乘车返回贵宾服务中心时，需按规定将临时证件和《贵宾服务工作单》交到信息员手中。

⑦ 客人离开房间后，通知保洁员清扫房间，服务员重新备齐物品，检查卫生、设施设备、物品配备是否符合标准（依据 OK 房房态达标表），锁闭房门，做好下一航班的准备工作，完成《OK 房间检查记录》。

2. 进港服务礼仪规范

（1）服务员按信息中心通知做好接机准备工作。

（2）服务员到信息中心拿到《贵宾服务工作单》，再次确认《贵宾服务工作单》上的相关信息，与贵宾接待用车驾驶员确认停机位，待驾驶员复述双方确认清楚后，开往飞机停机位；服务员每隔五分钟与信息中心确认停机位、飞机号，避免临时更改停机位、飞机号。

（3）服务员到舱门口迎接客人，若是 VIP，必须先请乘务员在《贵宾服务工作单》上签字并进行服务交接，如有托运行李，征得承运人同意后方可在飞机下取行李；接到客人后确认所接客人的身份及人数，避免与旅客混淆。

（4）如有使用临时证件的客人，接机后服务员必须将临时证件交还信息中心。

（5）协助客人取托运行李，核对行李票时须核对行李票号后六位，确保行李无误。

四、值机台服务异议处理的礼仪规范

（一）值机台服务异议产生的原因

引起旅客冲突与投诉的原因有很多，最为常见的有客观原因：买不到机票，飞机延误，航班取消；主观原因：不尊重旅客，对旅客不主动、不热情，用语言冲撞旅客，服务不周到等。

七种服务恶习容易引起旅客抱怨：

（1）冷漠对待旅客。

（2）应付旅客。

（3）冷淡旅客。

（4）以居高临下的态度对待旅客。

（5）像机器一样工作。

（6）在规章簿上吊死。

（7）让旅客跑来跑去。

（二）乘客异议处理原则及技巧

1. 原则

先处理乘客的心情，再处理乘客的事情。从乘客的角度看，异议主要是求发泄、求尊重、求补偿，这些都是服务水平达不到乘客预期，造成乘客的心理不平衡，也许服务质量并非关键问题，关键在于当时乘客的心情并不愉快，所以需要先处理乘客的心情，再处理乘客的事情。而从值机员的角度看，处理异议需要一个等待的过程，在这个过程中乘客的情绪不稳定，不配合服务人员的工作，那么事情就很难解决，所以要先安抚乘客，让乘客在心理、行为上接受、配合服务人员的补救工作，然后才处理乘客的事情。

2. 技巧

旅客的抱怨可以直接指出公司的缺点，当公司想了解自己的经营缺点或寻找改进方法时，旅客的抱怨是一种提供大案的最直接有效的途径。

一名旅客不满意造成的潜在损失：一名不满意的旅客至少会向 10 人诉说不满，一名满意的旅客会告诉 5 个人，由此，一名旅客的不满意潜在损失会失去 16 名旅客。所以我们要正确认识旅客异议：有人向你抱怨，证明你是个有价值的人，投诉会让你和公司赢得先机，投诉让你知道问题所在。

处理旅客异议的正确行为：

（1）理解旅客的个体差异。

（2）令旅客感到愉快。

（3）语气平和，让旅客发泄不满。

（4）倾听，表示理解和关注，并作记录。

（5）体现紧迫感。

（6）如有错误，立即承认并道歉。

（7）明确表示承担替旅客解决问题的责任。

（8）同旅客一起找出解决的办法。

（9）如果难以独自处理，尽快转给相关部门或请示上司。

（10）提出解决问题所需l

（11）追踪、督促补救措施的执行。

（12）善始善终，给旅客适当补偿，致谢旅客，向上级报告反馈。

（13）当旅客向你提出不属你本人、本部门服务内容的要求、愿望或投诉时，任何员工都必须代表公司接待、安排、指引，采取一切措施当场解决，不可推托或将旅客撂在一边。

思考题：

1. 重要旅客包括哪些范围？

2. 候机楼 VIP 岗位有哪些服务礼仪规范？

【实训项目】

1. 值机柜台实训演练：正常旅客换登机牌、伤残旅客换登机牌及相应服务礼仪规范。

2. 候机楼 VIP 要客服务礼仪规范实训演练：VIP 休息室、咖啡、啤酒、茶、红酒、各类饮料、各类点心等。

3. 值机台旅客异议处理方法的实训演练。

【知识链接】

机上 VIP 服务工作流程

（一）预先准备

首先是信息的获得：当班乘务长于预先准备会前在生产调度室获取 VIP 旅客信息；在召开预先准备会时向组员传达，与头等舱乘务员进行沟通，做好 VIP 旅客服务预案。

（二）直接准备

1. 头等舱乘务员负责与供应员进行认真交接，明确 VIP 旅客的 VIP 餐食及其他服务供应品的配备情况，检查客舱设备的情况，向乘务长报告。

2. 为每位 VIP 旅客准备至少三套报纸和一双拖鞋，按规范要求插放于头等舱该旅客座位。

（三）飞行实施

1. 乘务长与地面交接签字，旅客登机后由头等舱乘务员安排入座，协助放置物品衣物。介绍书报和协助更换拖鞋（当面为客人拆开包装），协助贵宾将换下的鞋放入鞋套内存放于座位下止滑杆后。

2. 头等舱乘务员进行欢迎服务，送热毛巾（三角形对半摆盘），选用橙汁和矿泉水，热茶备选。

3. 旅客登机完毕后，由乘务长带领头等舱乘务员向VIP旅客作自我介绍，并表示欢迎。

4. 起飞后由头等舱乘务员负责协助乘务长完成客舱服务。

5. VIP旅客享受三次以上热毛巾服务。（迎宾、餐前或休息后、餐后或用洗手间后）

6. 按VVIP餐食配餐标准提供餐饮服务。

7. 全程做好两微服务和良好的沟通交流，确保VIP旅客不被打扰，得到良好的休息。

8. 飞机降落前25分钟进行道别服务，征求服务意见，视情况归还衣物。

9. 进行机上保健操服务。（应先告之VIP旅客并征求意见）

10. 飞机降落后，由头等舱乘务员协助引导VIP旅客下机，乘务长与地面服务人员做好交接工作。（与安全员协调好，保证VIP旅客最优先下机）

（四）飞行讲评

对整体服务情况进行总结评估，累积工作经验，收集宝贵意见。

模块五

民航服务人员社交礼仪

[知识目标]　掌握社交的基本知识，掌握见面礼仪、交谈礼仪以及接待礼仪的规范标准。

[能力目标]　能遵守见面礼仪、交谈礼仪以及接待礼仪的规范要求，实现人际交往的圆融性。

[案例导入]

在某航空公司的会议室里，一场空乘服务员的招聘会马上就要开始了。有10位应聘者坐在会议桌的一侧，等待航空公司招聘人员的到来。10位应聘者中，除小张来自国内某名牌大学外，其他应聘者均来自普通大学。这时，公司人力资源部总监大步来到会议室，径直走到应聘者的座位前，先同求职者进行目光接触，然后微笑，同时伸出右手与应聘者一一握手示意。当总监走到小张面前握手时，小张坐在椅子上微笑着伸出手来握手致意。第一次面试后，有50%的人落选了，小张也在其中。小张想不通，无论自己的形象气质、当场的沟通能力和学校的品牌，以及自我感觉都挺不错，为什么会落选呢?

[问题思考]

你能帮小张找出她落选的原因吗?

第一单元

见面礼仪

在现代社会中，广泛的社交是事业成功的必要条件。民航服务人员了解一些社交礼仪有助于在今后的工作和生活中显示自己的风度，增添个人的魅力。同时，了解一些社交过程中最基本的礼貌、礼节、礼仪，也有助于民航服务工作的顺利开展和为宾客提供更优质的服务。

所谓见面礼，指的是人们会面时以其具体的、规范的动作，向交往对象表达善意的约定俗成的做法。在现代社会，人与人的交往过程中，礼仪越来越成为人们社会生活中不可或缺的礼节。见面时的礼仪，是给交往对象的第一印象，优雅的礼仪有助于彼此间建立良好的人际关系，为此，见面礼仪在人际交往中尤为重要。

一、致意礼仪

致意礼，又叫打招呼，它是用无声的动作语言向别人表示友好尊重的一种问候礼。致意礼是交际应酬中最简单、最常用的礼节。

（一）致意礼的要求

致意的基本规则是职位低者先向职位高者致意，学生先向老师致意，晚辈先向长辈致意，未婚者先向已婚者致意，男士先向女士致意。当然，在实际交往中绝不应拘泥于以上的顺序原则。作为长辈、上司，若主动向晚辈、下级致意会给人以平易近人、随和的印象。遇到对方向自己首先致意，应马上以同样的致意形式回敬对方，视而不见或毫无反应都是傲慢无礼的行为。

致意时还需要注意文雅，一般不要在致意的同时向对方高声叫喊，也不能毫无表情或萎靡不振，这样会给人敷衍了事的感觉和缺乏教养的印象。

致意是一种无声的问候，因此向对方致意的距离不宜太远，以 3 ~ 20 米为宜，也不宜在对方的侧面或背面致意。当然，致意者在用非语言信号致意的同时，也可伴之“您好”等问候语，使致意增加亲密感。

（二）致意礼的形式

1. 微笑致意

微笑致意可以用于不相识者初次见面之时，也可用于在同一场合反复见面的老朋友，在彼此距离较近时“打招呼”。

2. 点头致意

一些不宜交谈的场合，点头打招呼时，点头者应看着对方，面带微笑，并把上体略向前倾 15 度左右。

3. 举手致意

适用于向距离较远的熟人打招呼，一般不必出声，抬起右臂，掌心朝向对方，轻摆一两下即可。

4. 欠身致意

欠身致意表示对他人的恭敬。具体方法是身体上部微微向前一鞠，欠身的幅度应在 15 度以内。

5. 脱帽致意

与朋友和熟人见面时，若戴着有檐儿的帽子，则以脱帽致意最为适宜，若戴着无檐儿的帽子，可不必脱帽，只需欠身致意即可。若在室外，或与对方擦肩而过，也可采取轻掀一下帽子的方式致意。

上述几种致意的形式，往往同时施用两种，甚至两种以上，如点头与微笑并用，欠身与脱帽并用等，致意者可根据自己对对方表达友善恭敬的程度而定。

二、握手礼仪

【知识链接】

握手礼的起源

握手礼起源于原始社会。当时由于生产力水平低下，人们常常会因为争夺食物而发生争执，所以经常会拿着棍棒和石头等武器以防不测，当遇见陌生人时，如果大家都无恶意，就会放下手中的武器，并伸出手掌，让对方抚摸手掌心，以表示友好。这种习惯逐渐演变成了今天的握手礼。

握手礼是人们在社交活动中使用频率最高、适用范围最广的一种礼节。例如，人们在见面、分别、问候、祝贺以及表示友好、和解时常常会使用握手礼。按照国际惯例，握手礼有一整套比较完整的礼节要求。

（一）握手的姿势

行握手礼时，双方应相距一步左右，上身稍向前倾，面带微笑，正视对方，右臂自然向下方伸出，四指并拢，拇指张开，掌心垂直。

（二）握手的顺序

在交际场合，握手时伸手的先后顺序非常讲究，通常应根据握手双方的社会地位、年龄、性别和宾主身份来确定。在礼仪上，握手的先后顺序，通常遵循“尊者为先”的原则。即在上级与下级之间、长辈与晚辈之间、男士与女士之间，应是下级、晚辈、男士先问候对方，待上级、长辈、女士先伸手后再回握。当双方身份相当时，谁伸手快，谁更有礼。

当有客人来访时，主人应先伸手，以示热烈欢迎；当客人告辞时，客人先伸手，主人再伸手回握，否则会有逐客的嫌疑。

礼节性握手应坚持对等、同步的原则。一方伸手，另一方应及时回握，如果反应迟钝，半天才伸手，或者未作回应，拒绝握手，都会使对方陷入尴尬境地。

（三）握手的时间

握手时间的长短可因人因地因情而异。时间太短，不能表达双方的感情，时间太长，又会使人局促不安。通常情况下，初次见面时握手时间以 3 秒左右为宜。熟人相见或久别重逢，为表示特别亲切，握手时间可稍长些。

（四）握手的力度

握手时力度要适度，牢而不痛。正确做法是用手掌和手指全部握住对方的手，然后微微上下晃动。握手时，不宜只用指尖与对方接触，或握得太轻，或与对方握手时一动不动，这些做法显得妄自尊大或让对方怀疑你在敷衍了事。（图 5-1）

图 5-1　握手礼

（五）握手的形式

1. 平等式握手

平等式握手是最为普通的握手方式。（图 5-2）

图 5-2　平等式握手

2. 手拍手式握手

握手者用右手握住对方的右手，再用左手握住对方右手的手背。

（六）握手的禁忌

1. 忌交叉握手

当多人同时握手时，注意不要交叉握手，否则就会构成西方人认为最不吉利的十字架图案，应当待别人握过之后再握。（图 5-3）

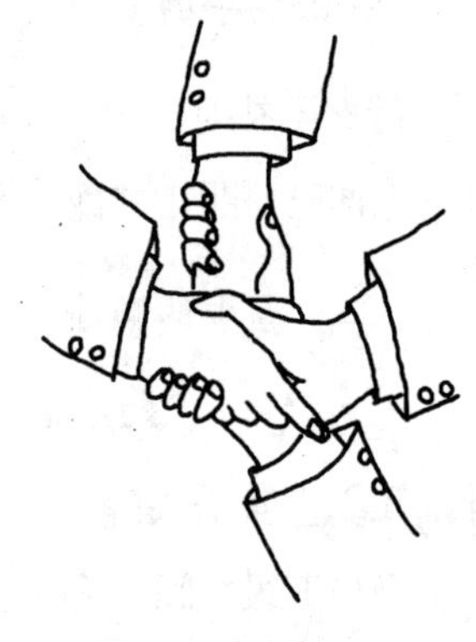

图 5-3　交叉式握手

2. 忌左手相握

用左手与人握手是非常失礼的，若不能用右手相握时，应主动向对方表示歉意并加以说明，免行握手礼。

3. 忌不摘手套、不摘墨镜、不摘帽子

戴着手套、墨镜或帽子与人握手也是不合适的，只有女士在社交场合可以戴着礼服手套与人握手，不为失礼。

4. 忌厚此薄彼

握手时如果有几个人，而你只同一个人握手，对其他人视而不见，也是极其不礼貌的。与多人握手时，握手时间应大致相等，若握手时间明显过长或过短，也有失礼仪。

5. 忌心有旁骛

与人握手时，目光应注视对方，面带微笑，目光游移或心不在焉是非常失礼的行为。（图 5-4）

此外，不能在跨门槛或隔着门槛时握手，也不能连蹦带跳地握手，或边握手边敲肩拍背以及有其他轻浮失礼之举。

图 5-4　握手时忌心有旁骛

【知识链接】

握手礼的异域习俗

在许多国家或地区，由于民族、文化、习俗的不同，握手的形式或意义也有所不同。例如：

美国——美国人比较不拘礼节，更多使用点头致意的方式，而并不正正经经地握手。

欧洲拉丁语系国家——握手时间一般较长，为 5 ～ 7 秒。

法国——法国人握手干脆有力，时间较短。

意大利——对意大利人不要主动握手，只有对方主动伸手时，才可以自然地伸手相握。

日本——日本男士往往一边握手一边鞠躬，而日本女士一般不跟别人握手，只行鞠躬礼。

菲律宾——在菲律宾的有些地方，人们握手个转身后退几步，向对方表明身后没有藏刀，是真诚地握手。

大洋洲——居住在太平洋中部或西南部岛上的大洋洲人，见面时用中指互相钩上，再轻轻地向自己的方向拉一拉，这就表示亲切的问候。

坦桑尼亚——坦桑尼亚人则在见面时先拍拍自己的肚子，然后鼓掌，再相互握手。

中非——中非人见面时，不是和对方握手，而是用自己的左手握住右手，挥动几下以代替握手。

东非——东非一些国家的人们先是握手，然后再握住对方右手大拇指，以示亲热。

阿拉伯地区——阿拉伯的人们握手很轻，只略微上下动动，且男士先伸手，因为部分穆斯林男士不与女士握手。

三、介绍礼仪

介绍是人与人之间的沟通、引见并使双方或多方相识的活动方式，它是初次见面双方开始交往的起点。介绍有各种各样的方式。如果按社交场合分，有正式介绍和非正式介绍；如果按被介绍者的人数来分，有集体介绍和个别介绍；如果按介绍者来区分，有自我介绍、他人介绍和介绍他人等。

（一）自我介绍

自我介绍的基本程序是：先向对方点头致意，得到回应后再向对方介绍自己的姓名、单位和身份，同时递上自己的名片。按照传统习惯，作自我介绍时可将右手放在自己的左胸上，但不能用拇指指向自己。表情要亲切、自然，眼睛应注视对方，举止要大方得体。介绍的内容应简明扼要，一般以半分钟为宜，特殊情况也不宜超过 1 分钟。例如：您好！我是南方航空公司业务部的张丽，很高兴认识您！或者：您好！我是南方航空公司业务部的张丽，请多关照。

（二）居中介绍

居中介绍即为他人介绍，就是把一个人引见给其他人相识沟通的过程。善于为他人作介绍，可以使你在朋友中享有更高的威信和影响力。充当居中介绍的人一般是公关礼宾人员、东道主、在场的地位最高者或与被介绍人双方都相识的人。居中介绍时应注意以下几个方面。

1. 介绍的顺序

介绍的顺序应遵行“尊者居后”的原则，将职位低的介绍给职位高的；将年轻的介绍给年长的；将客人介绍给主人；将未婚者介绍给已婚者；将后到的介绍给先到的；将男士介绍给女士；商业性介绍则不分男女，总是把身份地位低的介绍给身份地位高的。

2. 介绍的姿态

居中介绍时，介绍人姿态动作应文雅。具体操作标准如下：起立并行至介绍人之间，呈三角站立，在介绍一方时，应抬起前臂，五指并拢伸直，掌心向上倾斜，指向被介绍者，眼神要随手势指向被介绍的对象，而不应用食指或拇指指向被介绍的任何一方，或用手拍被介绍人的肩、胳膊和背等部位。

3. 介绍的内容

在介绍过程中，介绍人应先向双方打招呼，使双方有思想准备。介绍人的介绍语应简明扼要、分寸适当，使用敬语。在介绍时，最好是姓名并提，同时附上被介绍人的单位、职务、职称等说明，但一般不介绍私人生活方面的情况。例如：“李总，请允许我为您介绍一下，这位是康辉国旅的导游员刘鑫。”“刘小姐，这位是我们酒店的李建国总经理。”

当介绍人为双方介绍后，被介绍人应向对方点头致意或握手为礼，并以“你好”“很高兴认识你”“幸会、幸会”等友善的语句问候对方，表现出结识对方的诚意。介绍人在介绍后，不要随即离开，应给双方交谈提示话题，可有选择性地介绍双方的共同点，如相似的经历、共同的爱好和相关的职业等，待双方进入话题后再离开。

（三）集体介绍

集体介绍分“单向介绍”和“多向介绍”两种。单向介绍，指介绍的双方一方为一个人，另一方为多人组成的集体时，首先应向大家介绍这个人，然后再把众多人按座位次序或职务次序逐个介绍给这个人。如果是演讲或报告时，可只介绍主角。多向介绍，即介绍的双方均为多人组成的团体，这时应先由主方或人少的一方负责人首先出面，依照主方在场者具体职务的高低，自高而低依次进行介绍；再由客方或人多的一方负责人出面，依照客方在场者具体职务的高低，自高而低依次进行介绍。但是，若被介绍者在地位、身份之间存在明显差异时，则地位、身份为尊的一方即使人数较少，甚至仅为一人，仍然被置于尊贵的位置，放在后面介绍。若被介绍的双方人数都很多，则依照礼规，先介绍位卑的一方，后介绍位尊的一方。在介绍各方人员时，应遵照由尊到卑的顺序依次介绍。

被介绍人一旦被介绍应起立，如果不能起立，也应欠身表示，并注视对方，面带微笑以示对对方的尊重，或者向对方打招呼，并相互握手。

此外，无论是何种方式的介绍，都应实事求是，既不能过分地拔高自己或被介绍人，也不要自卑地贬低自己。介绍时用语要留有余地，不宜用“最”“极”“特别”“第一”等表示极端的词语。

四、名片礼仪

名片是现代人的自我介绍信和社交联谊卡。在日常交往中，名片成为不可缺少的交际工具。可是令人遗憾的是，不少人对名片的礼　　范知之甚少，他们觉得名片没有什么特别的讲究，其实名片的“门道”颇多，在种类、交换方法和收藏存放等各方面，都有大的学问。

（一）名片的制作

1. 名片的规格

名片的基本规格是 9 厘米长，5.5 厘米宽，呈长方形。市场上销售的名片盒、名片夹都是按照这个尺寸生产的。要知道，并非名片规格越大，越显得其主人气魄大，有面子。所以若无特殊需要，制作名片时在尺寸上就不必别出心裁，还是遵守基本规格为好。

2. 名片的材质与色彩

在材质的选择上，应采用抗折、耐磨、利于环保的纸质名片。名片的色彩应讲究淡雅端庄，以白色、米色、淡蓝色为宜。名片的色彩不要过于鲜艳、花哨，否则会给人轻浮、不稳重的感觉。

3. 名片的版式

名片一般分为横式和竖式两种版式。

（1）横式名片。横式版式是采用行序由上到下，自序由左到右的书写方式。主要分为三个部分：第一部分为名片持有者的工作单位，有的名片则将本公司的标志放在第一部分。第二部分为持有者的姓名，用较大的字号书写在名片中部较为显眼的位置，有职务、职称的通常用小字标在名字后面。第三部分为持名片人的详细地址和联系电话、传真、邮编等。（图 5-5）

图 5-5　横式名片

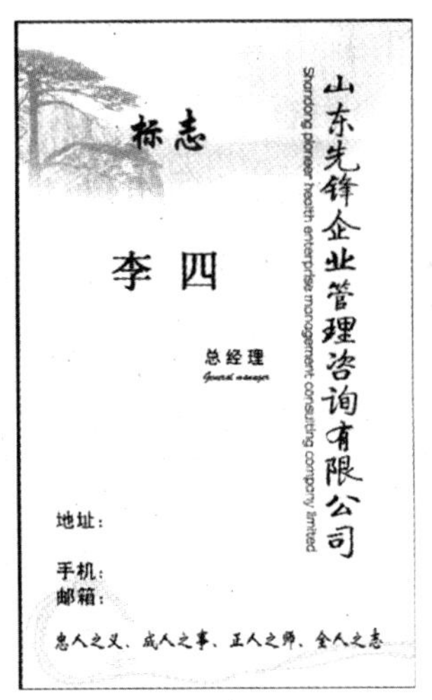

图 5-6　竖式名片

（2）竖式名片。竖式版式是采用行序由右到左，字序由上到下的书写方式。主要分为三个部分：第一部分为名片持有者的工作单位，一般在右侧第一行的顶格书写。有的名片则将本公司的标志放在第一行的顶格后面再接单位名称。第二部分为持名片人的姓名，用较大字号书写在名片正中，有职务、职称的通常用小字标在名字后面。第三部分为持名片人的详细地址和联系电话、传真、邮编等。（图 5-6）

（二）名片的使用

1. 递名片

图 5-7　递送名片

递交名片时，要起身站立双手递过，以示尊重对方。用拇指夹住名片，其余四指托住名片反面，将名字正对对方，以便对方观看。若对方是外宾，则将印有对方认得的文字的那一面面向对方，同时讲些“请多联系”“请多关照”“我们认识一下吧”“有事可以找我”之类友好客气的话。（图 5-7）

递送名片的先后，一般遵守“尊者居后”的规则，地位低的人先向地位高的人递名片。即职务低者、身份低者、辈分低者、年轻者、拜访者、男士、未婚者先向职务高者、身份高者、辈分高者、年纪大者、被拜访者、女士、已婚者递名片。并应给在场的人每人一张，以免厚此薄彼。当对方不止一人时，应当由尊而卑或由近而远依次递送，如果自己一方人较多，则让地位较高者先向对方递送名片。

2. 接收名片

接收他人名片时，应恭恭敬敬双手捧接，面带微笑并道感谢。接收之后应当首先认真地看名片上所显示的内容，必要时可以从上到下，从正面到反面整体看一遍。有时可把名片上的姓名、职务读出声来，加上谦辞敬语，如 “您就是张总啊”，以表示对赠送名片者的尊重，同时也加深了对名片的印象，然后把名片仔细地放进名片夹、笔记本或工作证里夹好。切忌接过他人名片后一言不发，看也不看就装入衣袋或弃之一旁，这是失礼的行为。

3. 名片使用的禁忌

（1）忌接收名片后一眼都不看就收起来。

（2）忌接收后玩弄或弄脏名片。例如，不要把名片放在桌子上，在其上面压上别的东西，更不要把别人的名片拿在手上玩弄，这些都是非常失礼的。

（3）忌离开后忘记带走名片。

（4）忌当面在名片上涂写。如果与交换名片的人在交往过程中发现对方的一些特点或爱好，可以等交谈结束后，在对方的名片上做一些简单的记录和提示，以利于下次交往。

（5）忌滥发名片或厚此薄彼。在社交场合，应根据需要确定递赠名片的对象，切忌滥发或在一大堆陌生人中散发名片，给人以轻薄之感。应该有选择、有层次地递交名片，让你的名片在可能起作用的范围内散发。

【实训项目】

4名同学一组完成见面场景的模拟。要求在场景模拟中完成握手礼仪、介绍礼仪和名片礼仪的实训。场景如下：

人物：甲公司张总、甲公司王秘书、乙公司李总

人物关系：

1.王秘书与李总相互认识。

2.甲公司张总与乙公司李总第一次见面。

事件：甲公司王秘书约乙公司李总在咖啡厅见面洽谈业务。

第二单元
交谈礼仪

一、寒暄与敬语

（一）寒暄

“寒暄”，顾名思义，就是简单地嘘寒问暖，熟人间偶遇时难免会寒暄几句，交流一下感情，有时候这看似简单的寒暄，还可以起到“抛砖引玉”的作用。“今天天气真好”，“最近忙吗”，“你这车真不错”，“大妈，气色越来越好了”……这样简单的寒暄往往是双方开始交谈的一个“引子”，为双方的交谈奠定良好的氛围，带领我们自然地开始交谈。

好的寒暄能快速拉近双方的距离，促进人际关系的发展。看似简单的寒暄其实也有着大学问，在寒暄的礼仪中，对于初次见面的人可以随便说几句，因为双方都不是很熟悉，寒暄在这时就起到了“暖场”的作用，使原本沉闷的气氛变得活跃起来。而在时间的选择上，一定要选在交往之初，如果你错过了这个时间，则会被对方认为是不懂礼貌的表现。

不同的人，寒暄用语的选择也不尽相同。与人初次见面，最为标准的寒暄用语是“你好”“很高兴能认识你”“见到你很荣幸”。当然，也可以选择一些文雅的词语，如“久仰”“幸会”等。你也可以选择一些较为随便的说法，如“早就听说过你的大名”“常听到某某提起你”等。如果寒暄的对象是比较熟的人，则寒暄的话可以亲切一些、具体一些，如“吃了吗”“你去哪里啊”“你气色不错啊”等。对于寒暄用语的选择应因人而异，选择一些简洁、友好话语进行交流，不能只是敷衍了事般地打哈哈，更不能说一些戏弄对方的话。

不同的寒暄也代表了不同的含义，如“最近身体好吗”“来这里多长时间啦，还住得惯吗”表示出对对方的关心；“生意好吗”“最近在忙什么呢”等貌似提问的话语，并不表明真想知道对方的起居行止，往往只表达说话人的友好态度，听话人则把它当成交谈的起始语予以回答，或把它当作招呼语不必详细作答。

当与陌生人见面，一时间不知道以怎样的寒暄开始时，可以从天气聊起，这是一种言他式寒暄，有助于打破尴尬的局面。如果对方刚刚忙完某件事，你也可以通过他刚放下的这件事作为寒暄的开始。

心理学家根据人的天性曾得出如下论断：能够使人们在平和的精神状态中度过幸福人生的最简单的法则，就是给人以赞美。作为一个社会成员，都需要别人的肯定和承认，需要别人的诚意和赞美。比如，同事新穿一件连衣裙，你可以用赞美的语言说："小刘，你穿上这件连衣裙更加漂亮了！"只要肯观察，你还会发现你与对方有着某些共同的朋友，而这些朋友正是你开口的切入点，如"同乡""同事""同学"甚至远亲等沾亲带故的关系。初次见面时，寒暄攀认某种关系，一见如故，立即转化为建立交往、发展友谊的契机。比如："噢，您是北大毕业的，说起来咱们还是校友呢。"这些事例说明在交际过程中，要善于寻找契机，发掘双方的共同点，从感情上靠拢对方是十分重要的。

人交往的过程中，一定不能忽略寒暄的重要性，我们可以从寒暄中了解到对方感兴趣的话题，也可以通过寒暄为自己赢得一个好印象。

（二）敬语

敬语，亦称"敬辞"，它与"歉语"相对，是表示尊敬礼貌的词语。除了礼貌上的必需之外，能多使用敬语，还可以体现一个人的文化修养。敬语是文雅谈吐的重要组成部分。合理使用敬语，能够体现出对对方的尊重，展现谈话者自身的风度和修养。

我们日常使用的敬语有："请""您""阁下""尊夫人""贵方"等，另外还有一些常用的敬语，如"久仰""久违""请教""包涵""打扰""拜托""高见"等。

敬语的运用场合：比较正规的社交场合；与师长或身份、地位较高的人交谈；与人初次打交道或会见不太熟悉的人；会议、谈判等公务场合等。

二、内容与修饰

（一）根据场合和对象来选择话题

如同世界上没有两片纹脉完全相同的叶子一样，每个人的个性爱好都是不同的。自古有"见人说人话，见鬼说鬼话"这句俗语，就是形容要分清对象来说话，但不可以理解为"逢场作戏""曲意逢迎"。我们主张要根据场合和对象来选择话题，意思是在真诚待人、平等相处的基础上能更好地进行相互交流。

首先我们要了解对方的基本情况，包括性别、年龄、文化程度、身份、爱好等诸多因素。

身份职务不同并不妨碍我们进行交流，下级对上级，晚辈对长辈，学生对老师，普通人对名人，不应当也没必要表现得屈从、逢迎，但言谈举止也不应过于随便，尤其是在社交场合，说话要把握好度，要说得恰如其分。

由此可见，我们在开始说话时，一定要分清对象，不能想说什么就说什么，否则会伤害他人，甚至使双方的关系变得紧张，一触即发。

我们谈话时还要注意选择一些双方都感兴趣的话题，这样才能使谈话轻松地继续下去，也是对对方的一种尊重。我们常常会遇到一些口若悬河的人，一开始说话就停不下来，如同开了闸的黄河水一样滔滔不绝，也不管对方是否对此话题感兴趣，而对方常听得昏昏欲睡，又碍于面子不好说什么。长此以往，想必人人见了此人都要绕道走了。想要收到理想的谈话效果，就需要我们恰当地选择话题。

【礼仪故事】

美国记者芭芭拉·华特初遇美国航空业巨头亚里士多德·欧纳西斯，午餐时趁大家谈论业务的短暂空隙，赶紧提问："欧纳西斯先生，你在海运和空运方面，还有其他方面都取得了巨大的成就，这是令人震惊的，请问你是怎样开始的？"这个话题扣动了欧纳西斯的心弦，他立即同芭芭拉侃侃而谈，动情地回顾了他的奋斗史，而芭芭拉的采访也取得了成功。

如同很多女士不愿透露自己的年龄一样，每个人都有自己的隐私，有些问题不愿拿出来与人分享，在谈话的时候要注意避开这些"雷区"，选择"安全系数大"的话题。对于那些刚刚遭受不幸的人，不要再提及他们的事，对于失恋的人也不要在他面前大谈"爱情之道"……一些政治性、宗教性的问题也很难处理，我们最好不要在谈话时触及。

除了根据对象选择话题，同时也需要根据场合的不同，慎重地选择话题，常常有些不会说话的人"大煞风景"，惹得众人不悦。喜庆的场合不要谈伤感的、不吉利的话题；反之，悲哀的场合，不能谈论令人捧腹大笑的话题。其他诸如庄严、肃穆、热闹等不同的场合，交谈时都要慎重选择话题。

谈论对方感兴趣的话题，可以在谈话中增进双方的了解，使我们的谈话愉快地进行。

（二）交谈的禁忌

古人云：赠人以言，重于珠玉；伤人以言，重于剑戟。意思是，在交谈过程中，一定要注意交谈的内容，要"言谈得当"。即使是相识已久的朋友在谈话中也有相应的禁忌，对于并不太熟悉的社交场合，更要注意自己的谈话内容，警惕不要触犯交谈的禁忌。

交谈的禁忌有很多，需要我们在日常生活中不断地总结，针对不同的人、不同的情况，交谈禁忌的内容也会有所变化，一般情况下，交谈的禁忌大致有以下几种。

1. 个人的隐私

对于一些很私人性的话题，不要主动谈起，不然会给人留下心理阴暗的印象。在公开场合，不谈及个人的隐私是尊重自己和尊重对方的表现。

2. 个人的健康状况

除了自己的亲朋好友，没有人会对他人的健康检查或过敏症感兴趣。而对于患有严重疾病的人，如各种癌症、艾滋病或各种性病等，通常不希望自己成为谈话的焦点。另外，不要在遇到病中友人的时候愁眉不展，应像对待平常人一样对待他，不要提起他所经历的病痛。

3. 争议性的话题

对于社会上一些颇有争议性的话题，除非你很清楚对方的立场，否则应避免谈论这些敏感性的话题。比如，宗教、政治、党派等，以免引起双方抬杠或对立僵持的状况。

4. 金钱的话题

一个人的话题若老是围绕着“这值多少钱”“那值多少钱”，会让人觉得他是个俗不可耐的人。其实，生活的含义极其丰富，并不只有金钱这一件事。

5. 个人的不幸

不要主动向对方提起个人的不幸。若是对方遭遇了不幸，如他离婚了或是家人去世等，绝不要为了满足自己的好奇心而触及这个话题或者追问不休。当然，若对方主动提起，则需表现出同情并听他诉说，但与刚刚遭受到不幸的人谈话，你最好让他尽情抒发。如果不幸的主角是你自己，则在谈论公事时，应尽量不要插入自己不幸事件的话题，因为这会让别人为难：是该对你表示同情，还是继续讨论公事?

6. 老生常谈或过时的主题

一张口都是一些老生常谈或过时的话题，会让人觉得庸俗、落后，跟不上时尚。

7. 黄色笑话

黄色笑话在房间内说可能很有趣，但在大庭广众下说，效果就不好了。常说黄色笑话的人会被认为是缺乏自信、没有能力的人，认为他只会用这种方式才能吸引别人的注意力。

8. 害人的谣言

工作中常有很多机会可以散布对他人前途不利的谣言，当你要开始谈论这些闲话之前请先思考一下：无论是“添油加醋”，还是这些内容可能都是真的，一旦说出口都会对他人造成伤害。如果要停止别人继续讨论这些闲话，可以准备一些有趣的话题转移大家的注意力。

生活中，对于一些隐私、具有争议的话题、不幸的事件、黄色的幽默，或者害人的谣言，有识之士都会敬而远之。当然，对于这些话题，其他的场合并不是说绝不可谈，但在公众场合应该避免谈起。这样，在交际中才会避免尴尬又不触及别人的痛楚，也有利于双方顺畅地交谈下去。

（三）交谈的技巧

【礼仪故事】

德国哲人黑格尔曾经说过:“同样一句话，从不同人嘴里说出来，具有不同的含义。”其实，同一句话，即使是从同一个人的嘴里说出来，也可能因为音调、音质以及面部表情不同，而有不同的含义，给人以不同的感觉。意大利著名的罗西有一次应邀为外宾表演，他在台上用意大利语念起一段台词，尽管外宾听不懂他念的是什么内容，但却为他那辛酸、凄凉、悲怆的语音、声调和表情所感染，大家禁不住泪如泉涌。当罗西表演结束后，翻译解释说，刚才罗西念的根本不是什么台词，而是大家面前桌上的菜单。看完这个小故事，想必我们都不禁莞尔，但仔细想想，是什么能让罗西的语言具有如此大的魅力呢？如果换成是我们自己，能把一张菜单念得那么生动，甚至让听众泪流满面吗？

怎样才能使我们的谈话达到最佳效果？我们也许做不到像罗西一样，但只要注意一些技巧，还是可以吸引广大听众的。

1. 条理清晰，切忌啰唆

主旨明确、内容相关、有条不紊的谈话，容易让人领会，有一种美感；反之，主旨不明、杂乱无章的谈话往往令人费解。青少年朋友中有不少人就存在这样的问题。他们天马行空，说话常常毫无逻辑，想到哪里就说到哪里，常常让听者觉得匪夷所思。

2. 措辞准确，避免误解

【礼仪故事】

某人过生日，邀请八位朋友到家里做客。约定时间已经过了，还有两位没到。主人等得不耐烦了，就说：“怎么搞的，该来的还不来？”六位客人中，有两位觉得不对劲，耳语：“如此说来，我们可能是不该来的吧！”便悄悄走了。主人摆好饭菜一看，走了两个人，又不满地说：“怎么搞的，不该走的却走了！”又有两位客人嘀咕：“这么说，我们是该走的了，何必还要赖在这里呢！”于是，这两位也伺机走了。主人一看，十分生气，说：“我又不是说他们俩！”最后的两位一听也生气了，对主人说：“既然你不是说他们俩，就是说我们俩了！”这两个人也愤然离席。

这则笑话虽然夸张，却充分说明了说话要注意用词的逻辑性，否则就会闹笑话。

3. 巧用比喻，形象生动

比喻人人都会，关键在于要巧用。生动形象的比喻，可以使我们的谈话更加吸引人。

【礼仪故事】

一位演讲家在演讲时说：“男人就像大拇指，而女人就像小拇指。”话音刚落场哗然。在场的女士们强烈反对演讲家的比喻。演讲家立刻补充道：“女士们，大拇指粗壮有力，而小拇指却纤细苗条、灵巧可爱，不知诸[illegible]士中，哪一位愿意颠倒过来？”一句话平息了众人的愤怒，大家相视而笑。

由此可见，生动的比喻，不仅能增强语言的说服力，而且能使我们的谈话效果更加明显。

4. 得体幽默，把握好开玩笑的分寸

诙谐的人常能受到人们的欢迎与喜爱，他们总能为自己创造一个轻松愉快的交际氛围。因此在交谈过程中，可以充分发挥自己的幽默细胞，调动谈话的气氛。但是，如果开玩笑不注意方式，则很可能会适得其反，既破坏了融洽的气氛，又伤害到双方的感情。因此，要把握好开玩笑的尺度。

（1）力求高雅。例如，拿别人的生理缺陷开玩笑，这是在故意揭别人的“疮疤”，把自己的快乐建立在别人痛苦的基础之上；津津乐道男女之间的私情，绘声绘色地传播庸俗、无聊甚至下流的情节，这是在寻求感官的刺激；捕风捉影，以假乱真，把小道消息作为茶余饭后的笑料，这是种不负责任的低级趣味。凡此种种，都是属于开格调不高、内容不太健康的玩笑，是不应提倡的。开玩笑的内容一定要清新健康、风趣幽默、情调高尚，使所开的玩笑带有思想性、知识性和趣味性，使大家在开玩笑中学到知识，受到教育，得到陶冶，从而收到良好积极的效果。

（2）态度友善。与人为善，是做人的根本，也是开玩笑必须掌握的一个原则。如果借开玩笑对别人冷嘲热讽，发泄内心的不满，即使你面前站着的是一位傻瓜，他也会将你识破。你也许会因为口齿伶俐而占到上风，但你玩笑中潜藏的挖苦会使别人认为你对他不够尊重，从而，你们的关系就会慢慢疏远。

（3）行为必须适度。开玩笑除了借助语言表达外，还可以通过行为动作来逗人发笑。有两位年轻人，平时感情很好，都爱开对方的玩笑。一天，一人摆弄鸟枪，对准另一个人说：“不许动，一动我就扣动扳机。”结果，另一个人竟意外地被打成重伤。要记住：开玩笑千万不能过分。

（4）要区别对象。同一个玩笑，不能见人就开。人的身份、性情不同，对玩笑的承受能力也会有不同。一般情况下，男性不宜先同女性开玩笑；晚辈不宜开长辈的玩笑；下级不宜开上级的玩笑。即使朋友之间开玩笑，也要考虑对方的性格和情绪状况。

（5）要分清场合。当别人在专心致志地学习和工作时，一般不应去开玩笑，以免分散其注意力，影响别人的学习和工作。在一些比较严肃、紧张甚至是悲哀的场合和气氛之中，如参加庄重的集会或重大的活动，包括平时参加各种会议时，也都不能嬉笑打闹，以免冲淡现场的气氛。在公共场合和大庭广众之下，也应尽量不要打趣逗笑，因为人多嘴杂，容易引起某些不必要的误会。

看来，开玩笑不能过分，尤其要分清场合和对象。开玩笑需要忌讳几点：

①切记不要触及别人的避讳或痛处。人人都想掩饰自己的缺憾，如果你专拣别人的不足开玩笑，肯定处处招人厌烦。

②和异性相处时忌开色情玩笑。一些和异性相处也无所顾忌乱开色情玩笑的人，往往会招致别人的反感或曲解，可谓自损形象。

③不同辈分的人忌开一些轻佻放肆的玩笑。不同辈分的人在一起，不要开一些轻佻放肆的玩笑，不然的话，会破坏其乐融融的温馨气氛。

④朋友陪客人时，忌开朋友的玩笑。此时开朋友的玩笑，会让朋友觉得你为人放肆，扫他的面子。

5. 巧妙运用设问的技巧

“善问者能过高山，不善问者迷于平原。”提问与反问在我们的交谈中不可避免，具有举足轻重的地位，并不是只有记者、律师这类经常与“提问”“反问”打交道的人才需要学习提问的技巧，大家在日常生活和社交场合中都可能需要向他人设问，如果提问技巧运用得当就很容易打开对方的“话匣子”，从而使彼此的交流畅通无阻。而巧妙的反问可以平中出奇，有时甚至可以反败为胜。

提问与反问的方式有很多种，面对不同的人、不同的场合有不同的方式。下面向大家简单介绍几种常用的方式。

（1）选择型提问。这种提问形式常用于朋友之间，如约朋友出去吃饭，在不了解对方喜好的情况下，可以采取这样的提问：“咱们是去吃湘菜，还是吃川菜，或者你有什么好意见？”这样的提问，对方很容易回答，也显示出对对方的尊重和双方亲密的感情。

（2）婉转型提问。这种提问方式可以避免双方尴尬。这种提问方式在双方还不太熟识的情况下很常用。

【礼仪故事】

小俊遇到了心目中的理想对象，但不知道对方是什么想法，多次想表明心迹，又怕被拒绝。后来，小俊试探地问道：“我陪你走走好吗？”这样，如果对方不愿意，就会找个理由拒绝，也不会令小俊过于难堪。

（3）协商型提问。“你看这样写是否妥当”，类似这样协商型的提问在我们的生活中被广泛应用，这样的提问方式给予了对方足够的尊重，在与人合作中尤其重要。

（4）讽刺型反问。

【礼仪故事】

曾经有这样一则故事，地主在半夜催长工干活："天亮了，快起来干活。"长工答道："等我捉完虱子再去。"地主又说："天这么黑，能看见虱子吗？"长工反问道："既然天这么黑，又怎么能干活呢？"长工的讽刺反问，使地主哑口无言。讽刺的反问以嘲讽的形式加以辛辣地抨击，使我们在微笑过后进行思考。

（5）肯定型反问。回答者以反问的语气直接明确地表明自己的观点和态度。

【礼仪故事】

贞观十五年，李世民问大臣："守天下难不难？"魏征回答道非常难。李世民又说："我任用德才兼备的人为官，又听从你们的批评意见，守天下还难吗？"魏征说："古代帝王，打天下的时候，注意用人和听从意见，一旦打下江山，只图安乐，不喜欢别人提意见，导致亡国。所以，圣人说'居安思危'，指的就是这个道理。能说守天下不难吗？" 这种反问比正面回答更有力。

提问和反问的艺术，还有很多种，若想真正掌握这些艺术，还需要不断地提高语言表达能力以及想象力、思辨力和应变能力。

当然，在提出问题的时候也要学会察言观色，从对方的表情中洞察他的态度。如果对方低头不语或是答非所问，你就要考虑换一种提问的方法；如果对方面露难色或是有困顿疲乏之感，就要适可而止。

在提问的时候，不要问一些"大而空"的问题，这种空泛的问题往往会使对方"摸不着头脑"，不知如何回答。因此，我们的问题要尽量提得细致、具体一些，引导对方的思路，最终得到满意的回答。

最后，我们还要注意在提问时的态度和表情。面带微笑、亲切友好的口气会让对方感到自然舒适，绝对不能用生硬或带有审讯性的口气问对方，这样往往会适得其反，无法得到满意的回答。

巧妙的提问与反问如同一把钥匙，可以打开对方的"话匣子"，使对方向你倾诉心声，让我们学会巧妙地使用这把钥匙，结交更多的朋友。

6. 恰当的赞美

心理学家认为，每个人都有自卑的情绪，都愿意听到他人的赞美。善于发现他人的优点，并恰到好处地赞美他人，不仅能很好地鼓舞他人，使人与人之间的关系变得更加密切，同时也是一种拥有良好美德的表现。有些人，自信心非常强，从不轻易地低头，认为自己是最强的，自然也就不会轻易地赞美他人。当然，充满自信是难能可贵的，但是过于自信就相当于盲目自大；看不到他人的优点，就会给人一种高傲的感觉，影响人际交往。

赞美别人也要讲求技巧，要给人真诚的感觉。过分地恭维别人，不仅给人一种虚情假意的感觉，同时也是在“贱卖自己的人格”。

（1）赞美别人要给人真诚的感觉。赞美要给人真诚的感觉就是要“实事求是”，即在事实的基础上或稍加放大地赞美。对于一位长相普通的女士，如果你赞美她“你真是美极了”，这样的话不仅会让对方觉得你很虚伪，更会让对方对你产生厌恶的情绪。

（2）赞美从细微处入手。美国社会心理学家海伦·克林纳德认为：正确的赞美方法是将赞美的内容详细化、具体化。其中有三个基本因素需要明确：你喜欢的具体行为，这种行为对你有何帮助，你对这种帮助的结果有无良好的感觉。有这三个基本因素为依托，赞美语才不会空泛笼统，才能给人留下好印象。

理了新发型，换了新衣服等，每个人生活中都有不少细小的事情发生，而此时赞美一两句，立刻能使对方感到愉悦。比如说：“你这件新衣服真不错。”“新发型真时尚啊！”就事论事，会让他人觉得十分得体，对你产生好感。如果你发现对方的特色、潜能、优势，是他人甚至是其本人没有意识到的，你的赞美会令对方恍然大悟，不仅能让对方增强自信，而且也不会觉得你是在有意地讨好。

对于那些长相比较普通的女士，与其赞美她的长相，不如把赞美的重点放在她的衣着、谈吐上，这样会让对方觉得更可信，赞美也会达到最佳的效果。

（3）赞美要“赞”到点子上。我们在赞美他人的时候，要寻找对方最希望被赞美的内容。每个人都有“自我感觉良好”的地方，他们固然希望得到他人的赞美，但是对于自身缺少自信的地方，尤其希望得到他人的肯定与赞美。

（4）“雪中送炭”的赞美。最好的赞美不是“锦上添花”，而是“雪中送炭”。最需要赞美的不是那些功勋卓著的人，而是那些处于人生的低谷、内心自卑的人。当他人身处逆境时，一句真诚的赞美可以使他重新振作起来，早日走出困境，大展宏图。

赞美是社交成功的关键之一，交谈中要学会真诚地赞美他人，它可以使你的社交之路变得平坦顺畅。

三、拒绝的礼仪技巧

意大利人有句俗语：“所有语言中最美的一个词为‘是’。”而拒绝恰恰是“否”。拒绝是语言表述的一种逆势，必要招致对方心中的不满和怨恨，因此它的表达更需要技巧性。掌握婉言谢绝技巧，就能将对方的失望、不快限制在最小的范围内。

（一）以热情友好的方式说出“不”

我们拒绝的是事情而不是人。因此，以热情、真挚的感情融汇到柔和的语调中，使对方听后感到悦耳入心，以此来打动、感化被求助者，缓和因拒绝而出现的紧张局面。硬邦邦的话语、冷若冰霜的举止是拒绝的大忌。

（二）以幽默的方式说出“不”

【礼仪故事】

美国前总统罗斯福在担任海军重要职务时，他的一位朋友向他打听一个军事秘密。罗斯福压低声音说：“你能保密吗？”他的朋友说：“当然能。”罗斯福微笑着说：“那么，我也能。”罗斯福以幽默风趣的语音，委婉地拒绝了朋友的要求，既坚持了原则，保守了国家机密，又没有使朋友难堪。

（三）以替代方案说“不”

以可以解决问题的另一种措施告示对方，来解脱自己的困境。一位学生找到老师表示想要担任学生干部，但是他平时表现不是很突出，缺少号召力，不适合担任。老师告诉他，学校正在准备创建舞蹈队，而他又有舞蹈特长，不妨参加舞蹈队，既能提高自己的舞蹈水平，业余生活也显得丰富多彩，同时又得到了意志上的锻炼。学生愉快地接受了老师的建议。

（四）诱导对方自我否定

在对方提出问题后，不是直接拒绝，而是先讲明道理，诱导对方自我否定，自动放弃。例如，在一次竞赛中，某参赛选手为了取得好名次，想请评委喝咖啡。评委说：“喝咖啡可以，但是，一旦你凭实力取得较好成绩，别人要说你是利用不恰当手法获得的，你觉得对你公平吗？”选手自己认为目前的提议是不妥的，于是放弃了邀请。

此外，不论用哪种方法拒绝，都要注意语气恳切，面带微笑，态度和善。要多讲“对不起”“很抱歉”等致歉语。努力使对方在轻松愉快的环境中理解你，接受拒绝。

【实训项目】

2～4名同学一组，演绎如何巧妙运用拒绝的礼仪技巧来拒绝乘客的无礼要求。角色、场景可自行确定。

第三单元

电话礼仪

电话是快捷、高效的通信工具，电话往来是现代社会非常普遍的一种交际方式。在电话中使对方感受到热情、亲切、彬彬有礼，是个人文明修养及企业良好形象的组成部分，会提高个人和企业的美誉度。

一、打电话的艺术

打电话是指在社交场合，作为主动发话方拨打对方的电话。这种情况下，要注意以下礼节要点。

（一）选择适当的通话时间

白天应在 8 点以后，假日最好在 9 点以后；夜间则应在 10 点以前，以免影响对方休息。与在国外的人通电话，还务必注意时差和生活习惯。电话接通后，要询问对方时间是否合适，有无妨碍。

（二）查清对方的电话号码，并正确拨号

如果弄错了，应向接电话者表示歉意，不可将电话挂断了事。拨号以后，如只听铃响，没有人接，应耐心等待片刻，待铃响六七次后再挂断。否则，如对方正在离电话稍远的地方，待匆匆赶过来时，电话已挂断，也是失礼的行为。

（三）电话接通后确定受话单位

先问一下对方单位或电话号码，并作自我介绍，然后再报要找的受话人姓名。劈头就问“喂，你是谁？”是很不礼貌的。如受话人不在，可请对方转告，或过后再打电话。

（四）谈话中心突出，要旨明确，陈述简洁，口齿清楚，语速适当

在工作中要打电话时，最好在拨号前将要谈的内容理出头绪，不要边说边想、杂乱无章；不要长时间闲聊或过分客套。讲话时语速极快，含糊不清，说话从不停顿，都不是正确的通话方法。重要的地方和难以理解的词要强调、慢说，或在此之前停顿一下，或再重复一遍，保证对方听得清楚明白。

（五）通话结束应有告别语

通话结束，发话方应有告别语：“我们就谈到这儿吧，再见！”或通知对方要挂机，

千万不要没有任何表示就挂断电话。

二、接电话的客套

作为受话方，在接听电话时应注意的礼节规范有：

（一）电话铃响后，应尽快接听，不要故意拖延

若一时腾不出空，铃响三遍后才接，拿起电话就应先向对方致歉："对不起，让您久等了。"

（二）拿起电话先问候，然后自我介绍

接听电话时，第一句话应向对方问好，接着自报家门，然后再问对方找谁。如果在单位接电话，在礼貌的称呼之后，先报出单位或部门的名称，如"你好！春秋旅行社"。如果正在接待来客时电话响了，应注意先向客人打个招呼："对不起！"然后再去取听筒。

当来电话的人说明事由之后，如果刚好是本人接听，常说："我就是，请问您是哪位？"如果自己不是受话人，应负起代为传呼的责任，但不能在听筒尚未放下时，就大声叫："小张，你的电话！"显得缺乏教养。如要找的人不在，则不能把电话挂断了事，而要耐心地告诉对方："对不起，他正好出去了。您需要留话吗？"

（三）接电话过程中，应耐心倾听、注意力集中

接听电话时，如手中正在忙碌，应注意不要弄出声响，音响、电视声应调小；正在吃东西时应尽快咽下或吐出，不要边咀嚼食物边回话；不随便打断话头插话，应不时以应和之语应答，表明在倾听；重要内容应找笔记下，关键词语、事项应重复确认。

（四）通话中需要查询情况，切忌让对方拿着听筒干等

需要较长时间时，应不时和对方说："请您再稍等片刻。"或"请挂了电话，我待会儿再打给您"。然后问明对方电话号码之后再挂断电话。总之，不要让对方有被遗忘的感觉。

（五）通话结束，一般由主动发话的一方结束谈话并先挂断电话

如对方话还未讲完，接听电话的人就先挂断电话，则是失礼的行为。

此外，在电话礼仪中，还特别强调语音语调的控制。无论是发话方还是受话方，语音要柔和清晰，不要在电话里喊叫或声音很尖；注意使用"融入微笑的声音"与对方通话。据有关研究表明，当一个人面带微笑时，其发出的声音也会格外悦耳动听。因此，在通话中，尽管彼此看不见对方，也要像面对面交谈那样注意自己的态度。

三、手机礼仪

手机已经成为现代人生活必备品之一，与之相应的手机礼仪问题也突显起来。在美国，公共场合使用手机就像在公共场合吸烟一样，备受公众的谴责。在这信息时代，在公共场

合禁止用手机难以办到，但“手机礼貌”是应该遵守的，应给予高度重视。手机礼仪既有电话礼仪的共性要　　又有其特殊的规范。手机的基本特点在于移动性，它可以把噪声带到任何场所，因此，手机使用者要特别注意顾及他人。

（一）该开则开，该关则关

既然配有手机，就不要让那些急于想同你联系的人着急。因此，在一般情况下，要让手机处在开机状态。

在特殊场合，比如飞机上，或在开车、开会、动手术、讲课、表演、会谈时，你就必须关机。这是为自己也为别人的安全着想，也是礼仪的起码要求。

（二）遵守公共秩序

在一次国际学术研讨会上，一位著名美籍华人鉴于在庄严会场上不止一次响起的手机声，感慨地说：“我为同胞的手机声感到汗颜！”更有甚者，在2000年奥运会射击决赛现场，居然也有我们的同胞在打手机！令世界惊讶，使国人难堪。

有必要提醒那些携带手机者：在某些场合，如会场、机场、课堂、餐厅、影剧院、医院、葬礼、音乐厅、图书馆、宾馆大堂、公交车上等，你不能旁若无人地打电话！最好是关机，或把手机调到蜂鸣振动状态，绝不要让它发出铃声！

不允许在公共场合，尤其是楼梯、电梯、路口、人行道等人来人往之处，旁若无人地使用手机。

不允许在要求“保持寂静”的公共场所，诸如言乐厅、美术馆、影剧院、歌舞厅及餐厅、酒吧等地使用手机。必要时，应关机，或使其处于静音状态。

不允许上班期间，尤其是办公室、车间里，因私使用自己的手机，显得用心不专。

不允许在聚会期间如开会、会见、上课之时使用手机，从而分散他人注意力。

（三）自觉履行安全义务

使用手机时，必须牢记“安全至上”，切勿有章不循，有纪不守，马虎大意，随意犯规。那样不但害已，而且害人。使用手机时，特别要重视此点。

不要在驾驶汽车的时候，使用手机通话，或是查看手机短信，以防止发生车祸。

不要在病房、油库等处使用手机，免得它们所发出的信号有碍治疗，或者引发火灾、爆炸。

不要在飞机起飞以及飞行期间启用手机，否则极有可能会使飞机“迷失航向”。

（四）长话短说，顾及他人

打手机应特别注意说话简洁。如果对方正在路上或正在办事或正处在不宜多说话的场合，更应长话短说。

用手机通话时，最好互相通报一下所在的方位，以便判断各自的处境。

现在手机功能越来越多，但要注意：不要用它发送垃圾信息给熟人，也不可以开庸俗的玩笑。

（五）潇洒大度，助人为乐

当你正与他人谈话时手机铃响，应向谈话对象致歉后再打开手机接听。当你接到一个拨错号码者的电话时，也要以礼相待。

（六）永远不要沾染的四种手机使用习惯

在人们最讨厌的手机使用行为中，高声对着听筒大讲特讲排在第一位，不过人们对下面四种习惯的厌恶程度也不亚于对着话筒大声通话。

在安静的地方任由手机铃声响个不停。当人们在电影院看电影时，影片的悬念已经发展到了高潮，所有观众都在紧张地等待结果。此时，事情发生了——不是影片的结局，而是刺耳的电话铃声。如果说有什么办法能激怒全体观众，那么这就是最好的选择。在音乐厅或者正在做礼拜的教堂里，人们也很容易被手机铃声激怒，或者受到惊吓。

忽视身边的人。如果你希望自己的朋友或亲戚认为手机比他们更重要，那么尽可以在与他们谈话时，随意接电话或打电话。这样他们就会感到自己在你心目中的地位远远不如手机，如果你能及时对他说“请稍等片刻”，那么对方就不会感到你打电话的行为过于粗鲁无礼。

不停打电话。乘坐公共交通工具，在银行或电影院排队，或者在机场等繁忙的场所请将电话的使用次数降到最低。如果你不断地一个接一个打电话，特别当你在与他人寒暄，而不是处理紧急事务时，那么即使是最善解人意的人迟早也会被你激怒。

使用攻击性语音。有些手机用户（包括那些在其他场合说话很文雅的人）会忘记周围人的存在，而肆意使用猥亵或者社交礼仪中无法接受的语言。

【实训项目】

4名同学一组完成一次电话服务。要求应用电话礼仪成功完成机票预订及售票服务。场景如下：

1.一名顾客拨通了中国国际航空客户服务热线，想要咨询和购买2015年8月25日桂林飞往北京的机票。作为中国国际航空公司的一名客服人员，请应用电话礼仪完成好此次服务。

2.一名顾客购买了2015年8月28日桂林飞往上海的机票，但是由于临时改变了行程，于是他拨通了中国国际航空客户服务热线，想要将机票进行改签。作为中国国际航空公司的一名客服人员，请应用电话礼仪完成好此次服务。

第四单元 接待礼仪

一、空间礼仪

空间礼仪产生于人类对领域的占有欲和安全感。在非语言符号系统中，交往空间是一种特殊的无声语言。它是指一个人与另外一个人交往时，会无形中感到彼此间应该有一种距离才能心定神安。

（一）空间区域的划分

1. 亲密距离

0 ~ 0.5 米为亲密距离，这是恋人之间、夫妻之间、父母子女之间以及至爱亲朋之间的交往距离。亲密距离又可分为近位和远位两种。近位亲密距离在 0 ~ 15 厘米，这是一个“亲密无间”的距离空间，在这个空间内，人们可以尽情地表现爱抚、安慰、保护等多种亲密情感。在这个空间内，人们可以彼此肌肤相触，能直接感受到对方的体温和气息。恋人之间极希望处于这样的空间，在这样的空间里，双方都会感到幸福和安慰。远位亲密距离在 15 ~ 50 厘米，这是一个可以肩并肩、手挽手的空间，在这个空间里，人们可以谈论私事，说悄悄话。

在公众场合，只有至爱亲朋才能进入亲密距离这一空间。在大庭广众面前，除了客观上十分拥挤的场合以外，一般异性之间是绝不应进入这一空间的，否则就是对对方的不尊重。即使因拥挤而被迫进入这一空间，也应尽量避免身体的任何部位触及对方，更不能将目光死盯在对方的身上。

2. 社交距离

0.5 ~ 1.5 米为社交距离，在这一距离，双方都把手伸直，还有可能相互触及。由于这一距离有较大开放性，亲密朋友、熟人可随意进入这一区域。

3. 礼仪距离

1.5 ~ 3 米为礼仪距离，人们在这一距离时可以打招呼，如“刘总，好久不见”。这是商业活动、国事活动等正式社交场合所采用的距离。采用这一距离主要在于体现交往的正式性和庄重性。在一些领导人、企业老板的办公室里，其办公桌的宽度在 2 米以上，设计这一宽度目的之一就在于领导者与下属谈话时可显示出距离与威严。

4. 公共距离

3 米之外为公共距离，处于这一距离的双方只需要点头致意即可，如果大声喊话，是有失礼仪的。

（二）影响空间区域划分的因素

交往空间距离、范围的划定，为接待人员寻求最为适合特定场景和对象的交往空间提供了大模式，但这一距离范围并不是“铁板”一块，不同的人所需的个体空间的范围有所不同，同一个人在不同心理状态下所需的个体空间也会有所变化。因此，交往空间仍有较大的伸缩性和可交往性。影响它的主要因素有：

1. 文化背景或民族差异的影响

实践研究表明，地中海国家的人交往时允许有较多的身体接触，相互靠得较近；而北欧国家的人则相互离得较远，很少有肌肤相触。同是欧洲国家，法国人与英国人交谈时，法国人总是保持较接近的距离，乃至呼吸也会喷到对方脸上，而英国人会感到很不习惯，步步退让，维持适合于自己的空间范围。同是美洲国家，对北美人来说，最适宜的交谈距离是距一臂至 4 英尺，而南美人交谈则喜欢近一些。北美人为了避免文化差异造成的个体空间不协调，常常就以桌椅作为隔开的屏障，而南美人甚至会不由自主地跨过这些屏障，以便达到他感到舒服的交谈距离。东西方文化的差异对交往距离的影响就更大一些，如一个美国人和一个日本人站在一个大厅里谈话，由于两个人有不同的交际距离概念又没能相互了解对方，便闹出一场笑话：美国人喜欢站在三四步远的地方谈话，而日本人总想站近一点，致使双方都为能保持让各自感到舒适的距离，日本人不断向前以调整他的空间需要，而美国人则步步后退以满足自己的空间不受“侵犯”，一进一退，绕了大厅走了一圈。把这段情形录像下来并以快速放映时，会感到这位日本人在带这位美国人绕着大厅跳舞。结果，日本人觉得美国人太冷淡、太别扭、太腼腆；而美国人则觉得日本人亲密过度，太危险。

2. 社会地位和年龄差异的影响

地位尊贵的人物，较之地位低俗的人需要更大的个体空间，一般是有意识地与下属和人群保持相当距离，更不能容忍这些人紧靠着他说话，乃至抚肩拍背或气息喷到脸上。同样，年龄差异较大的人之间交往距离的人为缩小产生的感觉，较之同龄人之间会淡化一些，比如抚摸儿童的头和脸，而在成年的同龄人之间就是一种不敬的表示，会显得粗俗无礼。

3. 性格差异的影响

性格开朗、喜欢交往的人更乐意接近别人，和别人靠近，个体空间相对较小。而性格内向、孤僻自守的人不愿主动接近别人，宁愿把自己孤立地封闭起来，当然对靠近他的人也就十分敏感，他们的个体空间一旦受到侵占，最容易产生不舒服感和焦虑感。具有主动性格的人，容易无意识地单方侵入对方的个体空间，而客观上给对方造成威迫的压力或巴结的情势。在正式的社交场合，易为对方看不起。日本的公关人员往往就是通过就座的空间位置来判断公众的性格和心理。

4. 性别差异的影响

一般来说，女性相比男性相会站得近。女性同男性对空间位置的安排也不同：女性往往靠在她喜欢的人旁边，而男性则选择在他喜欢的人对面坐着。女性最反感陌生人坐在自己旁边，男性最不喜欢陌生人占据自己对面的位置。而且，男性会把坐在对面的“闯入者”视为竞争的威胁，女性则把坐在身旁的“闯入者”视为有意识的侵犯。

5. 情绪状态和交往场景差异的影响

人在心情愉快舒畅时，个体空间就会缩小，允许别人靠得很近；而若生气闷闷不乐时，个体空间便会非理性地扩张，甚至连亲密朋友也可能被拒之于外。在拥挤的社交场合，如舞会、聚会等，人们无法考虑满足自己个体空间的需要，而较易容忍别人靠得很近，但会设法避免视线或呼吸的接触。当面对面时，眼睛会很自然地注意对方的头顶或空间的某个位置。然而，若在较为空旷的社交场合，人的个体空间就会自然扩大，当别人毫无理由地侵入时，便会引起怀疑和不自然感觉。

以上是根据人的生理心理原理和礼仪规范的基本要求对人际交往的空间作出的概括性和普遍性的分析。尽管从社会到个人都存在一定的差异，并会对交往距离发生不同程度的影响，但接待人员最终还是应该学会在实践中摸索总结出既能适合对方，又能适合场景、适合自己交往空间的三维标准。只有这样，才能应酬于各种社交场合，在人际交往中始终达到沟通与行“礼”的最高统一。

二、引导礼仪

在接待过程中，人们在步行时，往往会因为置身于不同的处所，面临着不同的情况，因而需要具体情况具体对待。

（一）行进时

1. 走人行道

步行在道路上时，一定要自觉地选走人行道，不要走行车道，并自觉让出专用的盲道。无人行道时，则应尽量选走路边。

2. 靠右行走

在道路上行走时，按惯例应自觉走在右侧，而不可为图省力，逆行于左侧。偶遇无路之时，仍应靠右行走。

3. 单行行进

在道路上行走时，宜单行行进，而不宜并排行进，更不允许多人携手并肩而行，否则将人为地制造路障。

4. 保持步速

在道路上行走时，应保持一定的速度。不要行动过于迟缓，阻挡身后之人。尽量不要在道路上停留、休息，或是与亲朋好友在此长时间闲聊。

（二）上下楼梯

上下楼梯时的引导陪同工作，应以“安全第一，尊卑有序”为总体要求。具体来讲，主要有单行行走、靠右行走、居前引导、不宜交谈、保持距离、防患于未然。

1. 单行行走

上下楼梯时，均应单行行走，不宜多人并排行走。

2. 靠右行走

在内地，不论上楼还是下楼，都应身靠右侧而行，即应当右上右下。将自己左侧留出来，是为了方便有紧急事务者快速通过。

3. 居前引导

上下楼梯时，若为人带路，应走在前头，而不应位居被引导者之后。与尊长、客人、异性一起下楼梯时，若其过陡，应主动行走在前，以防身后之人或有闪失。

4. 不宜交谈

在上下楼梯时，因为大家都需要脚下留心，故不宜进行交谈。站在楼梯上或楼梯转角处进行深谈，因有碍他人通过，亦不允许。

5. 保持距离

上下楼梯时，既要多注意楼梯，又要注意与身前、身后之人保持一定距离，以防彼此碰撞。

6. 防患于未然

上下楼梯时，一定要注意姿势、速度。不论自己的事情多么紧急，都不应在上下楼梯时推挤他人，或是坐在楼梯扶手上快速下滑。上下楼梯时快速奔跑，亦不甚适当。

（三）出入电梯

负责引导陪同工作时，常常会出入电梯。出入电梯时，应努力使自己的行为在细节上符合礼仪，不可疏忽大意。

1. 注意安全

当电梯关门时，不要扒门，或是强行挤入。在电梯人数超载时，不要心存侥幸，非进去不可。当电梯在升降途中因故暂停时，要耐心等候，不要冒险攀缘而出。

2. 注意顺序

搭乘电梯的基本要求是：先下后上。具体而言，与不相识者同乘电梯，进入时要讲先来后到，出来时则应由外而里[illegible]而出，不可争先恐后。与熟人同乘电梯，尤其是与尊长、女士、客人同乘电梯时，则应视电梯类别而定。进入有人驾驶的电梯时，应主动后进后出，进入无人驾驶的电梯时，则应当首先进入、后出来。

（四）进出房间

进出房间，是引导陪同工作的重要组成部分。在进出房间时，负责引导陪同工作的接待人员应注意以礼仪规范自己的具体行为，以免冒犯他人。

1. 开关房门

出入房间时，应以手轻推、轻拉、轻关房门，绝不可以身体的其他部位“代劳”。例如，不能以肘推门，以脚踢门，以臀拱门，以膝顶门，也不能听任房门自由开关。

2. 注意面向

进门时，如已有人在房内，则始终应面向对方，尤其是切勿反身关门，背向对方。出门时，若房内依旧有人，则行至房门、关门这一系列的过程中，都应尽量面向房内之人，而不要以背示之。

3. 关注顺序

一般情况下，应请尊长、女士、来宾率先进入房间，率先走出房间，必要时应主动为之效劳，替对方开门或关门。若出入房间时恰逢他人与自己方向相反，也要出入房间，则应对其礼让。一般的讲究是：房内之人先出，房外之人后入。倘若对方为尊长、女士、来宾，亦可不遵此例，而优先让对方通过。

（五）通过走廊

许多房间往往由长度、宽窄不等的走廊连接在一起。通常，走廊有室内走廊与露天走廊之分，但其所讲究的步行礼仪却基本相近。

1. 单排行进

在走廊里，至多允许两人并排行走在一起。若多人并行，对大多数相对而言不大宽敞的走廊来说显然不适宜，因为那样很有可能阻挡别人。

2. 主动右行

通过走廊时，宜主动右行，那样做的话，即使有人从对面走来，也会两不相扰。不过在通过仅容一人通过的走廊时遇上了这种情况，则应面向墙壁侧身相让，请对方先通过。

若对方先这样做了，则勿忘道谢。

3. 缓步而行

通过走廊时，宜步伐和缓，并悄然无　因为走廊多连接房间，若快步奔走、大声喧哗、制造噪声，难免会干扰别人。

4. 循序而行

通过走廊时，必须依次而行。不要为了走捷径、图省事、找刺激，而去跨越某些室外走廊的栏杆，或是在上面行走。

（六）拥挤之处

在商厦、机场、车站、码头、邮局、农贸市场等处步行，难免会碰上行人如织、摩肩接踵的情况。在这类相对较为拥挤之处行走时，应对以下几点予以关注。

1. 不逗留过久

在此类地方将事情处理之后，即应马上离开，千万不要没事找事干，留在这里聊天、休息、看热闹，从而使拥挤更甚。

2. 不阻挡他人

没有万分必要，最好不要在这种场合与人拉手、挽臂、勾肩、搂抱而行。携带东西时，最好抱在身前，或以一只手提拎。

3. 不手舞足蹈

由于这类地方行人太多，因此最好不要做毫无必要的动作，如猛然挥手、踢腿蹬脚等，以免生出事端。

4. 不要高声谈笑

在此处与人交谈，切记低调音量。能让对方听清楚就行了，不要大喊大叫、大吵大笑。此种表现，不但会制造噪声，还会严重影响个人形象。

三、次序礼仪

（一）会见来宾

我国民间在接待来宾时，有一条古老的规矩，叫作“坐，请坐，请上坐”，由此可见让座问题在接待工作中的重要性。处理这一问题时，一方面要注意把“上座”让给来宾就座；另一方面，在就座之时为了表示对客人的敬意，通常主人应请客人先行就座。千万不要不让座，或是让错座。

所谓“上座”，在待客时通常是指：宾主并排就座时的右侧；距离房门较远的位置；

宾主对面就座时的面对正门的位置；以进门者行进方向为准，位于其右侧的位置。此外，较高的座位与较为舒适的座位，往往也被视为“上座”看待。

在正常情况下，适用于会晤场所的座次排列主要有以下5种情况。

1. 相对式

相对式就座，一般指的是宾主双方对面就座。此种方式显得主次分明，往往易于使宾主双方公事公办，保持适当距离。它多用于公务性会晤，具体又分为以下两种情况。

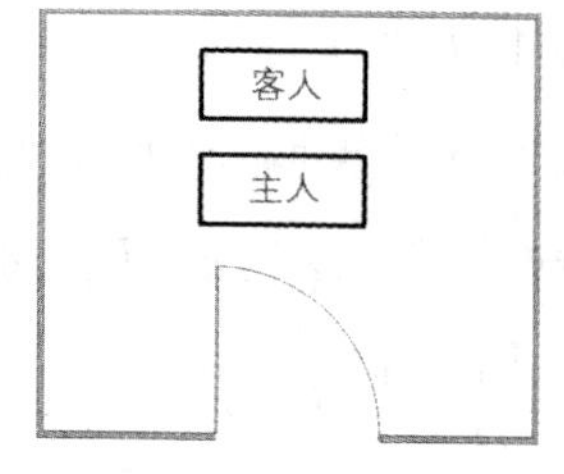

图 5-8　相对式会客的座次排列之一

第一种情况，双方就座后，一方面对正门，另一方则背对正门。此时讲究“面门为上”，即面对正门之座为上座，应请来宾就座；背对正门之座为下座，宜由主人就座。（图 5-8）

第二种情况，双方就座于室内两侧，并且面对面地就座。此时讲究进门后动态地“以右为尊”，即进门时以右侧之座位为上座，应请来宾就座；左侧之座则为下座，宜由主人就座。（图 5-9）若宾主双方不止一人，情形也大体如此。（图 5-10）

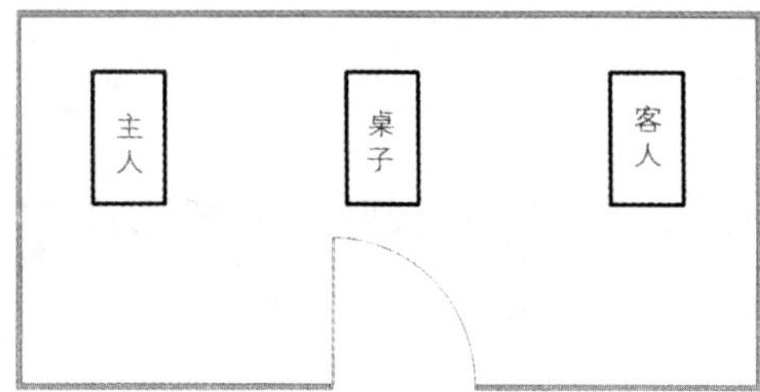

图 5-9　相对式会客的座次排列之二

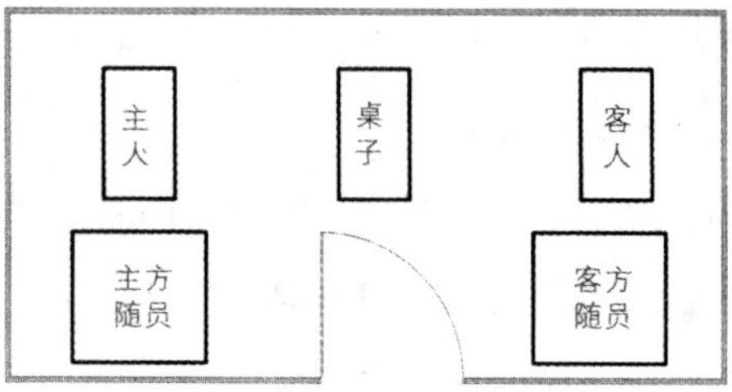

图 5-10　相对式会客的座次排列之三

2. 并列式

并列式排座，通常指宾主双方并排就座，以暗示彼此双方“平起平坐”地位相仿，关系密切。它多适用于礼节性会晤，一般也分为以下两种情况。

第一种情况，双方一同面门而坐。此时讲究就座后静态地“以右为上”，即主人宜请来宾就座于自己的右侧。（图 5-11）若双方人员不止一名时，其他人员可各自分别在主人或主宾一侧按其地位、身份的高低，依次就座。（图 5-12）

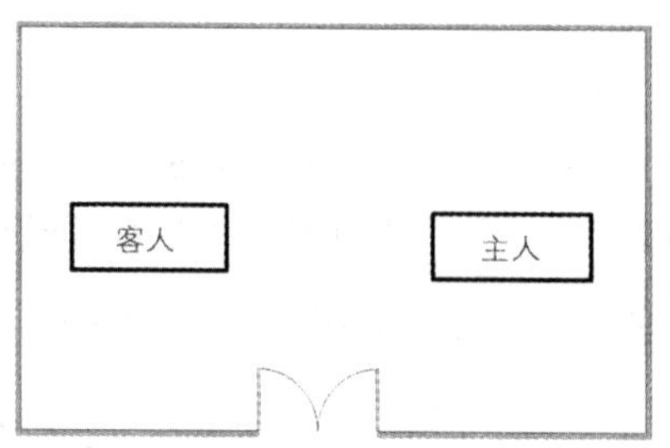

图 5-11　并列式会客的座次排列之一

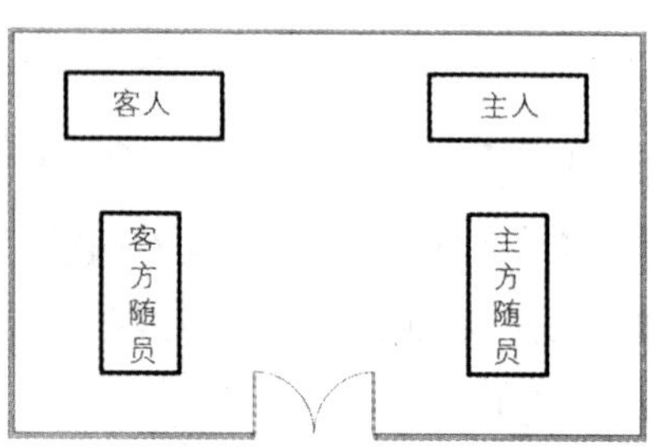

图 5-12　并对式会客的座次排列之二

第二种情况，双方一同在室内的右侧或左侧就座。此时讲究“以远为上”或“内侧高于外侧”，即应以距门较远之座为上座，其留给来宾；以距门较近之座为下座，而将其留给主人。（图 5-13、图 5-14）

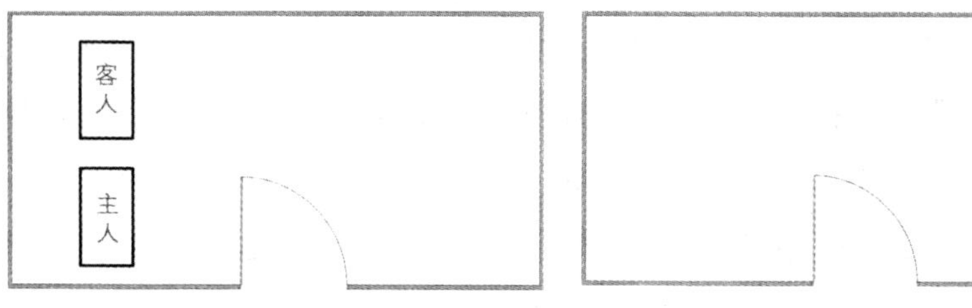

图 5-13　并列式会客的座次排列之三　　图 5-14　并列式会客的座次排列之四

3. 居中式

所谓居中式排座，实际上属于并列式排座的一种特例。它在此指的是当多人一起并排就座时，讲究“居中为上”，即应以中央的位置为上座，由来宾就座。（图 5-15—图 5-17）

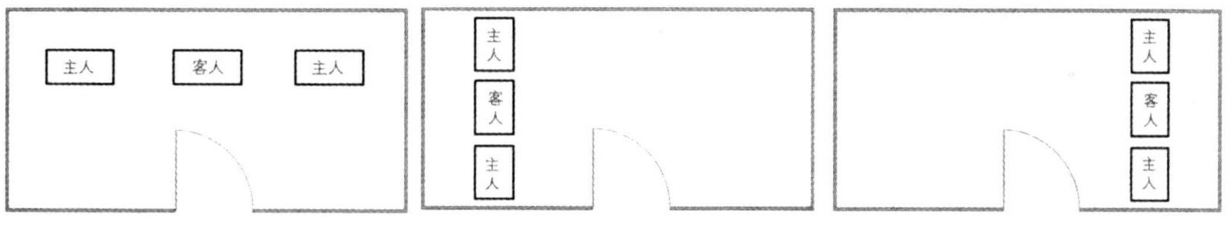

图 5-15　居中式会客的座次排列之一　　图 5-16　居中式会客的座次排列之二　　图 5-17　居中式会客的座次排列之三

4. 主席式

主席式排座，通常是指主人在同一时间、同一地点正式会见两方或两方以上的来宾。此时一般应由主人面对正门而坐，其他各方来宾则应在其对面背门而坐。此种排座方式犹如主人正在以主席的身份主持会议，故此称之为主席式。有时，主人亦可坐在长桌或椭圆桌的尽头，而请其他来宾就座于其两侧。（图 5-18、图 5-19）

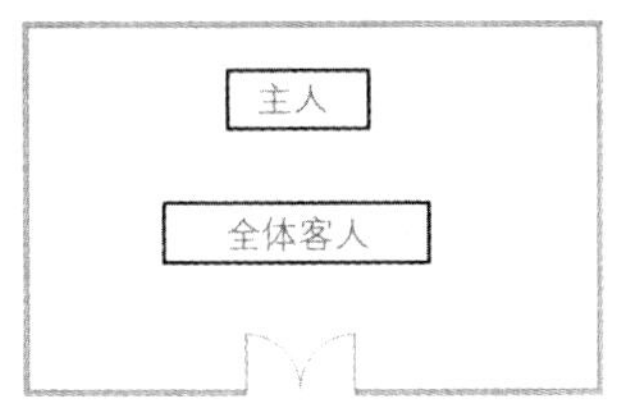

图 5-18　主席式会客的座次排列之一

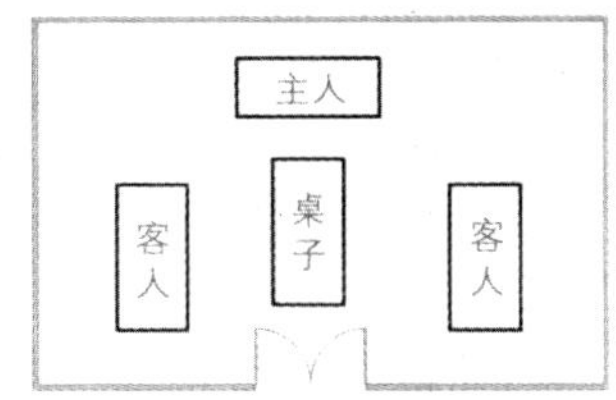

图 5-19　主席式会客的座次排列之二

5. 自由式

自由式就座，在此是指进行具体会晤之时不进行正式的座次排位，而由主宾各方的全体人员一律自由择座。多适用于各类非正式会晤或者非正式举行的多边会晤。

（二）进行谈判

所谓谈判，又叫作会谈，是指有关各方为了各自的利益，进行有组织、有准备的正式协商及讨论，以便互谅互让，求同存异，以求最终达成某种协议的整个过程。

从实践上看，谈判并非人与人之间的一般性交谈，而是有备而至，方针既定，目标明确，志在必得，技巧性与策略性极强。虽然谈判讲究的是理智、利益、技巧和策略，但这并不意味着它绝对排斥人的思想、情感在其中所起的作用。在任何形式的谈判中，礼仪实际上都一向被重视。其根本原因在于，在谈判中以礼待人，不仅体现着自身的教养与素质，还会对谈判对手的思想、情感产生一定程度的影响。

举行正式谈判时，有关各方在谈判现场具体就座位次的要求非常严格，礼仪性很强。从总体上讲，排列正式谈判的座次可分为下列两种基情况。

1. 双边谈判

双边谈判，在此是指由两个方面的人士所举行的谈判。在一般性的谈判中，双边谈判最为多见。双边谈判的座次排列，主要有以下两种形式可酌情选择。

（1）横桌式。横桌式座次排列，是指谈判桌在谈判室内横放，客方人员面门而坐，主方人员背门而坐。除双方主谈者居中就座外，各方的其他人士则依其具体身份的高低，各自按先右后左、自高而低的顺序分别在己方一侧就座。双方主谈者的右侧之位，在国内谈判中可坐副手，而在涉外谈判中则应由译员就座。（图 5-20）

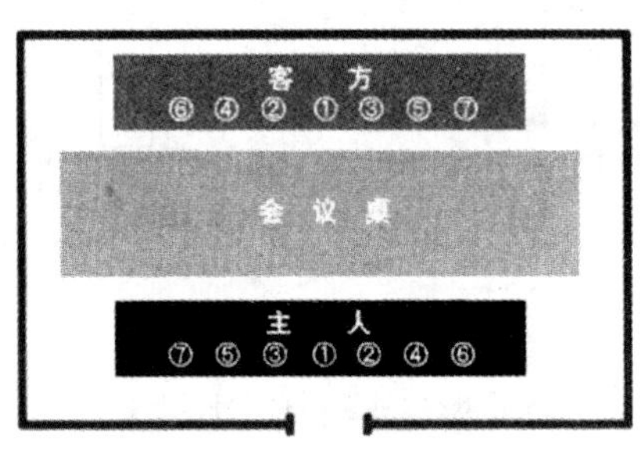

图 5-20　横桌式会谈的座次排列

（2）竖桌式。竖桌式座次排列，在此是指谈判桌在谈判室内竖放。具体排位时以进门时的方向为准，右侧由客方人士就座，左侧由主方人士就座。在其他方面，则与横桌式排座相仿。（图 5-21）

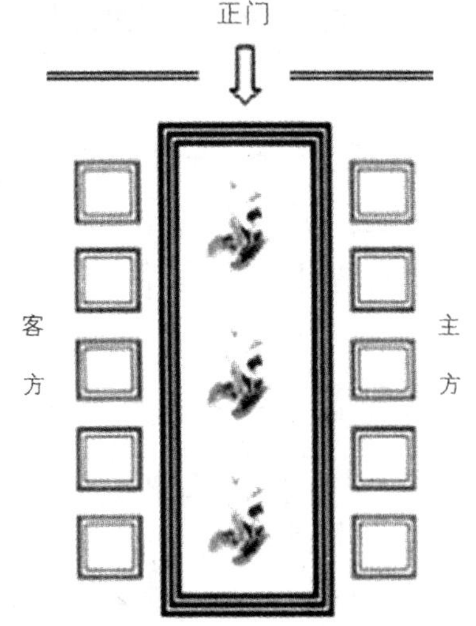

图 5-21　竖桌式会谈的座次排列

2. 多边谈判

多边谈判，在此是指由三方或三方以上人士所举行的谈判。多边谈判的座次排列，主要也可分为两种形式。

（1）自由式。自由式的座次排列，即各方人士在谈判时自由就座，无须事先正式安排座次。

（2）主席式。主席式的座次排列，是指在谈判室内面向正门设置一个主席之位，由各方代表发言时使用。其他各方人士，则一律背对正门、面对主席之位分别就座。各方代表发言结束之后，亦须下台就座。（图 5-22）

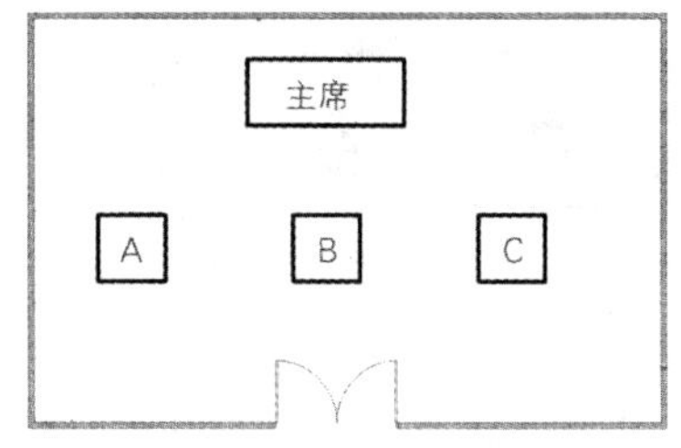

图 5-22　主席式会谈的座次排列

按照惯例，在双边谈判中，应设置姓名签。而在多边谈判中，则大多不需要设置姓名签。在需要设置姓名签时，应保证在座的每一个人均没有被遗漏。姓名签通常应以印刷体打印，如果是涉外场合，则应同时采用本国与外国两种文字。通常，姓名签一面一种文字，应以本国文字面对自己，而以外方文字面对对方。

（三）签字仪式

签字仪式，简称签字，通常是指订立合同、协议、条约的各方在合同、协议、条约正式签署时所举行的正规签署仪式，举行签字仪式，不仅是对谈判成果的一种公开化、固定化、系统化、文字化，而且也是有关各方对自己履行合同、协议、条约所作出的一种正式承诺。它标志着有关各方的相互关系有了更大的进展，以及消除了彼此之间的误会或抵触而达成了一致性见解。因此，深受各方人士的高度重视。

对于接待人员来说，在签字仪式这种重大场合，不仅要做好自己所负责的具体工作，更要知礼、守礼。从礼仪规范上来讲，举行签字仪式时，在力所能及的条件下，一定要郑重其事、认认真真。其中最为引人注目的当数举行签字仪式时座次的排列方式，它直接体现着签字各方的礼遇问题，不可有怠慢之嫌。

签字时各方代表的座次，通常是由主方代为先期排定的。一般而言，举行签字仪式时，座次排列共有下面三种基本形式，它们分别适用于不同的具体情况。

1. 并列式

并列式排座，往往是举行双边签字仪式时最常见的形式。它的基本做法是：签字桌在室内居中面门横放。双方出席仪式的全体人员在签字桌之后并排排列，双方签字人员居中面门而坐，客方居右，主方居左。（图 5-23）

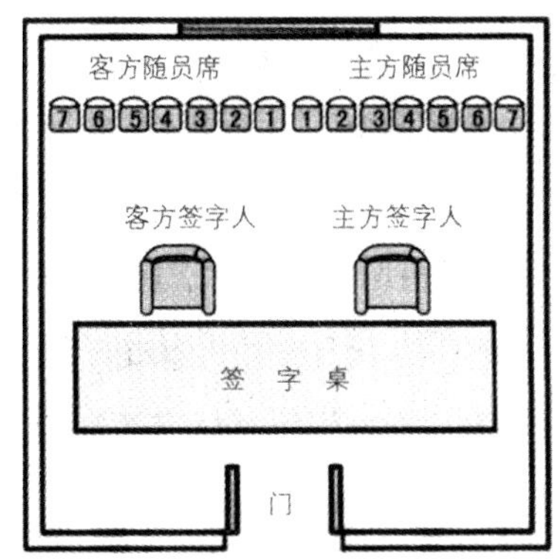

图 5-23　并列式签字仪式排列

2. 相对式

相对式签字仪式的排座，与并列式签字仪式的排座方式基本相同。两者之间的主要差别，只是相对式排座将双方的随员席移至签字人对面。即签字桌在室内居中面门而放。双方签字人员面门而坐，客方居右，主方居左。双方出席仪式的全体人员则在签字桌之前并排排列。（图 5-24）

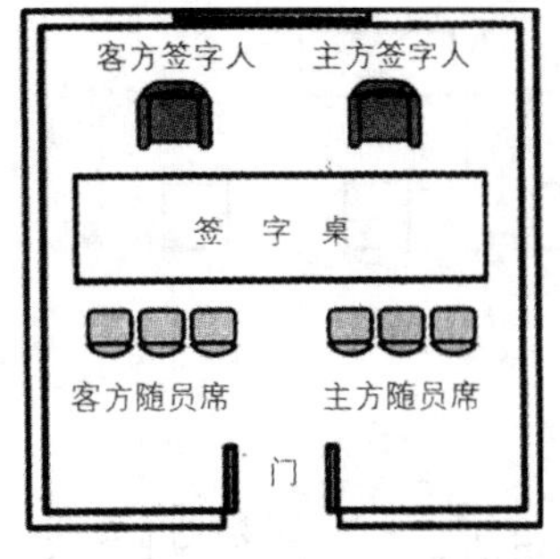

图 5-24　相对式签字仪式排列

3. 主席式

主席式排座，通常主要适用于多边签字仪式。其操作特点是：签字桌仍须在室内横放，签字席仍须设在桌后面对正门的位置，但只设一个并且不固定其就座者。举行仪式时，所有各方人员，包括签字人在内，皆应背对正门、面向签字席就座。签字时，各方签字人应以规定的先后顺序依次走上签字席就座签字，然后即应退回原处就座。（图 5-25）

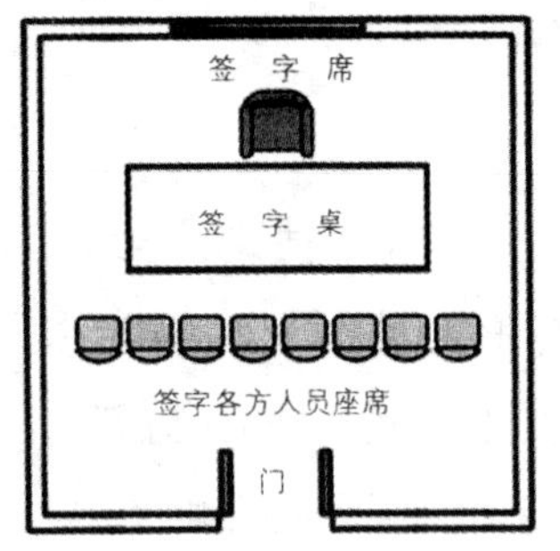

图 5-25　主席式签字仪式排列

（四）合影留念

在接待工作中，拍照是一项非常常见的活动形式。一次较为正式的会面，宾主双方往往需要合影留念。通过合影，双方进一步加深了感情，能够更好地记住对方，也为双方的交往留下了正式的凭据和美好的回忆。在正规的接待活动中，无论接待单位，还是被接待的来访人员， 无一不对合影相当重视。正是因为合影在接待双方的交往中能够起到“催化剂”的作用，可以巩固宾主双方的友谊，所以接待人员一定要重视拍照礼仪，讲究拍照礼仪。

尽管在人们的普遍认识中，拍照是一件很简单的事情，但拍照事实上是有很多讲究和忌讳。对于接待人员来说，要处理好合影的问题，通常要注意合影时的排位。

合影时，有时需要排定具体位次，有时则大可不必。但在正式场合所拍摄的合影，一般应当进行排位。在非正式场合所拍摄的合影，则既可以排列位次，也可以不排列位次。

如果有必要排列合影参加者的具体位次时，应首先考虑到是否方便拍摄。与此同时，还应注意以下几点：场地的大小；人数的多少；背景的陈设；光线的强弱；合影参加者具体的身份、高矮和胖瘦；方便与否。

一般情况下，正式合影的总人数宜少不宜多。在合影时，所有的参与者一般均应站立。在必要时，可以安排前排人员就座，后排人员则可在其身后呈梯级状站立。但是，通常不宜要求合影的参加者以蹲姿参与拍摄。此外，如有必要，可以先期在合影现场摆设便于辨认的名签，以便参加者准确无误地各就各位。

在安排合影的具体排位问题时，关键是要坚持内外有别，并注意以下两点。

1. 国内合影的排位习惯

国内合影时的排位，一般讲究“居前为上”“居中为上”和“以左为上”。具体来看，它又有“人数为单”与“人数为双”的分别。在合影时，国内的习惯做法通常是主方人员居右，客方人员居左，即“以左为尊”。（图 5-26、图 5-27）

⑳⑱⑯⑭⑫⑩⑪⑬⑮⑰⑲

⑨⑦⑤③①②④⑥⑧

相机

图 5-26　单数合影的座次排列

⑯⑭⑫⑩⑨⑪⑬⑮

⑧⑥④②①③⑤⑦

相机

图 5-27　双数合影的座次排列

2. 涉外合影的排位惯例

在涉外场合合影时，应遵守国际惯例，讲究“以右为尊”，即宜主人居中，主宾居左，其他双方人员分主左宾右依次排开。简而言之，就是讲究“以右为上”。（图 5-28）

⑮⑬⑪⑨⑧⑩⑫⑭⑯

⑥④②①③⑤⑦

相机

图 5-28　合影的座次排列之一

（五）召开会议

会议，又称集会、开会。它通常是指将人们召集在一起，对某些问题进行研究、讨论、说明的一种社会活动的常规形式。在处理日常性行政事务时，各级党政部门往往召开各种会议，因而接待人员也要经常地面对各种各样的会议。

不论召集、组织会议，还是参加会议，为会议服务，接待人员都有基本规则必须遵守。

举行正式会议时，通常应事先排定与会者，尤其是其中具重要身份者的具体座次。越是重要的会议，其座次排定往往就越受到社会各界关注。对有关会场排座的礼仪规范，接待人员不但需要熟知一二，而且还必须认真恪守。

1. 小型会议

小型会议，一般指参加者较少、规模不大的会议。它的主要特征是全体与会者均应排座，不设立专用的主席台。小型会议的排座，目前主要有以下三种具体形式。

（1）自由择座。它的基本做法是，不排定固定的具体座次，而由全体与会者完全自由地选择座位就座。

（2）面门设座。一般以面对会议室正门之位为会议主席之座，其他的与会者可在其两侧自左而右地依次就座。（图 5-29）

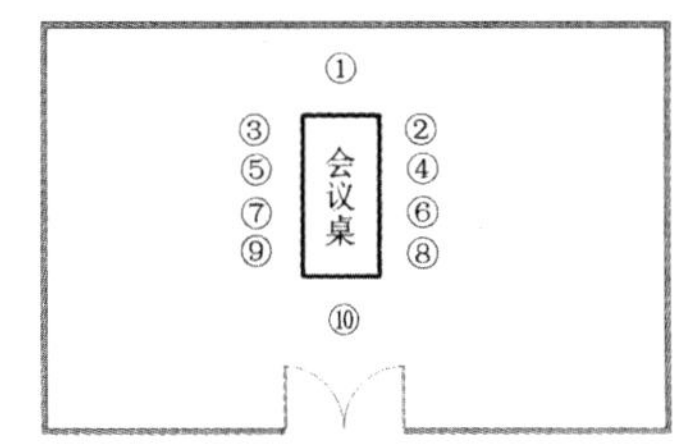

图 5-29　小型会议的座次排列

（3）依景设座。所谓依景设座，是指会议主席的具体位置不必面对会议室正门，而是应当背依会议室之内的主要景致，如字画、讲台等。其他与会者的排座，则略同于前者。

2. 大型会议

大型会议，一般是指与会者众多、规模较大的会议。它的最大特点是会场上应设主席台与群众席。前者必须认真排座；后者的座次则可排，亦可不排。

（1）主席台的排座。大型会场的主席台一般应面对会场主入口。在主席台上就座，通常应当与在群众席上就座之人呈面对面的状态。在每一名成员面前的桌上，均应放置双向的桌签。

主席台排座，具体又可分作主席团排座、主持人坐席、发言者席位三个不同方面的具体问题。

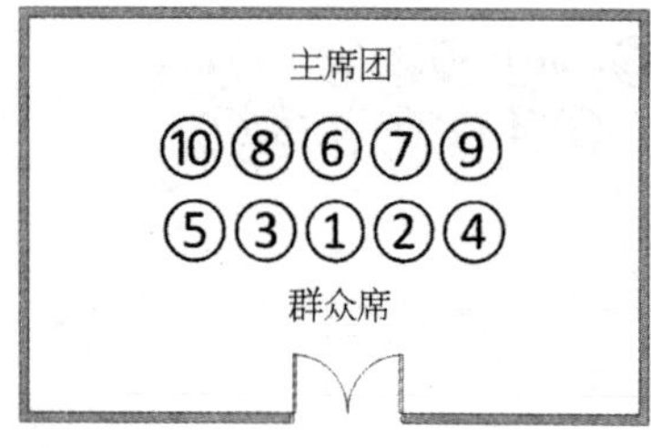

图 5-30　单数主席团的座次排列之一

其一，主席团排座。主席团，在此是指在主席台上正式就座的全体人员。国内目前排定主席团位次的基本规则有三：第一，前排高于后排；第二，中央高于两侧；第三，左侧高于右侧。具体来讲，主席团的排座又有单数与双数的区分。一般而言，进行单数排座时遵循上述规则即可；进行双数排列时，“左大右小”规则应改为“右大左小”。此特例也。（图 5-30）

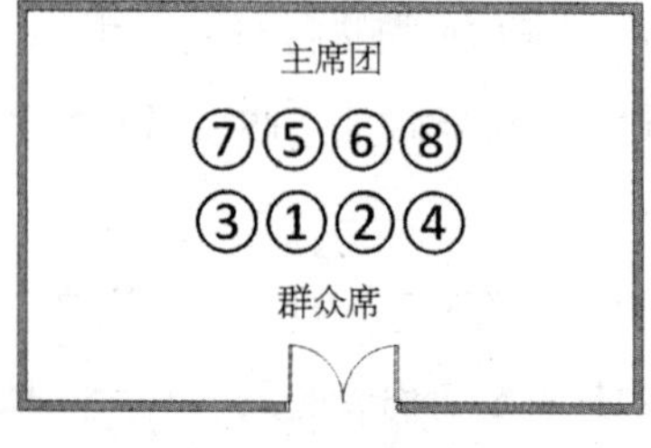

图 5-31　双数主席团的座次排列之二

其二，主持人坐席。会议主持人，又称大会主席。其具体位置有三种方式可供选择：第一，居于前排正中央；第二，居于前排的两侧；第三，按其具体身份排座，但不宜令其就座于后排。（图 5-31）

其三，发言者席位。发言者席位，又叫发言席。在正式会议上，发言者发言时不宜于就座原处发言。发言席的常规位置有两种：第一，主席团的正前方；第二，主席台的右前方。（图 5-32、图 5-33）

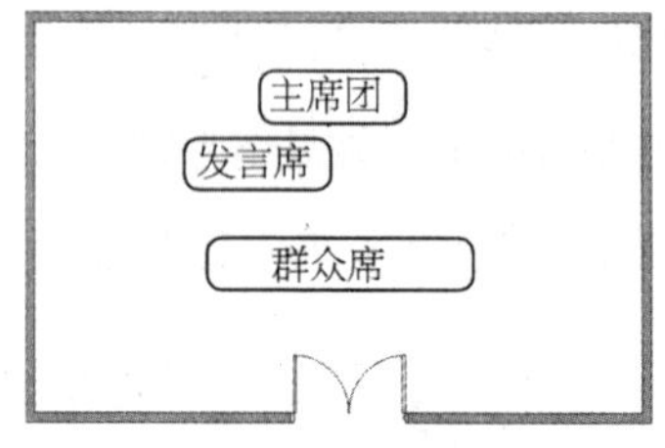

图 5-32　发言席的具体位置之一

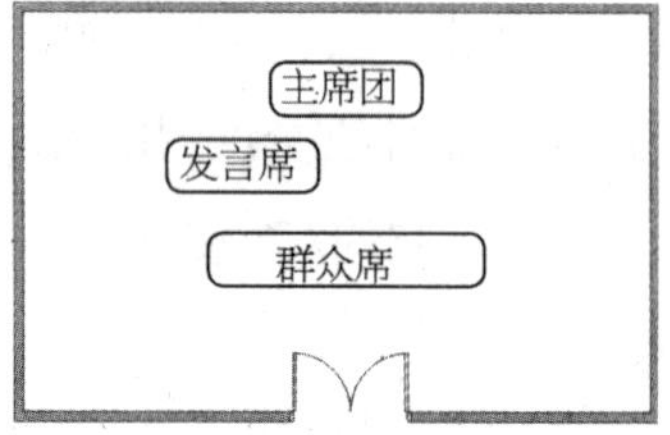

图 5-33　发言席的具体位置之二

（2）群众席的排座。在大型会议上，主席台之下的一切坐席均被称为群众席。群众席的具体排座方式有以下两种：

其一，自由式择座。即不进行统一安排，而由大家自由择位而坐。

其二，按单位就座。它是指与会者在群众席上按单位、部门或者地区、行业就座。它的具体依据，既可以按与会单位、部门的汉字笔画的多少、汉语拼音字母的前后为序，也可以按其平时所约定俗成的序列。按单位就座时，若分为前排后排，一般以前排为高，以后排为低；若分为不同楼层，则楼层越高，排序便越低。

在同一楼层排座时，又有两种普遍通行的方式：第一，以面对主席台为基准，自前往

后进行横排；第二，以面对主席台为基准，自左而右进行竖排。（图 5-34、图 5-35）

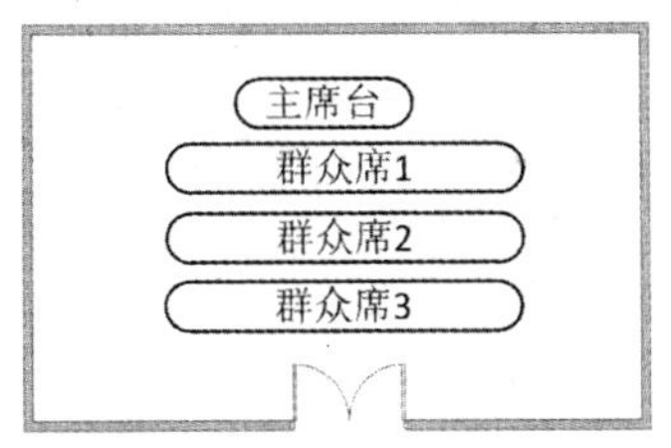

图 5-34 群众席的座次排列之一

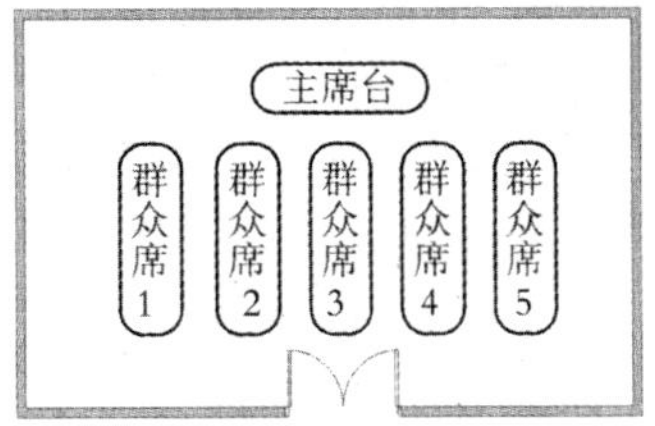

图 5-35 群众席的座次排列之二

（六）乘车礼仪

在正式场合使用交通工具时，来宾具体的座次排列往往亦为其所重视。因此，在必要时，接待人员应按来宾的尊卑为其安排座次。

在具体的接待过程中，接待人员使用的最普通的交通工具当属汽车。而在轿车、卡车、吉普车、旅行车、工具车等众多的汽车类型中，常被用来接待来宾的唯有轿车。以下，就对乘坐轿车时座次的尊卑进行简要介绍。

在排列乘坐轿车的座次时，首先必须明确：座位数量不同的轿车，其排列座次的方法往往有所不同。而在乘坐同一种轿车时，驾车者的具体身份往往也会对排列座次产生一定影响。下面，将综合上述两个因素来说明在国内常用类型轿车的座次排列。

1. 双排四座轿车

当主人驾车时，其座次由尊而卑依次应为：副驾驶座、后排右座、后排左座。当专职司机驾车时，其座次由尊而卑依次应为：后排右座、后排左座、副驾驶座。（图 5-36）

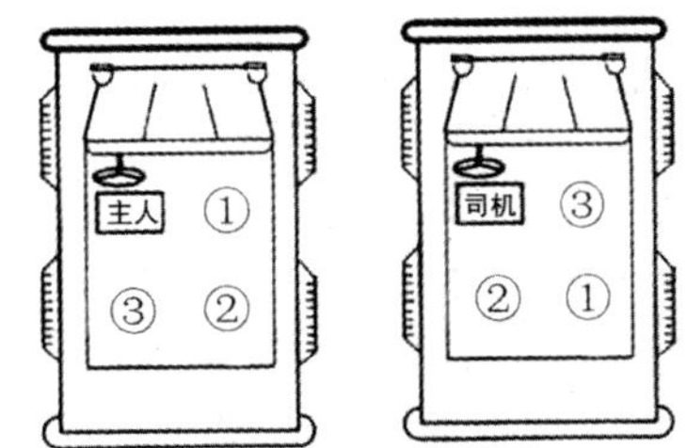

图 5-36 双排四座轿车的座次排列

2. 双排五座轿车

当主人驾车时，其座次由尊而卑依次应为：副驾驶座、后排右座、后排左座、后排中座。当专职司机驾车时，则其座次由尊而卑依次应为：后排右座、后排左座、后排中座、副驾驶座。（图 5-37）

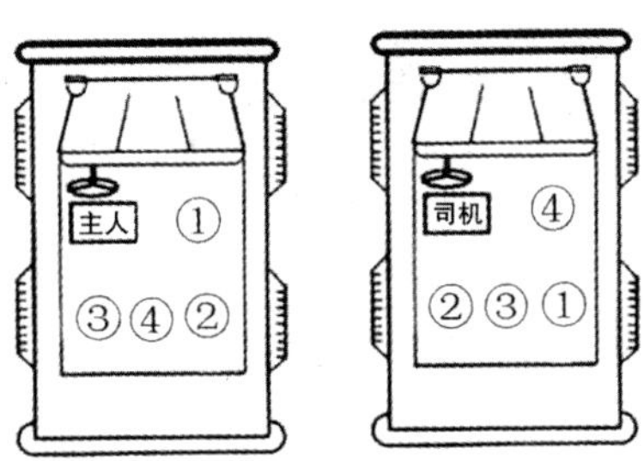

图 5-37 双排五座轿车的座次排列

3. 双排六座轿车

当主人驾车时，其座次由尊而卑依次应为：前排右座、前排中座、后排右座、后排左座、后排中座。当专职司机驾车时，则其座次由尊而卑依次应为：后排右座、后排左座、后排中座、前排右座、前排中座。（图 5-38）

图 5-38　双排六座轿车的座次排列

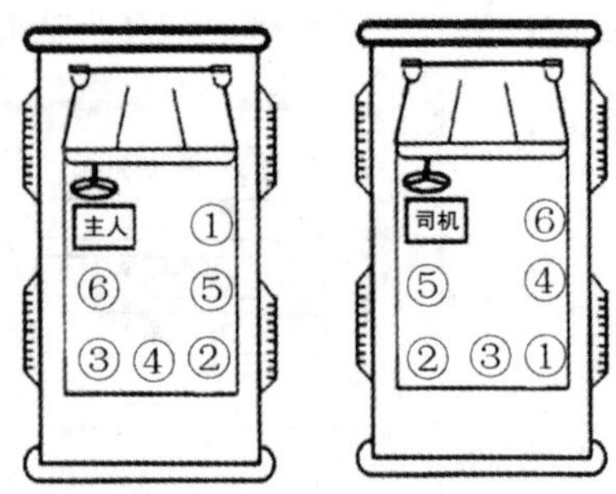

图 5-39　三排七座轿车的座次排列

图 5-40　三排九座轿车的座次排列

4. 三排七座轿车

当主人驾车时，其座次由尊而卑依次应为：副驾驶座、后排右座、后排左座、后排中座、中排右座、中排左座。当专职司机驾车时，则其由尊而卑依次应为：后排右座、后排左座、后排中座、中排右座、 中排左座、副驾驶座。（图 5-39）

5. 三排九座轿车

当主人驾车时，其座次由尊而卑依次应为：前排右座、前排中座、中排右座、中排中座、中排左座、后排右座、后排中座、后排左座。当专职司机驾车时，则其座次由尊而卑依次应为：中排右座、中排中座、中排左座、后排右座、后排中座、后排左座、前排右座、前排中座。（图 5-40）

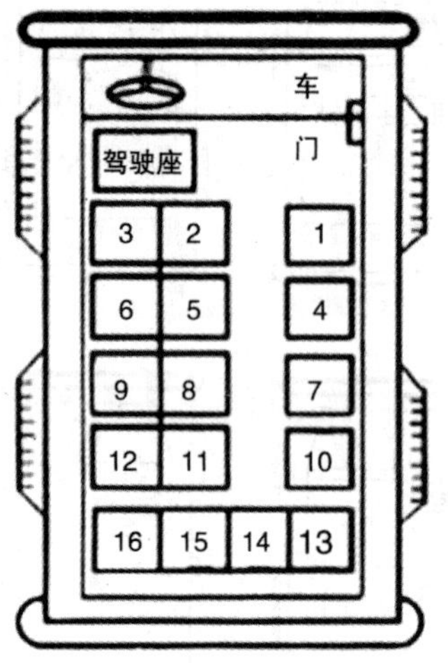

图 5-41　多排多座轿车的座次排列

6. 多排多座轿车

多排多座轿车，在此特指四排或者四排以上座位排数的轿车。不论由何人开车，多排多座轿车的具体座次均应由前而后、自右而左，依其距轿车前门的远近而依次排列。其原因，主要是考虑乘车之人上下轿车的方便与否。（图 5-41）

【实训项目】

7 名同学一组完成一次接待任务。要求在接待过程中完成电话礼仪、空间礼仪、引导礼仪和次序礼仪的实训。场景如下：

乙公司杨总携王副总和李秘书前来甲公司洽谈业务，甲公司黄总交代张秘书认真完成好本次接待任务。包括：安排好车辆，布置好会议现场，组织好拍照。

模块六

风俗礼仪

[知识目标] 掌握各类宗教的基本知识；掌握重要客源国礼俗以及各国色彩、数字、花木的礼仪寓意。

[能力目标] 能遵守宗教礼仪规范要求，遵守客源国礼俗，满足客户的精神需要。

案例导入

南方航空公司在服务中曾发生过这样一件事情：在泰国飞往南宁的航班上，两位第一次飞往中国的泰国女性刚上飞机，就遇到了中国空姐的热情接待，中国空姐很热情地面带微笑给她们行双手合十礼，并说“萨瓦蒂卡”。在飞行的过程中，空姐们又采用蹲式服务，所以泰国客人临下飞机时就在乘客留言册上写下了“中国南方航空公司是特别友好的航空公司，中国空姐是最热情友好的空姐”，该乘务组得到公司的嘉奖。

问题思考

1. 你认为南航空姐为什么能够赢得泰国客人的赞誉？
2. 空中乘务员熟悉各国礼俗以及各宗教礼俗有何意义？

第一单元 》》》》》》》》》》

亚洲地区礼俗

亚洲，全称为亚细亚洲，其英文名为 Asia，意思是“太阳升起的地方”。亚洲是七大洲中面积最大，跨纬度最广，东西距离最长，人口最多的一个洲。其覆盖地球总面积的 8.6%（或者总陆地面积的 29.4%）。人口总数近 40 亿，占世界总人口的 60%。亚洲可分为东亚、西亚、东南亚、中亚、南亚和北亚六个部分。东亚包括中国、日本、朝鲜、韩国和蒙古五个国家；东南亚包括越南、柬埔寨、泰国、缅甸、马来西亚、新加坡、菲律宾、印度尼西亚、文莱和东帝汶；南亚包括尼泊尔、锡金、不丹、印度、巴基斯坦、孟加拉、斯里兰卡、马尔代夫；中亚包括哈萨克斯坦、乌兹别克斯坦、吉尔吉斯斯坦、土库曼斯坦、塔吉克斯坦；西亚包括伊朗、阿富汗、沙特阿拉伯、科威特、巴林、卡塔尔、阿拉伯联合酋长国、阿曼、也门、土耳其、叙利亚、伊拉克、塞浦路斯、黎巴嫩、约旦、巴勒斯坦、以色列、格鲁吉亚、亚美尼亚、阿塞拜疆等。

一、日本

日本是位于亚洲大陆东岸外的太平洋岛国。西、北隔东海、黄海、日本海、鄂霍次克海，与中国、朝鲜、俄罗斯相望，东濒太平洋。领土由北海道、本州、四国、九州四个大岛和 3900 多个小岛组成。1972 年 9 月 29 日，中日两国签署《中日联合声明》，实现邦交正常化，1973 年 1 月互设大使馆。

（一）商务礼仪

1. 商务交际礼仪

日本以“礼仪之邦”著称，讲究礼节是日本人的习俗。平时人们见面总要互施鞠躬礼，并说“您好”“再见”“请多关照”等。商务活动中，称呼日本人时，可称之为“先生”“小姐”或“夫人”，也可以在其姓氏或名之后加上一个“君”字，将其尊称为“某某君”，只有在很正式的情况下，称呼日本人时才需使用其全名。

日本人在商务活动中很注意名片的作用，他们认为名片表明一个人的社会地位，因此总是随身携带。初次相见如果不带名片，不仅失礼而且对方会认为你不好交往。互赠名片时，要先行鞠躬礼，并双手递接名片。接到对方名片后，要认真看阅，看清对方身份、职务、公司，用点头动作表示已清 寸方的身份。

商务往来中，交换礼物是日本商业文化的一个重要部分，对建立关系也是很有帮助的。为日本合作伙伴准备合适的礼物，较好的选择就是昂贵的白兰地、好的威士忌酒或者具有自己城市、地区或者国家特色的有品位的礼物。同时，要知道礼物的包装和含义远比其内容重要，在日本礼物必须进行包装或者找个对日本风俗了解的人来包装礼物。交换礼物时应当用双手呈上礼物，接收者或许会把礼物放在一边，之后再打开；同样，自己也应该用双手接过礼物，以后再打开。

日本商人比较重视建立长期的合作伙伴关系，平时会注意和自己的商务交往对象尽量保持密切联系，不管是通过电话、传真、信件还是电子邮件，和对方保持密切的联系是非常重要的。在商务谈判中，日本人十分注意维护对方的面子，同时希望对方也这样做。无论是商务或社交方面的约会，都应准时到达。到日本从事商务活动，宜选择在2—6月或者9—11月，其他时间当地人多休假或忙于过节。

2. 商务餐饮礼仪

日本商人经常邀请他们的商业伙伴赴宴，宴席几乎总是设在日本饭店或夜总会里，十分丰盛，往往要延续好几个小时，宴请和被宴请是日本商业伙伴之间建立亲密关系的必要组成部分。在日本，你也可以和当地伙伴相互邀请去西式风格的饭店，如可以提供法国菜或者意大利菜的饭店。如果在本国或者第三国时，可以提供当地特色菜肴的饭店通常是个较好的选择。为了表现出对日本风俗的尊重，要掌握用筷子吃饭的艺术并适当地祝酒。对男士而言，礼节性的饮酒是认识合作者的一个传统方法。有时候，饮很多酒甚至喝醉也并非不妥。一些日本商人认为，喝酒似乎可以消除商业会议中遇到的呆板和正式。

日本人通常过于依赖表面的交流，给对方讲他们认为爱听的话。喝完几杯以后，他们或许会变得毫无拘束并进入深层交流，告诉你他们真实的想法。所以，对一个困难的谈判而言，酒是个很好的润滑剂。日本人通常不希望女士饮酒，当然也不希望她们喝醉。想和日本人做生意的女士，因为不能加入到男士的饮酒礼节，或许会出现小障碍。不喜欢喝酒的男士可以合理地道歉，并说明是健康原因或者宗教原因。尽管如此，他们或许还是会错过与日本合作伙伴加深关系、增进了解的一些机会。

3. 商务服饰礼仪

日本人无论在正式场合还是非正式场合，都很注重自己的衣着。在正式场合，男子和大多数中青年妇女都着西服。通常情况下，男士穿深色套装和白衬衫，打式样较保守的领带；女士应该穿保守的套装或者礼服。和服是日本的传统服装，其特点是，一般由一块布料缝制而成。现在男子除一些特殊职业者外，在公共场所很少穿和服。日本妇女喜欢描眉，她们普遍爱画略有弯度的细眉，认为这种最具现代女性的气质。（图6-1）

（二）风俗习惯与禁忌

日本人大多数信奉神道（日本固有的宗教，即崇拜皇祖神天照大神）和大乘佛教；有“过午不食”的教规。日本人不喜欢紫色，认为紫色是悲伤的色调；最忌讳绿色，认为绿色是不祥之色。日本人忌讳“4”，主要是“4”和“死”的发音相似，很不吉利；他们对送礼特别忌讳“9”，会误认把主人看作强盗；还忌讳3人一起“合影”，认为中间被左右两人夹着，是不幸的预兆。日本人对送花有很多忌讳：忌讳赠送或摆设荷花；在探望病人时忌用山茶花、仙客来及淡黄色和白颜色的花。因为山茶花凋谢时整个花头落地，不吉利；仙客来花在日文中读音为“希苦拉面”，而“希”同日文中的“死”发音类同；淡黄色与白颜色花，是日本人传统观念就不喜欢的花。（图6-2）他们对菊花或装饰花图案的东西有戒心，因为它是皇室家庭的标志，一般不敢也不能接受这种礼物或礼遇。

图 6-1

图 6-2

日本人对装饰有狐狸和獾图案的东西很反感，认为狐狸“贪婪”和“狡猾”，獾“狡诈”。他们还很讨厌金、银眼的猫，认为见到这样的猫，会感到丧气。

日本人忌讳触及别人的身体，认为这是失礼的举动。日本人忌讳把盛过东西的容器再给他们重复使用；忌讳在洗脸水中再兑热水；忌讳晚上剪指甲；忌讳洗过的东西晚上晾晒；忌讳睡觉或躺卧时头朝北（据说停尸才头朝北）。

二、印度

印度，是印度共和国的简称，位于亚洲南部，是南亚次大陆最大的国家，最悠久的文明古国之一，具有绚丽的多样性和丰富的文化遗产和旅游资源。与孟加拉国、缅甸、中国、不丹、尼泊尔和巴基斯坦等国家接壤，与斯里兰卡和马尔代夫等国隔海相望。古印度人创造了光辉灿烂的古代文明，印度也是世界三大宗教之一——佛教的发源地。印度是个民族、宗教众多，文化各异的国家，被称作世界上“保存最完好”的“人种、宗教、语言博物馆”。印度的语言异常繁杂，宪法承认的语言有10多种，登记注册的达1600多种。英语和印地语同为印度的官方语言。1950年4月，中印建交。1959年两国关系恶化。1976年恢复互派大使，中印关系逐年改善。2005年4月，中印宣布建立战略合作伙伴关系。

（一）商务礼仪

1. 商务交际礼仪

商务活动中，同性之间可以行握手礼，但女士不应首先同男士握手；异性之间行合十礼。正统的穆斯林妇女一般不见男客，但邀请印度人参加社交活动时，也应邀请他们的妻子。印度人很好客，任何时候都可以串门做客。应邀赴约时要注意，准时赴约会被认为是客人自我轻视，一定要晚半个小时才能显示客人的尊贵。印度伊斯兰教徒的见面礼节是按其传统宗教方式，用右手按胸，同时点头，口念“真主保佑”。

首次拜访，应使用名片。在印度，严格的等级制度在许多机构中是惯例，因此头衔相当重要，应用头衔称呼。印度人称呼复杂，商务活动中，可采用姓名后加“Sir”或“Madam”的方法称呼对方。印度人喜欢谈论他们的文化业绩、印度的传统、有关其他民族和外国的情况，但不要谈及个人私事、印度的贫困状况、军事开支以及大量的外援。

印度商人善于钻营，急功近利，图方便，喜欢凭样交易，洽谈中应多出示样品，介绍经济实惠的品种。商务谈判时印度商人往往细细研究，费时较久。而且，印度人常常会很自然地说：“你们的资本比我们的多，所以，这一笔费用该由你们支付。”外国商人和印度人谈生意的时候，就常常因遇到这种场面而闹得啼笑皆非，钱较多的人，或是较受欢迎的人应该付钱——他们认为这是“顺理成章”的事。

商务活动中访问新德里最好选择每年的6—10月，访问孟买最好选择9—10月，以免酷热或梅雨。印度全国性大节日有1月1日元旦、1月26日国庆节、3—4月份有“酒红节”（也叫泼水节）、8—9月间有兄妹节、9—10月有烧纸人节、8月15日独立日、10月2日国父甘地诞辰纪念日、10—11月有灯节（庆祝3天）等。而印度教人、锡克族人、回教徒、巴希族人、蹬米尔人等各有不同假日，各港口也有单独假日，届时绝不进行交易。因此，访问印度，务必先了解好对方的假期。

2. 商务餐饮礼仪

印度人大部分信奉印度教，宗教对饮食有着很大的影响。印度教不准吃牛肉，印度虽有养牛业，但只能提供牛奶、黄油等，喝牛奶是被允许的。特别是水牛奶，印度人格外喜欢。由于牛是印度人心目中十分神圣的动物，所以在商务活动中一般不要把牛肉作为食品招待对方为宜。信奉伊斯兰教的印度人不吃猪肉，虔诚的教徒不喝酒。在孟买入海关者，宜在海关申请饮酒许可，因为孟买市面无酒可购。

由于宗教的原因，印度的素食者也特别多。请印度人吃饭，先要搞清楚对方是不是素食者，否则会很尴尬。严格的素食者，是连鸡蛋也不吃的，但牛奶一般都喝。有些虔诚的印度教徒，吃饭前还要做祷告。印度人吃饭的方式还保留着某些传统的习惯，而且一定要用右手吃饭，给别人递食物、餐具，更得用右手。印度人喜欢吃中餐，喜欢分餐制，吃饭大多使用盘子，不习惯用刀叉和筷子，一般用手抓食。

3. 商务服饰礼仪

图 6-3

印度男女多有配戴各种装饰品的习惯，首饰是印度人日常生活中一种不可缺少的装饰品，即使是家境清贫的妇女，也要佩戴一些不值钱的[illegible]或塑料首饰。自古以来，印度人就认为，向女子赠送首饰是男子应尽的义务，女子也应充分利用首饰来打扮自己。印度妇女喜欢在前额中间点吉祥痣，其颜色不同，形状各异，在不同情况下表示不同意思，是喜庆、吉祥的象征。

商务活动中，男士穿西装打领带，夏天则可以穿整洁的短袖衬衫。女士应穿整齐保守的裙装或裤装，上臂、身体和膝盖以下任何时候都必须被包裹。穿着皮革服饰，可能会冒犯印度教徒。（图 6-3）

（二）风俗习惯与禁忌

印度人认为吹口哨是冒犯人的举动，是没有教养的表现。在色彩方面，印度人喜欢红、黄、蓝、绿、橙色及其他鲜艳的颜色。黑色、白色和灰色，被视为消极的、不受欢迎的颜色。不喜欢玫瑰花，在办公室和商业机关，写字台喜欢放在东北角或西南角。印度人忌以荷花作馈赠品，因为印度人多以荷花为祭祀之花。

印度的禁忌很多，由于宗教不同，地区不同，禁忌也有差异。带普遍性的禁忌有：睡觉时，不能头朝北，脚朝南；晚上忌说蛇；节日喜庆的日子里忌烙饼；婴儿忌照镜子，否则认为会变成哑巴；父亲在世时，儿子忌缠白头巾、剃头；3 和 13 是忌数，因为湿婆神有 3 只眼睛，第三只眼睛是毁灭性的，13 是因为人死后有 13 天丧期；妇女在怀孕期间，忌做衣服、照相；忌用左手递接东西。印度耆那教徒有忌杀生，忌食肉类，忌穿皮革和丝绸的民间习俗。他们甚至把飞虫等都列入不能误伤的忌项，就连地里种的萝卜、胡萝卜等蔬菜也都忌吃。印度阿萨姆邦的居民，对来访客人不接受、品尝他们敬上的槟榔果是极为不满的，认为这样是对主人的不友好和不信任。印度的锡克教人禁止吸烟。印度人不爱吃蘑菇、笋、木耳、面筋等，也不喜欢旺火爆炒而成的菜肴。

三、泰国

泰国正式国名是泰王国。地处中南半岛的中南部，国土面积为 51.4 万平方公里，总人口为 6308 万，由泰族、老挝族、马来族、高棉族、华裔泰人等三十多个民族构成，以佛教为国教，官方语言是泰语，英语则为通用语，首都为曼谷。泰国国庆日即泰王生日，为每年的 12 月 5 日。中泰两国人民的友谊源远流长。1975 年 7 月 1 日，中泰两国建交。承认中国完全市场经济地位。

（一）商务礼仪

1. 商务交际礼仪

泰国人交际应酬所用最多的见面礼节，是带有浓厚佛门色彩的合十礼，并且同时问候

图 6-4

对方“您好！”在一般情况下，行合十礼之后，不必握手。行合十礼时，晚辈要先向长辈行礼；身份、地位低的人要先向身份、地位高的人行礼。对方随后亦应还之以合十礼，否则即为失礼。社交场合，名片必不可少。（图 6-4）

泰国人习惯以“小姐”“先生”等国际上流行的称呼彼此相称。在称呼对方时，为了表示友善和亲近，直接称呼其名。跟外人打交道时，泰国人颇有涵养，一贯讲究“温、良、恭、俭、让”，并且总是喜欢面含微笑，细声低语。

2. 商务餐饮礼仪

泰国人主食为大米，早餐多为西餐，午餐和晚餐是中餐。泰国人喜欢辣椒、鱼、味精，不爱吃红烧菜肴，忌食牛肉。在用餐之后，喜欢吃上一些水果，但不太爱吃香蕉。一般不喝热茶，通常喜欢在茶里加上冰块，令其成为冻茶。在一般情况下，绝不喝开水，而惯于直接饮用冷水。在喝果汁的时候，还有在其中加入少许盐末的偏好。有些泰国人用餐时爱叉、勺并用，即左手持叉，右手执勺，两者并用。

3. 商务服饰礼仪

泰国的各个民族都有自己的传统服饰，服饰喜用鲜艳之色。花衬衫在泰国很受欢迎。在泰国从事商务活动宜穿深色套装，女士穿裙子和宽大的短外套。不要穿紫色或黑色的服装，因为在泰国，紫色服装是寡妇所穿，黑色服装是参加葬礼时穿的。

（二）风俗习惯与禁忌

泰国人禁忌较多，在泰国进行商务活动时一定要小心在意。首先，与泰国人进行交往时，千万不要非议佛教，或对佛门弟子有失敬意。向僧侣送现金，被视作一种侮辱。参观佛寺时，进门前要脱鞋，摘下帽子和墨镜。在佛寺之内，切勿高声喧哗，随意摄影、摄像。不要爬到佛像上去进行拍照。在宗教圣地忌穿裸露的衣服，如背心、短裤等。抚摸佛像，或是妇女接触僧侣，也在禁止之列。其次，泰国人非常重视头而轻脚，认为人的头部最尊贵，因此切不可触摸别人的头，即使小孩的头也不例外，拿东西的时候也不可高过别人的头。至于用脚给人指示东西、用脚踢门等行为，在泰国都是不能容忍的。泰国人还忌讳脚踏门槛，认为家庭的神灵就位于门槛之下。泰国人认为左手不洁，因此忌用左手吃东西或交接物品；忌用红笔签名，因为泰国人用红笔在棺材上写死人的名字。睡觉忌头朝西，因日落西方象征死亡。

第二单元
欧洲地区礼俗

欧洲，全称欧罗巴洲，“欧罗巴”一词据说最初来自腓尼基语的“伊利布”一词，意思是“日落的地方”或“西方的土地”。

欧洲面积1016万平方公里，共45个国家和地区，约7.28亿人，约占世界总人口的12.5%，是人口密度最大的一个洲。按地理上的习惯，人们把欧洲分为东欧、西欧、中欧、南欧和北欧五个地区，其中，南欧主要包括塞尔维亚、黑山、罗马尼亚、保加利亚、希腊、意大利等；西欧主要包括英国、爱尔兰、荷兰、比利时、卢森堡、法国和摩纳哥等；中欧包括波兰、捷克、斯洛伐克、匈牙利、德国、奥地利、瑞士、列支敦士登等；北欧包括冰岛、法罗群岛(丹)、丹麦、挪威、瑞典和芬兰等；东欧包括爱沙尼亚、拉脱维亚、立陶宛、白俄罗斯、乌克兰、摩尔多瓦和俄罗斯西部等。

一、法国

法国（La France），全称为法兰西共和国，位于欧洲西部，是西欧最大的国家。法国的国名“法兰西” 源于古代的法兰克王国的国名，在日耳曼语里，“法兰克”一词被翻译为“自由”或“自由人”。“艺术之邦”“时装王国”“葡萄之国”“名酒之国”“美食之国”等都是世人给予法国的美称。

法国的全国人口约为6380万，其中79%的法国居民信奉天主教。法国官方语言为法语，首都巴黎被誉为“艺术宫殿”“浪漫之都”“时装之都”和“花都”。

（一）商务礼仪

1. 商务交际礼仪

法国人在社交场合与客人见面时，大都是行握手礼。应注意的是，男女见面时，男士要等女士先伸手后才能与之相握，若女士没有主动握手之意，男士应点头鞠躬致意，不可主动执意与女士握手。少女通常是向妇女施屈膝礼。另外，法国人见面还常行“吻面礼”，意在表示亲切友好。通常情况下，法国人对亲戚、朋友和同事之间只能贴脸或颊，长辈对小辈是亲额头，只有夫妇或情侣之间才是真正亲吻。

在与法国人进行商务交往时，切忌随意以名字称呼对方，应当使用头衔来称呼对方，即使像“女士”这样简单的头衔也不能省去。通常习惯只称“先生”“小姐”“夫人”等尊称，不用加上对方的姓。熟人、同事之间可以直呼其名。对于关系亲密者，则可以呼其爱称。在初次见面时，应主动向对方递上自己的名片。

无论是约见还是拜访法国人都要事先预约，并且按照约定的时间准时到达。法国人具有浪漫情节，喜欢良好的谈判气氛。因此在正式谈判前，不要开门见山直接谈问题，在适当的时机，应当先聊聊社会新闻、文化娱乐等话题来培养感情，增进友谊，建立融洽的谈判气氛。 商务活动在圣诞节及复活节前后两周不宜前往。7 月 15 日至 9 月 15 日为当地人的度假期。

2. 商务餐饮礼仪

法国人非常讲究饮食，讲究菜肴的鲜嫩和质量，偏爱酸、甜，一般喜欢晚宴，不喜欢午餐会谈。如果到法国人家中做客，主人总是把最拿手的菜做给客人吃，而且菜肴往往很丰盛。若应邀到法国人家中进晚餐，最好先叫花店送些花去。除非餐桌上有烟灰缸，否则别抽烟。法国人在用餐时，两手允许放在餐桌上，但不允许将两肘支在桌子上。在放下刀叉时，他们习惯于将其一半放在碟子上，一半放在餐桌上。这一做法和英国人迥然不同。另外，法国人视宴请为交际场合，所以他们所进行的宴会时间会较长，用餐时聊天是非常重要的内容，在用餐时只吃不谈是不礼貌的，但不要提及工作上的事情，除非主人开了头。

法国人爱吃面食，面包种类之多，难以计数。在肉食方面，他们爱吃牛肉、猪肉、鸡肉、鱼子酱、鹅肝，不吃肥肉、宠物、肝脏之外的动物内脏、无鳞鱼和带刺骨的鱼。法国当地人大都爱吃中国菜，尤其对鲁菜、粤菜赞赏不已。但是和中国不同的是，绝大多数法国人在餐桌上饮酒却不碰杯，而且食无声响。

法国盛产名酒，如具有世界声誉的白兰地、香槟和红白葡萄酒皆出自法国。另外，法国人还特别善饮，他们几乎餐餐离不开酒，而且讲究在餐桌上要以不同品种的酒水搭配不同的菜肴。他们常规的做法是：餐前要喝开胃酒，吃鱼要喝白葡萄酒，吃肉要喝红葡萄酒，餐后才适合喝利口酒或白兰地。对于鸡尾酒，法国人则大都不大欣赏。除酒水之外，法国人平时还爱喝生水和咖啡。法国人不仅在用餐时，而且在平时也有喜爱喝咖啡的习惯。他们通常爱用大杯喝有香味的浓咖啡。因而，尤其在巴黎宽敞的林荫大道边，热闹的露天咖啡座比比皆是。（图 6-5）

图 6-5

3. 商务服饰礼仪

在社交场合与法国人打交道时，特别需要注意的是服饰的讲究。在正式场合，法国人通常要穿西装、套裙或连衣裙，颜色多为蓝色、灰色或黑色，质地则多为纯毛。出席庆典仪式，一般要穿礼服。男士多为配以蝴蝶结的燕尾服，或是黑色西装套装；女士多为连衣裙式的单色大礼服或小礼服。在与法国人进行商务活动时，应尽可能穿上最好的衣服，打扮得华而不俗。

（二）风俗习惯与禁忌

法国人喜爱花，生活中离不开花，特别是探亲访友，应约赴会时，总要带上一束美丽的鲜花，人们在拜访或参加晚宴的前夕，总是送鲜花给主人。但是，送花时值得注意的是，送花支数不能是双数，且切忌送菊花，因为在法国（或其他法语区），菊花代表哀伤，只有在葬礼上才送菊花。其他黄色的花，象征夫妻间的不忠贞。另外也忌摆菊花、牡丹花及纸花，在法国，康乃馨被视为不祥的花朵。法国人民将鸢尾科的鸢尾花作为自己民族的国花（欧洲人把鸢尾花叫作“百合花”）。法国人喜欢玫瑰，认为玫瑰花是爱情的象征。

在法国，男人向女士赠送香水，有过分亲热和“不轨企图之嫌”。不要送刀、剑、刀叉、餐具之类，因为这意味着双方会割断关系。也不要送带有仙鹤图案的礼物，仙鹤是蠢汉的标志。也不要送核桃，核桃被认为不吉祥。相反，一些有艺术性和美感的礼品如唱片、画或一些书籍，如传记、历史、评论及名人回忆录等会很受法国人欢迎。另外，法国本土出产的奢侈品，如香槟酒、白兰地、香水、糖栗等，也是很好的礼品。法国人除非关系比较融洽，一般不互相送礼。如果初次见面就送礼，法国人会认为你不善交际，甚至认为粗俗。

法国人忌讳数字“13”与“星期五”。如果“13”日与“星期五”碰在一起，这一天就会被称为“黑色星期五”，商人一般在这一天都不活动。他们不住 13 号的房间，不在 13 日（或星期五）这天外出旅行，不坐 13 号座位，更不准 13 个人共进晚餐。往往以“14(A)”或“12（B）”代替“13”。

法国人喜欢蓝色、粉红色，认为蓝色是“宁静”和“忠诚”的色彩，粉红色则是积极向上的色彩。而厌恶墨绿色，因为这种颜色容易使人联想到第二次世界大战时的德国纳粹。另外平时对黑色的使用也比较谨慎，因为黑色是在葬礼上使用的颜色。

法国人对类似纳粹的任何图案都极为反感，也不喜欢在商品和包装上出现宗教性的标志图案和锤子、镰刀图案。公鸡是法国的国鸟，其以勇敢、顽强的性格而得到法国人的青睐。野鸭图案也很受法国人喜爱。但他们讨厌孔雀、仙鹤，认为孔雀是祸鸟，并把仙鹤当作蠢汉的代称。我国的山水、仕女图案以及大红花朵的图案，也不受欢迎。

二、英国

英国（The United Kingdom）汉语全称为大不列颠及北爱尔兰联合王国，是由英格兰、苏格兰、威尔士和北爱尔兰组成的联合王国。国土面积 24.36 万平方公里，人口约 6000 万，主要居民有英格兰人、威尔士人、苏格兰人和爱尔兰人，此外还有少量的犹太人。其中，英格兰人所占比例最大，为全国总人口的 80% 左右。

（一）商务礼仪

1. 商务交际礼仪

英国客商有很强的时间观念，喜欢按预先的计划行事。无论是谈判还是上门拜访，都要预先约定。在商务会晤时，应按事先约好的时间到达。他们不喜欢突然到访，反感迟到或随意占用晚上的私人时间。到英国从事商务活动要避开7、8月，这段时间工商界人士多休假，另外在圣诞节、复活节也不宜开展商务活动。

英国人待人彬彬有礼，讲话十分客气，“谢谢”“对不起”“请”“你好”等礼貌用语天天不离口。即使是夫妻、挚友、家人之间也经常使用这些礼貌用语。交谈时，英国人，特别是那些上年纪的英国人，喜欢别人称呼其世袭的爵位或荣誉的头衔。至少，要用“阁下”或是“先生”“小姐”“夫人”等称呼。

见面时，常用的是握手礼，但切忌交叉握手。大庭广众之下，他们一般不行拥抱礼，更不像法国人一样行吻面礼，但也绝不像美国人一样简单地“嗨”一声即作罢。他们认为这样都有失风度。

需要特别注意的是，英国人把自己的民族自尊看得很重。他们对于“英国人”这一统称十分反感。因此，与他们进行交往的时候，一定要具体称呼为“英格兰人”“苏格兰人”“威尔士人”或“北爱尔兰人”。不过，要是采用“不列颠人”这一统称也能行得通。

2. 商务餐饮礼仪

英国人口味清淡酥香，不吃过咸、过辣或带汁液的菜肴。在饮食禁忌上，英国人主要不吃狗肉，做菜时加入味精也被视为禁忌之一。一日三餐中，一般早餐丰富，午餐简单，晚餐则最为重视、讲究，通常作为宴请宾客的最佳时机。

除了三餐之外，英国人特别喜欢喝茶，一般早上起床后要喝上一杯“被窝茶”。英国人还有饮下午茶的习惯，即在下午3—4点钟的时候，放下手中的工作，喝一杯红茶，有时也吃块点心，休息一刻钟，称为“茶休”。主人常邀请你共同喝下午茶，遇到这种情况，大可不必拒绝。英国人把喝茶当作一种享受，也当作一种社交。他们所喝的茶是红茶，饮茶时，首先在茶杯里倒入牛奶，然后冲茶，最后再放糖。如果先倒茶后冲牛奶，会被视为无教养。

业务招待通常安排去酒店吃午餐，重大的商务宴请一般安排在晚餐时进行。在正式的宴会上，一般不准吸烟。进餐吸烟，被视为失礼。若是去英国人家里做客，最好带点价值较低的礼品，因为花费不多就不会有行贿之嫌。礼品一般有：高级巧克力、名酒、鲜花，特别是我国具有民族特色的民间工艺美术品，他们也格外欣赏。他们对有客人公司标记的纪念品不感兴趣。盆栽植物一般是宴会后派人送去。若请你到家里做客，需要注意，如果是一种社交场合，不是公事，早到是不礼貌的，女主人要为你作准备，你去早了，她还没有准备好，会使她难堪。最好是晚到 10 分钟。在接受礼品方面，英国人和我国的习惯有很大的不同。他们常常当着客人的面打开礼品，无论礼品价值如何，或是否有用，主人都会给以热情的赞扬表示谢意。

英国盛产威士忌，曾与法国的干邑、中国的茅台酒并列为世界三大名酒。英国人除了以威士忌佐餐外，还喜欢净饮。英国人饮酒，很少自斟自饮。他们的习惯是，喝酒最好要去酒吧。因此，英国的酒吧比比皆是，并且成为英国人社交的主要场所之一。

3. 商务服饰礼仪

在正式场合，英国人着装是很严谨的。一般男士要身着深色套装、单色衬衫、老式领带和锃亮的黑色皮鞋。如果请柬上写有“black tie”字样，男士要穿带黑色小蝴蝶结的燕尾服，女士应穿晚礼服。男士忌打有条纹的领带，因为有条纹的领带可能被认为是军队或学生校服领带的仿制品。女士一般穿深色套裙，衣服的颜色不要太俗气，也不要佩戴太多的珠宝首饰。

（二）风俗习惯与禁忌

玫瑰是英国的国花，另外蔷薇花他们也非常喜欢。切记不要送百合花和菊花，因为这象征着死亡。给英国女士送花时，宜送单数，不要送双数和 13 枝。

和信奉天主教的法国人一样，英国人除了忌数字 “13”和“星期五”之外，还忌讳数字“3”。在用打火机或火柴为他们点第三支烟的时候尤其需要注意，符合礼节的方法应当是用一根火柴点燃第二支烟后及时熄灭，再用第二根火柴点第三个人的烟。对于“13”这个数字，英国人也是尽量避免的，请客时总要避免宾主共 13 人，重要的活动也不安排在 13 日，酒店一律没有 13 号房间。如果星期五再碰上 13 号，那一天就是“诸事不宜”的日子。而“7”这个数字则被认为是“吉祥的 7”，能给人们带来好运。（图 6–6）

英国人在色彩方面比较偏爱蓝色、红色和白色。他们是英国国旗的主要色彩。英国人所反感的色彩主要是墨绿色。红色也不太受英国人欢迎，他们认为红色有凶兆。黑色多被用在葬礼中，因此使用要慎重。

在握手、干杯或摆放餐具时无意之中出现类似十字架的图案，他们会认为是十分晦气的。英国人不喜欢用动物图案作商标。尤其讨厌山羊、黑猫（厄运）、大象（愚笨）和孔雀（淫乱）。

英国因为有世袭头衔，如爵士、公爵、子爵等，所以英国人喜欢别人称呼他们的荣誉头衔。若对他们称呼不当，会令英国人相当尴尬和不快。

图 6–6

忌讳谈论英国皇室及其成员。

三、德国

德国（Germany），全称为德意志联邦共和国。它位于欧洲中部，陆上与法国、瑞士、奥地利、捷克、波兰、丹麦、荷兰、比利时、卢森堡共九个国家接壤，是欧洲邻国最多的国家。德国作为国家名称，源于“德意志”一词，在古代高德语中是代表“人民的国家”“人民的土地”之意。

目前德国总人口大约有 8250 万，主要是德意志人，有少数丹麦人、吉普赛人和索布族人。值得一提的是，德国人口出生率在西方国家中最低，至今已多年出现负增长。德国居民主要信奉基督教新教和罗马天主教，官方语言是德语，首都为柏林。

（一）商务礼仪

1. 商务交际礼仪

会面：事先预约、准时赴约是德国一条十分重要的社交礼仪准则。会面或拜访均需事先预约，一般是电话或信函预约。预约成功后，作为客人则应当准时赴约。如果由于临时原因稍晚几分钟，往往是可以允许的。但若预计将迟到 10 分钟以上就一定要提前打电话告知对方。相反，如果你提前到达，不妨开车转一圈或在附近散散步，到时间再进主人家。

德国人在人际交往中对礼节非常重视。与德国人握手时，有必要特别注意两个方面：一是握手时务必要坦然地注视对方；二是握手的时间宜稍长一些，晃动的次数宜稍多一些，所用的力量宜稍大一些。

重视称呼是德国人在人际交往中的一个鲜明特点。对德国人称呼不当，通常会令对方大为不快。一般情况下，切勿直呼德国人的名字，称其全称，或仅称其姓，则大都可行。与德国人交谈时，切勿疏忽对“您”与“你”这两种人称代词的使用，对于熟人、朋友、同龄者，可以“你”相称。在德国，称“您”表示尊重，称“你”则表示地位平等、关系密切。

图 6-7

德国商人非常讲究效率，在商务谈判前应准备充分。他们非常讨厌“临阵磨枪”和漫无目的地闲谈，喜欢直接切入主题。在谈判中德国人一般比较固执，难以妥协。交易中很少让步。但他们重合同，守信誉，严格执行合同。

交谈时尽量说德语，或携同译员同往。商人多半会说一些英语，但使用德语会令对方高兴。在德国，很多人会选择在 7、8、12 月期间度长假，因此，商务活动不宜安排在这三个月。（图 6-7）

2. 商务餐饮礼仪

德国人在宴会上和用餐时，注重以右为上的传统和女士优先的原则。德国人举办大型宴会时，一般是在两周前发出请帖，并注明宴会的目的、时间和地点。一般宴会则是在八至十天前发出。他们用餐讲究餐具的质量和齐备。宴请宾客时，桌上摆满酒杯、盘子等。

德国人在用餐时，有以下几条特殊的规矩：一是吃鱼用的刀叉不得用来吃肉或奶酪；二是若同时饮用啤酒与葡萄酒，宜先饮啤酒，后饮葡萄酒，否则被视为有损健康；三是食盘中不宜堆积过多的食物；四是不得用餐巾扇风；五是忌吃核桃。

德国人饮食有自己的特色。德国人尤其爱食肉，其中最爱食猪肉，其次是牛肉。以猪肉制成的各种香肠，令德国人百吃不厌。一般以面包、土豆为主食，偶尔以大米和面条作为主食。

德国的早餐比起午餐和晚餐是最丰盛的。在旅馆或政府机关的餐厅，早餐大多是自助形式。有主食面包、肉类、蔬菜、饮料、水果等，品种非常丰富，且色泽鲜亮悦目。面包有精粉的、黑麦的、燕麦的、白面和杂粮掺和的等。蜂蜜、果酱、奶油、奶酪、牛油等，都装在比火柴盒略小的精美小盒内，撕去表面软纸，即可食用，既方便又不浪费。办公室内大多都设有专门煮咖啡和茶的房间，职工在上午 10 点和下午 4 点各有 20 分钟喝咖啡或茶的时间，他们同时还要吃一些糕点。这种点缀，可以防止中午和晚上因饥饿而过量饮食，是一种科学的“饮食习惯”。

德国的午餐和晚餐一般是猪排、牛排、烤肉、香肠、生鱼、土豆和汤类等。在德国喝啤酒，酒量不大者不必担忧，因为酒宴上，德国人互不劝酒也不逼酒，喝者各自量力而为。即使喝啤酒，他们也是先问你是否要，若不要绝不会给你送来。用餐是一人一份，食者大多会用面包将盘内的肉末或汤汁蘸着吃尽，绝不浪费。德国的饮食特点是营养丰富、方便省时、文明科学、吃饱、吃好。

德国啤酒因为种类繁多而闻名于世，大约有超过 4000 种不同的品牌。同时，德国也是世界上啤酒消耗量最大的国家，这足以看出德国人对啤酒的喜爱。此外，他们还爱饮葡萄酒。德国人喜欢携带方便的汉堡包，自助餐也发明于德国，德国人很喜欢选择这种方式进餐。

3. 商务服饰礼仪

德国人在穿着打扮上的总体风格，是庄重、朴素、整洁。在一般情况之下，德国人的衣着较为简朴。男士大多爱穿西装、夹克，并喜欢戴呢帽。妇女们则大多爱穿翻领长衫和色彩、图案淡雅的长裙。德国人在正式场合露面时，必须要穿戴得整整齐齐，衣着一般多为深色。在商务交往中，他们讲究男士穿三件套西装，女士穿裙式服装。

德国人对发型较为重视。在德国，男士不宜剃光头，免得被人当作“新纳粹”分子。德国少女的发式多为短发或披肩发，烫发的女性多半都是已婚者。

（二）风俗习惯与禁忌

在所有花卉之中，德国人对矢车菊最为推崇，并且选定其为国花。在德国，不宜随意以玫瑰或蔷薇送人，前者表示求爱，后者则专用于悼亡。

德国人对颜色禁忌较多，棕色、红色、深蓝色和黑色他们都忌讳。以褐色、白色、黑色的包装纸和彩带包装、捆扎礼品，也是不允许的。通常不喜欢红色和黑色，认为红色是色情的颜色，黑色是悲哀的颜色。

对于“13”与“星期五”，德国人极度厌恶。

他们对于四个人交叉握手，或在交际场合进行交叉谈话，也比较反感。因为这两种做法，都被他们看作不礼貌的。在公共场合窃窃私语，德国人认为是十分无礼的。

向德国人赠送礼品时，不宜选择刀、剑、剪、餐刀和餐叉。忌讳用一根火柴连续给三个人点烟。

在德国，由“纳粹”和“希特勒”延伸出来的禁忌有很多：德国穿鞋子不能黑鞋系白带，因为那是纳粹的标志；由于纳粹的军服是墨绿色，这种颜色的服装已销声匿迹；称呼国家领导人，德国媒体至今仍不轻易用“元首”二字，因为这暗指希特勒；而印着纳粹各种标识的物品严禁生产。

四、俄罗斯

俄罗斯全称为俄罗斯联邦，国土面积为 1710 万平方公里，约占世界陆地总面积 11.4%，是世界上地域最辽阔的国家。俄罗斯位于欧亚大陆北部，地跨东欧北亚大部分土地，与挪威、芬兰、中国、蒙古、朝鲜、爱沙尼亚、拉脱维亚、立陶宛、白俄罗斯、乌克兰、格鲁吉亚、阿塞拜疆、哈萨克斯坦等国家相邻。

俄罗斯有 130 多个民族，其中俄罗斯族占总人口 83% 。居民多信奉东正教，其次为伊斯兰教。俄语为官方语言。

莫斯科是俄罗斯首都，是俄罗斯最大城市，中央联邦区首府，最大铁路枢纽，全国政治、文化和经济、交通中心。有著名的红场和克里姆林宫。

（一）商务礼仪

1. 商务交际礼仪

与俄罗斯客商会谈或拜访，一般要提前三天约定，他们的时间观念很强，会准时赴约，最好提前 5 分钟到达约会地点，切忌迟到。

初次与俄罗斯人见面一定要行握手礼，并介绍你自己的名字，告辞时也要握手。但对于熟悉的人，尤其是在久别重逢时，他们则大多要与对方热情拥抱。俄罗斯人迎接贵宾的方式是“面包加盐”，以此来表示最高的敬意和最热烈的欢迎。

在正式场合，他们一般采用“先生”“小姐”“夫人”之类的称呼。在俄罗斯，人们非常看重人的社会地位。因此对有职务、学衔、军衔的人，最好以其职务、学衔、军衔相称。同时应准备足够的俄、英两种文字的名片，名片上说明你在组织中的职务，以及其他较高地位的头衔。俄罗斯商人非常看重自己的名片，一般不轻易散发自己的名片，除非确信对方的身份值得信赖或是自己的业务伙伴时才会递上名片。

在进行商业谈判时，俄罗斯商人对合作方的举止细节很在意。站立时，身体不能靠在别的东西上，而且最好是挺胸收腹；坐下时，两腿不能抖动不停。在谈判前，最好不要吃散发异味的实物。在谈判休息时可以稍为放松，但不能做一些有失庄重的小动作，比如说伸懒腰、掏耳朵、挖鼻孔或修指甲等，更不能乱丢果皮、烟蒂和吐痰。

许多俄罗斯商人的思维方式比较古板，固执而不易变通，所以，在谈判时要保持平和宁静，不要轻易下最后通牒，不要就想着速战速决。

2. 商务餐饮礼仪

俄罗斯人一般对晚餐要求较为简单，对早、午餐较为重视。他们用餐一般时间都习惯拖得很长。他们一般以吃俄式西餐为主，大多都使用刀叉用餐，也有个别人习惯用手抓饭吃。他们很喜欢中国的京菜、津菜、川菜、粤菜和湘菜，但一般不吃乌贼、海蜇、海参和木耳等食品。一般都乐于品尝不同风味的菜肴，菜肴乐于熟透和酥烂。

应邀到俄罗斯人家里做客是一件非常荣幸的事情，因此如果被邀请去家里做客，一定要接受。参加宴请时，宜对其菜肴加以称道，并且尽量多吃一些。宴请他们时切忌用左手传递食物，也不宜用左手使用餐具，因为俄罗斯人认为“左主凶右主吉”，这一点要特别注意，否则就容易失礼。

在饮食习惯上，俄罗斯人讲究量大实惠，油大味厚。他们喜欢酸、辣、咸味，偏爱炸、煎、烤、炒的食物，尤其爱吃冷菜。总的来说，他们的食物在制作上较为粗糙一些。

一般而论，俄罗斯人以面食为主，他们很爱吃用黑麦烤制的黑面包。除黑面包之外，俄罗斯人大名远扬的特色食品还有鱼子酱、酸黄瓜、酸牛奶，等等。吃水果时，他们多不削皮。

在饮料方面，俄罗斯人很能喝冷饮。具有该国特色的烈酒伏特加，是他们最爱喝的酒。此外，他们还喜欢喝一种叫“格瓦斯”的饮料。

用餐之时，俄罗斯人多用刀叉。他们忌讳用餐时发出声响，并且不能用匙直接饮茶，或让其直立于杯中。通常，他们吃饭时只用盘子，而不用碗。参加俄罗斯人的宴请时，宜对其菜肴加以称道，并且尽量多吃一些，俄罗斯人将手放在喉部，一般表示已经吃饱。

3. 商务服饰礼仪

俄罗斯人十分注重仪表，注重服饰。在俄罗斯民间，已婚妇女必须戴头巾，并以白色的为主；未婚姑娘则不戴头巾，但常戴帽子。在城市里，俄罗斯人目前多穿西装或套裙，

图 6-8

俄罗斯妇女往往还要穿一条连衣裙。前去拜访俄罗斯人，进门后应自觉地脱下外套、手套和帽子，并且摘下墨镜。这是一种礼貌的表现。

在正式的场合最好穿传统的西服套装。在商业交往时宜穿庄重、保守的西服，而且最好不要是黑色的，俄罗斯人较偏爱灰色、青色。衣着服饰考究与否，在俄罗斯商人眼里不仅是身份的体现，还是此次生意是否重要的主要判断标志之一。（图 6-8）

（二）风俗习惯与禁忌

在俄罗斯，被视为“光明象征”的向日葵最受人们喜爱，被称为“太阳花”，并被定为国花，拜访俄罗斯人时，送给女士的鲜花宜为单数。

俄罗斯人忌讳黑色，认为黑色是死亡的颜色，普遍喜欢红色。

俄罗斯人特别忌讳“13”这个数字，认为它是凶险和死亡的象征。俄罗斯人最偏爱“7 ”，认为可以带来好运和成功。对于“13” 与“星期五”，他们则十分忌讳。

俄罗斯人非常崇拜马，通常认为马能驱邪，会给人带来好运气，尤其相信马掌是表示祥瑞的物体，认为马掌即代表威力，又具有降妖的魔力。俄罗斯人讨厌兔子和黑猫，如果这两种动物从自己眼前经过，则预示着不幸将来临。

他们也不允许以左手接触别人，或以之递送物品。遇见熟人不能伸出左手去握手问好，学生在考场不要用左手抽考签，等等。

俄罗斯人讲究“女士优先”，在公共场合里，男士往往自觉地充当“护花使者”。不尊重妇女，到处都会遭到白眼。

俄罗斯人忌讳的话题有：政治矛盾、经济难题、宗教矛盾、民族纠纷、苏联解体、阿富汗战争，以及大国地位问题。

俄罗斯人认为镜子是神圣的物品，打碎镜子意味着灵魂的毁灭。但是如果打碎杯、碟、盘则意味着富贵和幸福，因此在喜宴、寿宴和其他隆重的场合，他们还特意打碎一些碟盘表示庆贺。

对于某些俄罗斯人来说，外国人用拇指和食指做出的“OK”的手势是没有礼貌的。同时，站立的时候，不要把双手放在口袋里，这在俄罗斯人看来也是无礼的行为。

第三单元 》》》》》》》》
美洲地区礼俗

美洲，是“亚美利加州”的简称，位于西半球，自然地理分为北美洲、中美洲和南美洲，面积达 4206.8 万平方公里，占地球地表面积的 8.3%、陆地面积的 28.4%。人文地理则将之分为盎格鲁美洲（大多使用英语）和拉丁美洲（大多使用西班牙语和葡萄牙语）。美洲地区拥有大约 9 亿居民，占到了人类总数的 13.5%。

对于印欧文明来说，美洲最初并不为所知，后被航海家哥伦布于 1492 年发现，并误认为是印度，以致称当地人为印第安人流传至今。后以意大利探险家亚美利哥·韦斯普奇的名字命名，并沿用至今。

一、美国

美国（United States of America），全称为美利坚合众国，是一个由五十个州和一个联邦直辖特区组成的宪政联邦共和制国家。美国国土面积超过 962 万平方公里，位居全球第三。其人口总量也超过三亿人，仅少于中国和印度。美国的主要宗教是基督教和天主教，官方语言主要是英语，其首都为华盛顿。

（一）商务礼仪

1. 商务交际礼仪

美国商人较少握手，即使是初次见面，也不一定非先握手不可，时常是点头微笑致意，礼貌地打招呼就行了。男士握女士的手要斯文，不可用力。如果女士无握手之意，男士不要主动伸手，除非女士主动。握手时不能用双手。男性之间，最忌互相攀肩搭臂。美国人谈话时不喜欢双方离得太近，一般而论，交往时与之保持 50~100 cm 的距离才是比较适当的。

美国人时间观念很强，他们的商务活动都要提前预约，赴约一定要准时，如果不能按时到达，则应电话通知对方，并表示歉意。在商务谈判过程中，美国人也不愿意浪费时间，对他们而言，“时间就是金钱”。通常情况下，谈判双方见面后，稍作寒暄，便开门见山，直接进入谈判正题。

美国商人的法律意识很强。他们在谈判前会配备好律师，在签订合同之前会认真推敲合同细则，使合同既符合谈判方的国别法律，又不抵触美国法律。

在美国，6—8 月份为度假期，不适宜安排商务活动。另外，圣诞节与复活节前后两周也不宜前往访问。

2. 商务餐饮礼仪

美国商界流行早餐与午餐约会谈判。美国人请客吃饭，若为公务交往性质一般安排在饭店、俱乐部进行，由所在公司支付费用，关系密切的亲朋好友才邀请到家中赴宴。通常的家宴是一张长桌子上摆着一大盘沙拉、一大盘烤鸡或烤肉、各种凉菜、一盘炒饭、一盘面包片以及甜食、水果、冷饮、酒类等。宾主围桌而坐，主人说一声“请”，每个人端起一个盘子，取食自己所喜欢的菜饭，吃完后随意添加，边吃边谈，无拘无束。

应邀去美国人家中做客或参加宴会，最好给主人带上一些小礼品，如化妆品、儿童玩具、本国特产或烟酒之类。对家中的摆设，主人喜欢听赞赏的语言，而不愿听到询问价格的话。

由于受到不同民族、地区和风俗习惯的影响，美国的餐饮特征也是有所不同的。但是总体而言，他们有忌油腻，喜食“生”“冷”“淡”食品，不讲究形式和排场，而强调营养搭配的共同爱好。在一般情况下，美国人以食用肉类为主，牛肉是他们的最爱，鸡肉、鱼肉和火鸡肉也很受欢迎。然而，吃羊肉者却很少见。

一般情况下，讲究营养搭配的美国人不吃脂肪含量高的肥肉和胆固醇含量高的动物内脏，也不好吃奇形怪状的食品，如鳝鱼、鸡爪、海参、猪蹄之类的食品。

受快节奏的社会生活影响，美国人的饮食日趋简便与快捷，其快餐文化在美国大行其道。汉堡包、热狗、馅饼、炸面圈以及肯德基炸鸡等风靡全球。

美国人用在饮料上的消费量很大，他们一般不喜欢喝中国茶，但爱喝冰水、冰矿泉水、冰啤酒和冰可口可乐等软性饮料和冰牛奶，而且是越冰越好。在餐前，美国人习惯喝些果汁，如橙汁、番茄汁；在用餐过程中，喜欢饮啤酒、葡萄酒等。餐后则有喝咖啡助消化的习惯。

美国人用餐的戒条主要有以下六条：一是不允许进餐时发出声响；二是不允许替他人取菜；三是不允许吸烟；四是不允许向别人劝酒；五是不允许当众脱衣解带；六是不允许议论令人作呕之事。

3. 商务服饰礼仪

日常生活中，美国人穿着打扮很随意，他们大多崇尚自然，偏爱宽松，讲究着装体现个性，自己爱穿什么就穿什么。别人是不会议论或讥笑的。春、秋季，美国人一般下身着长裤，上身在衬衣外面再穿一件毛衣或夹克，宽松舒适，无拘无束。夏天里穿短裤和着短裙者大有人在。在旅游或海滨城市，男的穿游泳裤，女的着三点式游泳衣，再披上一块浴巾，就可以逛大街或下饭馆了。但在正式商务活动中，美国人就比较讲究礼节了。男士通常是西装革履，女士则是套裙。但是，女士在任何时候都最好不要穿黑色皮裙。

（二）风俗习惯与禁忌

美国人对玫瑰甚为喜爱，将它定为国花，它象征着美丽、芬芳、热忱和爱情。美国的五十个州，每个州还有州花。但是白色百合花是禁忌，不能作为礼物送人。

和欧洲人一样，美国人忌讳数字“666”“3”“13”和“星期五”。他们认为“13”这个数字象征着“厄兆”，“星期五”也是极不吉利的。

在美国，一般浅洁的颜色受人喜欢，如牙黄色、浅绿色、浅蓝色、黄色、粉红色、浅黄褐色。他们喜爱白色，认为是纯洁的象征；偏爱黄色，认为是和谐的象征；喜欢蓝色和红色，认为是吉祥如意的象征。他们忌讳黑色，认为是肃穆的象征，是丧葬用的色彩。

美国人很尊重个人隐私。在交谈过程中，问及个人收入、财产情况、妇女婚否、年龄以及服饰价格等都被视为失礼的行为。

在美国千万不要把黑人称作“Negro”，最好用“Black”一词，黑人对这个称呼会坦然接受。因为Negro主要是指从非洲贩卖到美国为奴的黑人。跟白人交谈如此，跟黑人交谈更要如此。否则，黑人会感到你对他的蔑视。

与美国人打交道时，一般都会发现，他们大都比较喜欢运用手势或者其他体态语言来表达自己的情感。不过，下列体态语却为美国人所忌用：一是盯视他人；二是冲着别人伸舌头；三是用食指指点交往对象；四是用食指横在喉咙之前。美国人认为这些体态语言都具有侮辱他人之意。

应值得注意的是，美国社会有付小费的习惯，凡是服务性项目均需付小费，旅馆门卫、客房服务等需付不低于1美元的小费，在酒店吃饭结账时收15%小费。

二、加拿大

加拿大（Canada）的正式名称即为加拿大，它位于北美洲北部。Canada一词源于印第安语的“Kanada”，意为“群落”或“村庄”。在世界上，加拿大有着“移民之国”“枫叶之国”“万湖之国”“真诚的北疆”“粮仓”等多种美称。

加拿大国土面积997万平方公里，居世界国家和地区的第二名，仅次于俄罗斯。加拿大的总人口为3361万（2009年），是一个“移民之国”。

加拿大主要宗教是天主教和基督教，官方语言是英语和法语，首都为渥太华。

（一）商务礼仪

1. 商务交际礼仪

加拿大从事商务活动，首次见面一般要先作自我介绍，在口头介绍的同时递上名片。加拿大人喜欢别人赞美他的衣服。加拿大人在社交场合与客人相见时，一般都行握手礼。在双方握手以后，他们会说“见到你很高兴”“幸会”等。但是，和其他欧美各国相比，在加拿大，亲吻礼和拥抱礼却不常使用，它仅适合熟人、亲友和情人之间。

加拿大人的姓名同欧美人一样，名在前，姓在后。他们在作介绍时，一般遵循先少后长、先高后低、先宾后主的次序。在朋友众多的场合，他们总是顺着次序介绍，让大家互相认识，有地位较高的人士或辈分较高的长者在场的话，加拿大人总是先把朋友介绍给他们。在隆重的场合，加拿大人总是连名带姓地作介绍。

与加拿大人进行商务谈判时，要集中精力，不要心不在焉、东张西望或打断别人讲话。在正式谈判场合，衣着要整齐庄重。加拿大人有较强的时间观念，他们会在事前通知你参加活动的时间，不宜过早到达，如你有事稍为晚到几分钟，他们一般不会计较，你也不必为此作过多的解释。谈判中，不要涉及宗教信仰、性问题或批驳对方的政见，以免引起误解和争执。

每年 6—8 月加拿大人大多会去度假，商务活动应避开这段时间。此外，当地节假日期间也应避免前往，特别是圣诞节和复活节前后两周均不宜前往。

2. 商务餐饮礼仪

出席商务性的宴会，如对方在请柬上注明“请勿送礼”，那你应尊重主人的意见，不要携带礼品出席宴会。

加拿大公司的部门经理和主管人员常常要招待客户吃午饭或晚饭，或者参加对方的宴请。这种活动都是在办公室之外进行，通常不怎么张扬，只是相关人员在附近的饭馆里聚一聚，谈论商业上的一些事情。但有时候也会有正式的商务晚宴。

应邀到加拿大朋友家中做客，尤其是应邀吃饭（大多采用自助餐的形式），按当地习惯是比约定的时间晚到一会儿，约晚 10 分钟。到达主人家，可以给女主人送一束鲜花作礼物，或者带一瓶酒、一盒糖果。进餐时，客人要赞美饭菜的味道好，称赞女主人贤惠能干，感谢主人的盛情款待。第二天要给主人写封信或打个电话表示谢意。

在加拿大，赴宴时最好到花店买一束鲜花送给主人，以表达自己的谢意。在餐桌上，男女主宾一般分别坐在男女主人的右手边。饭前先用餐巾印一印嘴唇，以保持杯口干净。用餐时，要注意不要发出声音，不宜说话，不要当众用牙签剔牙，切忌把自己的餐具摆到他人的位置上。因为加拿大人认为正确、优雅的吃相是绅士风度的体现。

3. 商务服饰礼仪

加拿大人在休闲场合讲究自由穿着，只要自我感觉良好即可。在上班的时间，通常穿西服、套裙，但参加社交活动时则穿礼服或时装。

在加拿大，不同的场合有不同的装束，在教堂，男性着深色西装，女士则穿庄重的衣裙。在参加婚礼时，男子或穿着西装，或穿便装，穿便装时不打领带。妇女则不宜打扮得过分耀眼，以免喧宾夺主，更不宜穿白色或米色系列的服装，因为象征纯洁的白色是属于新娘的。（图 6-9）

（二）风俗习惯与禁忌

图 6-9

加拿大人忌讳别人赠送白色的百合花，认为百合花表示死亡，加拿大人只有在丧礼上才使用。

加拿大人大多信奉天主教或基督教，日常生活中，他们和其他欧洲国家一样，特别忌讳“13”和“星期五”，无论做什么事，他们总是力图避开这一数字和日期。在接待宾客时要注意，不能安排单数的席次，尤须避免安排 13 个席次。

在加拿大，红、白两色很受喜爱，被定为国色。但是，他们一般不喜欢黑色和紫色。

加拿大人将枫叶定为国花，枫树定为国树，并将枫叶作为加拿大国旗、国徽的主体图案。他们还偏爱白雪，视其为吉祥的象征。他们常用筑雪墙、堆雪人等方式来助兴，认为这样可以防止邪魔的侵入。

和加拿大人交谈时，不要插嘴或打断对方的话，也不能讨论性与宗教。加拿大人对被当作美国人很敏感，因此，在交谈过程中应避免将加拿大和美国进行比较，尤其是拿美国的优越方面与他们相比。

加拿大人还忌讳打破玻璃制品，忌打翻盐罐，忌讳在家吹口哨，讲不吉利的事情。忌食动物内脏和肥肉。

三、巴西

巴西（Brazil），全称为巴西联邦共和国，位于中南美洲与大西洋之间，是拉丁美洲最大的国家。“巴西”之名，源于当地的一种著名“红木”的名称。在葡萄牙语里，“巴西”意即“红木”。在世界上，巴西有着“足球王国”“狂欢节之乡”“宝石之国”“可可王国”“咖啡王国”“天然橡胶之国”等美称。

巴西国土面积 855 万平方公里，居于世界第五，仅次于俄罗斯、加拿大、中国与美国。巴西人口数也居世界第五，是世界上种族融合最广泛的国家之一，被人们称为”人种的大熔炉”。其中白人占 49.4%，混血人口占 42.3%，非洲裔黑人占 7.4%，亚裔占 0.5%，土著人约占 0.5%。

巴西主要宗教是天主教，官方语言是葡萄牙语，是拉丁美洲唯一一个以葡萄牙语为官方语言的国家。首都巴西利亚，有“世界建筑博览会”之称。（图 6-10）

图 6-10

（一）商务礼仪

1. 商务交际礼仪

巴西人在社交场合通常都是以拥抱或者亲吻作为见面礼节。只有在十分正式的活动中，他们才相互握手为礼。除此之外，在巴西民间还流行着一些较为独特的见面礼节。其一，握拳礼。行此礼时，现实要握紧自己的拳头，然后向上方伸出拇指。这一做法，主要用于问安或致敬。其二，贴面礼。它是巴西妇女之间所采用的见面礼节。在行礼时，双方要互贴面颊，同时口里发出表示亲热的亲吻声。但是，用嘴唇真正去接触对方的面颊，却是不允许的。其三，沐浴礼。它是巴西土著居民迎宾的礼节。当客人抵达后，主人必定要做的头一件事，便是邀请客人入室洗浴。客人沐浴的时间越久，就表示越尊重主人。有时，主人还会陪同客人一道入浴。宾主双方一边洗澡，一边交谈，显得大家亲密无间。

和大部分拉美人一样，巴西人对时间和工作的态度比较随便。和巴西商人进行商务谈判时，己方要准时赴约。但是，如果对方迟到，哪怕是 1 ~ 2 个小时，也应谅解。另外，和巴西人打交道时，不要急于将谈话内容转向商务题目，最好花几分钟时间谈谈家庭、健康、天气、运动等话题，只要主人不提起工作时，你就不要抢先谈工作。

巴西的谈判进度较慢，而且更多的基于私人交往。缓慢的谈判速度并不代表巴西人不了解工业技术或现代商业惯例。相反，在与巴西企业进行谈判前，应充分做好各方面的技术准备。

“Ash Wednesday”是巴西最著名的狂欢节——嘉年华会最后一日。事实上，在该日前后一周，巴西商业活动几乎完全停顿，商务活动应当尽量避开此时间。12 月至次年 2 月为当地“暑假”度假期，其他时间宜往访。

2. 商务餐饮礼仪

商业午餐和晚餐在巴西很普遍，通常包括四五道菜，为期近两个小时，但不太适合介绍性会面。午饭是一天里的主餐，晚饭通常在晚上 8 点进行。

洗澡和吃饭是他们生活中最重要的内容。若有人到他们家中做客便邀请客人一起跳进河里去洗澡，一次又一次，有的一天要洗上十几次。据说，这是他们对宾客最尊敬的礼节，而且洗澡次数越多，表示对宾客越客气、越尊重。

在饮食方面，巴西因为是欧、亚、非移民荟萃之地，所以各地习惯不一，极具地方特色。巴西南部土地肥沃，牧场很多，烤肉就成为当地最常用的大菜。东北地区人们主食是木薯粉和黑豆，其他地区的主食是面、大米和豆类等。

巴西人平常主要是吃欧式西餐。因为畜牧业发达，巴西人所吃的食物之中肉类所占的比重较大。在巴西，人们最爱吃牛肉，尤其是爱吃烤牛肉。在巴西，人们认为：不同部位的牛肉，烤制之后味道大不相同。巴西人普遍爱吃切开之后带血丝的牛肉，认为它鲜美无比。

在巴西人的主食中，巴西特产黑豆占有一席之地，其中，豆子炖肉就是巴西人民有名的菜肴。

巴西素有“咖啡王国”之称，是世界上最大的咖啡消费国之一，巴西人不仅自己天天离不开咖啡，而且还喜欢用浓咖啡来招待客人。通常喝咖啡是用很小的杯子一杯一杯地喝，一天内喝个数十杯咖啡是常见的事。

巴西人还喜欢饮葡萄酒和红茶。但是，饮酒时提倡饮而不醉。醉酒，被巴西人视为粗俗至极。

巴西餐桌礼仪没有在美国和欧洲那么严格。有些巴西人用大陆方式拿刀叉（一手总拿着叉子），而有的则用美国方式（换手拿叉子）。表示用餐完毕，应把餐具水平放在盘子上面。巴西人认为用手和手指直接接触食物“不干净”，用手拿食物时应该用餐巾。

3. 商务服饰礼仪

在正式场合，巴西人的穿着十分考究。他们不仅讲究穿戴整齐，而且主张在不同的场合里，人们的着装应当有所区别。在重要的政务、商务活动中，巴西人主张一定要穿西装或套裙。在一般的公共场合，男人至少要穿短衬衫、长西裤，女士则最好穿高领带袖的长裙。

巴西的纳坚斯第地区女子惯以戴帽子表达情感。帽子戴得偏右，表示已婚；偏左表示未婚；帽子顶在前额，则表示遇到了不幸之事而心情沮丧。巴西西北的车尼斯族，有“女性至上”的习俗。在那里，男子必须对妻子绝对服从，不得有违抗之意。

（二）风俗习惯与禁忌

巴西人出于对毛蟹爪兰的喜爱，将它定为国花。毛蟹爪兰花形大而美丽，象征着巴西人民高瞻远瞩；花瓣坚实，象征着巴西人民坚毅刚强；颜色富于变化，象征着巴西人民不畏任何困难。忌讳绛紫红花，因为这种花主要用于葬礼上。

和其他欧洲国家一样，巴西人出于宗教方面的原因，忌讳“13”“666”等数字。

巴西人以棕色为凶丧之色，紫色表示悲伤，黄色表示绝望。他们认为人死好比黄叶落下，所以忌讳棕黄色。人们迷信紫色会给人们来悲伤。另外，还认为深咖啡色会招来不幸。

巴西人对于蝴蝶十分偏爱。他们认为，蝴蝶不仅美丽，还是吉祥之物。

跟巴西人打交道时，不宜向对方赠送手帕或刀子。

在人际往来中，巴西人极为重视亲笔签名。不论是写便条、发传真，还是送礼物，他们都会签下自己的姓名，否则就是不重视交往对象。对使用图章落款的做法，巴西人是不习惯的。

在巴西，一位女士最好不要邀请一位关系普通的男士共进晚餐。对于对方的邀请，也不宜接受。否则就有可能使对方产生误会。英美人所采用的表示“OK”的手势，在巴西人看来，是非常下流的。

第四单元 非洲地区礼俗

非洲位于亚洲的西南面。东濒印度洋，西临大西洋，北隔地中海与欧洲相望，东北角习惯上以苏伊士运河为非洲和亚洲的分界。面积约 3020 万平方公里，约占世界陆地总面积的 20.2%，次于亚洲，为世界第二大洲。

非洲目前有 56 个国家和地区。非洲是世界上民族成分最复杂的地区。非洲大多数民族属于黑种人，其余属白种人和黄种人。非洲语言约有 800 种，一般分为 4 个语系。非洲居民多信奉原始宗教和伊斯兰教，少数人信奉天主教和基督教。非洲是世界文明的发源地之一。非洲人勤劳、智慧。非洲文化具有多样性，礼仪习俗相对也复杂多样。

一、埃及

埃及，全称阿拉伯埃及共和国。地跨亚、非两洲，大部分位于非洲东北部，只有苏伊士运河以东的西奈半岛位于亚洲西南角。有"金字塔之国""尼罗河的礼物""棉花之国""长绒棉之国" "文明古国"的美称。

（一）商务礼仪

1. 商务交际礼仪

埃及人与宾朋相见或送别时，一般都习惯以握手为礼，或施拥抱礼。埃及人待客热情，从早晨 6 点到中午 12 点以前，见面时常要主动问好。送别客人时又往往要给客人赠送礼物，因此你也要有所准备，不要失礼。商务往来中，名片有重要作用，一般双方见面时或会谈前，都要互赠名片。商务会谈前，对方一定会与客商寒暄一阵，才进入正题商谈。

埃及人认为，在生意成交之前建立友谊和信任的感情是很重要的。拜访须先进行预约。埃及人对来访的客人甚为重视（有时说可能只是表面功夫而已），因此，即使依约前来面谈中，若有不速之客到来时，他们也会简单地迎接。一笔生意洽谈，往往需要很长时间。相反，他们也经常会以电话不通为借口突然造访。在埃及从商的人经验丰富，时间观念差，很少依照所约定的时间行事，他们口头上常常挂着"请等 5 分钟"这句话。埃及人所谓的 5 分钟，可能就是 30 分钟也见不到人。若说请等 1 小时，那么等于要重新约定时间了。

2. 商务餐饮礼仪

埃及商务招待会，相当豪华。埃及人喜欢吃羊肉、鸡、鸭、鸡蛋以及一些蔬菜，口味清淡偏甜，不油腻。串烤全羊是埃及人的传统佳肴。埃及人遵守伊斯兰教规，忌讳饮酒。正式用餐时忌讳交谈，并且习惯用右手进餐。不要把盘子里的食品吃光，否则被认为是不礼貌的。埃及的社交聚会比较晚，晚饭可能10点半以后吃。应邀去吃饭，可以带些鲜花或巧克力。

埃及人受历史、宗教等因素的影响，形成了独特的生活习惯。晚餐在日落以后和家人一起共享，在这段时间内，勉强请人家来谈生意是失礼的。

3. 商务服饰礼仪

外国人士到埃及，不要穿短衣、短裤或背心上街。男士最好穿长上衣或短上衣、长裤；女士最好穿长上衣、长裙。按照埃及的商务礼俗，参加商务活动，以正统西装为主。（图6-11）

（二）风俗习惯与禁忌

在埃及，90%以上的居民信奉伊斯兰教，因此在埃及进行商务活动时，切不可违反宗教禁忌。进伊斯兰教清真寺时，务必脱鞋。埃及人忌吃猪、狗肉，也忌谈猪、狗。不吃虾、蟹等海味，动物内脏（除肝外），鳝鱼、甲鱼等怪状的鱼。在埃及，一到了下午晡时（3—5点）之后，人们大都忌讳针。商人绝不卖针，人们也不买针，即使有人愿出10倍的价钱买针，店主也会婉言谢绝，绝不出售。埃及人喜欢绿色、白色，而忌讳黑色与蓝色，且颇相信梦中的事。在埃及，埃及人爱绿色、红色、橙色，而不爱紫色、蓝色，喜欢金字塔形莲花图案。禁穿有星星图案的衣服，除了衣服，有星星图案的包装纸也不受欢迎，禁忌猪、狗、猫、熊。3、5、7、9是人们喜爱的数字，忌讳13，认为它是消极的。忌讳称赞女人窈窕，否则会招来对方的斥责和臭骂，因为他们认为体态丰腴才算美。他们忌讳当众吐唾沫。因为在他们看来，吐唾沫是对仇人的诅咒举动。

星期六到下星期四，是埃及人上班的时间，星期五是伊斯兰教的休息日。

二、尼日利亚

尼日利亚是尼日利亚联邦共和国的简称，位于西非东南部，是西非的“天府之国”。面积92.3万平方公里。人口10191万人，居民中穆斯林占47%，基督教徒占34%。

（一）商务礼仪

1. 商务交际礼仪

尼日利亚人在施礼前，总习惯先用大拇指轻轻地弹一下对方的手掌再行握手礼。尼日利亚豪萨人对亲密的好友相见，表示亲热的方式不是握手，也不是拥抱，而是彼此用自己的右手使劲拍打对方的右手。尼日利亚豪萨人晚辈见长辈要施礼问安。一般情况下，要双膝稍稍弯曲一下，向前躬一下身子。平民见酋长，必须先脱鞋走近酋长，然后跪下致礼问安，在酋长没下命令的情况下是不能随便站起来的。朋友相见总要互相问候身体及家庭状况，而且还要问对方的家禽、家畜、庄稼等情况。

尼日利亚的商务礼俗，由于以前它是英国的殖民地，旧统治者的影响仍然存在。目前他们所采用的文书图表大多用的是英国模式。贸易以英国为主，与其他欧美国家也都有往来。

2. 商务餐饮礼仪

尼日利亚豪萨人接待客人很随便，主人一般不会兴师动众地特意为客人去准备，而是家里有什么，家人吃什么，客人也吃什么。

3. 商务服饰礼仪

访政府官员宜穿西装，访问商界不必穿西装，但是宜打领带。尼日利亚伊博人的审美观念很特别。利亚埃加族妇女，喜欢梳高发，因此她们的族名也称“高髻族”。她们在发内填上棕榈丝核扎的高髻，高度相当于人头的两倍。未婚少女要扎成蛇形，因为蛇在当地被认为是“洁白”；已婚人要扎成鱼形，因为鱼在当地表示“和睦”；老妇人发髻要扎上三叶棕榈条，因为棕榈条表示“长寿”；寡妇要扎成圆顶的，表示为死去的丈夫尽“忠贞”。

（二）风俗习惯与禁忌

尼日利亚不但物产丰富，也是全世界人口最多的黑人国家，占非洲黑人的五分之一。尼日利亚是名副其实的非洲各国黑人的指导者，对实施种族歧视制度的南非具有强烈的憎恶感。因此，去过南非的人就不能直接再入境尼日利亚。避免谈有关南非的事，另外，所携的印刷品不要有涉及南非活动的画面。访问尼日利亚最好于 10 月到次年 5 月前往，但应避免圣诞节及复活节前后一周的时间去。若干伊斯兰教假日也都放假。

由于当地是高温多湿的热带性气候，疟疾、黄热病、破伤风的传染病相当流行，一定要接受预防注射，并携带预防药物。尤其是黄热病，除了必须要有注射的证明之外，还会检查有效日期，这一点要注意。当地饮水不安全，路旁的食物要避免吃，没有煮沸的生水绝对不能喝，可乐与啤酒容易买到。时有偷盗事件、交通事故发生，需小心。电话不通畅，街道标志也较难识别。入境时对携带的食品，出境时对携带的钱检查甚严，有时还会搜身。海关规定，免税香烟 200 支，或雪茄 50 支，或烟草半磅，酒 1 瓶。当地货币禁止出入。外币进关不限，入境时要确实申报所带进之外币，出关时又携出。计程车小费 20 Kobos、饭店、旅馆已附加 10% 小费于账单内，其他服务每次付 20 ～ 35 Kobos。

三、南非

南非是南非共和国的简称，位于非洲大陆的最南端。东边是印度洋，西边是大西洋，西南边的尖角——好望角，是这两大洋的分界点。在苏伊士运河开凿以前，欧洲和亚洲之间的船只往来都得经过好望角。现在，从印度洋沿岸去欧洲、美洲的许多船只，尤其是大油轮，还是要经过这里，因此，南非的地理位置在世界交通和战略上，具有重要的价值。

（一）商务礼仪

1. 商务交际礼仪

在社交场合，南非人所采用的普遍见面礼节是握手礼，他们对交往对象的称呼则主要是“先生”“小姐”或“夫人”。在南非进行商务拜访须先进行预约。南非商人十分保守，交易方式力求正式。许多生意在私人俱乐部或对方家中做成。在此地做生意施用过于细腻的手段或说话兜圈子常不被人了解，想以这种方式达到目的多半行不通，所以想说的话就大胆直率地说出来好了。

在南非进行商务活动，持英语名片最为方便。在商务谈判桌上，只允许使用英语对话。按南非交易的订约、交货、付款三件大事来说，是偏重于英国式类型的，而不管是荷兰系或英国系企业，都如此。由具有决定权的负责人出面商谈，属于权力集中型，因此，商业谈判不会拖时间。当然，也希望对方商谈代表也具有决定权。他们很遵守约定，付款方式也很规矩。

2. 商务餐饮礼仪

南非当地白人平日以吃西餐为主，经常吃牛肉、鸡肉、鸡蛋和面包，爱喝咖啡与红茶。黑人喜欢吃牛肉、羊肉，主食是玉米、薯类、豆类。不喜生食，爱吃熟食。南非著名的饮料是如宝茶。在南非黑人家做客，主人一般送上刚挤出的牛奶或羊奶，有时是自制的啤酒。客人一定要多喝，最好一饮而尽。

3. 商务服饰礼仪

到南非进行商务活动，最好穿样式保守、色彩偏深的套装或裙装，不然就会被对方视作失礼。南非一年四季都很温暖，雨量也很少。在 7、8 月间（当地的冬天）来此出差的人，最好准备一点较为保暖的厚衣服。

（二）风俗习惯与禁忌

大多数人信奉基督教新教和天主教。信仰基督教的南非人，忌讳数字 13 和星期五；南非黑人非常敬仰自己的祖先，他们特别忌讳外人对自己的祖先言行失敬。跟南非人交谈，有四个话题不宜涉及：一是不要为白人评功摆好；二是不要评论不同黑人部族或派别之间的关系及矛盾；三是不要非议黑人的古老习惯；四是不要为对方生了男孩表示祝贺。

第五单元

大洋洲地区礼俗

大洋洲位于太平洋西南部和南部的赤道南北广大海域中，介于亚洲和南极洲之间，西邻印度洋，东临太平洋，并与南北美洲遥遥相对。

一、澳大利亚

澳大利亚是澳大利亚联邦的简称。澳大利亚是移民国家，1920 万人口中，74.2% 是英国和爱尔兰后裔；亚裔占 4.9%（其中华人、华侨约 45 万人）、土著居民约 37.5 万人。居民中 70.3% 信奉基督教，非宗教人口占 25.1%，少数人信奉犹太教、伊斯兰教和佛教。全国通用英语，首都为堪培拉。1972 年中澳建交，承认中国完全市场经济地位。

（一）商务礼仪

1. 商务交际礼仪

在澳大利亚，人们见面或告别时往往热情握手，彼此以名相称。但商务交往中，为了保持礼节，称呼对方时还是以“先生”“夫人”“小姐”等相称为宜。在澳大利亚，“伙伴”是一种友好的称呼，女士们也在使用。而“先生”这个称呼则表示尊敬，但从你被介绍的那一刻起，人们往往以你名字的第一个字称呼你。澳大利亚人喜欢和陌生人交谈，特别是在酒吧，总会有人过来主动和你聊天。互相介绍后或在一起喝杯酒后，陌生人就成了朋友。

2. 商务餐饮礼仪

澳大利亚人主要吃英式西餐，口味清淡，忌食辣味菜肴。就餐时，调味品放在桌子上，客人根据自己的口味爱好随意选用。澳大利亚的食品素以丰盛和量大而著称，尤其是对动物蛋白的需要量。他们通常爱喝牛奶，喜食牛、羊、猪肉、鸡鸭、乳制品及新鲜蔬菜，爱喝咖啡。午餐一般很清淡，不提倡喝酒。（图 6-12）

澳大利亚人很多生意是在酒吧中做成的，你要事先搞清楚消费后由谁付款。如果你提议喝一杯，通常由你付账，不可各自付账，除非事先说好。

3. 商务服饰礼仪

从事商务活动宜穿西装。澳大利亚人平时穿着比较随意，只是参加正式会见或商务活动时才穿得较为讲究。

（二）风俗习惯与禁忌

澳大利亚颇具独特的风情习俗。由于地理位置等因素的影响，澳大利亚的冬夏正好与位于北半球的我国颠倒。隆冬季节从北京去澳大利亚悉尼，那里却正是阳光灼人的盛夏。

澳大利亚人沉着者居多，且都不喜欢生活环境杂乱，对于公共场合的噪声极其厌恶。在公共场所大声喧哗者，尤其是门外高声喊人的人，他们是最看不起的。澳大利亚人忌讳兔子，认为兔子是一种不吉利的动物，人们看到它都会感到倒霉。喜爱袋鼠，偏爱琴鸟。与澳大利亚人交谈时，多谈旅行、体育运动及到澳大利亚的见闻，不要议论种族、宗教、工会和个人私生活以及等级地位问题，不要批评任何与澳大利亚有关的事情，也不要随便对别人的观点表示赞同，澳大利亚人尊重有自己见解的人。行为举止要随意，任何装腔作势只会产生笑料，但那通常不是出于恶意。

在数字方面，受基督教的影响，澳大利亚人对于“13”与“星期五”普遍反感。

二、新西兰

新西兰是南太平洋上的岛国，扼南太平洋的海空交通要冲。面积 26.9 万平方公里。新西兰素有“世界边缘的国家”“畜牧之国”“牧羊之国”“白云之乡”之称。新西兰气候温和，花木繁茂，绿草如茵，牛羊遍地，自 19 世纪初从澳大利亚和英国引进种羊以来，经过 100 多年的发展，已成为举世闻名的“农牧业王国”。现在，新西兰人均拥羊 40 只、牛 3 头，人均牛羊头数居世界第 1 位。

（一）商务礼仪

1. 商务交际礼仪

新西兰人见面或告别时要行握手礼。和女士见面，应先由女士伸手，然后才可以握手。在称呼方面，新西兰人和欧美国家相同，姓氏加先生、夫人、小姐或职称都可以，熟人之间也可以直呼其名。在新西兰开展商务活动，要事先约定，客商要先到一会儿，以表示礼貌。会谈一般安排在办公室进行，待合同签订后，可以宴请对方，以此表示感谢。

按新西兰的商业习惯，交易基于公平的原则。这里做生意不讨价还价，一旦提出一个价格就不能再变更。如果对方询及交货日期、品质、付款条件时，生意大概就成交了。如此认定大致不会错。不分青红皂白见人就送见面礼的习惯，在这里未必管用，要予以注意。生意谈成之后，为了表示谢意，可以宴请有关人士，这样做不但效果最佳，而且对方也很高兴。

2. 商务餐饮礼仪

新西兰人生活质量较高，习惯吃英式西餐，口味清淡，爱吃牛肉、羊肉、水果和鱼，饮料爱喝红茶和咖啡。受英国习俗的影响，他们也养成了“一日六饮”的习惯，即每一天要喝六次茶。它们分别被称作早茶、早餐茶、午餐茶、下午茶、晚餐茶和晚茶。在用餐时，他们以刀叉取食，忌讳吃饭时频频与人交谈。

3. 商务服饰礼仪

新西兰欧洲移民的后裔，在日常生活里通常以穿着欧式服装为主。在服饰方面，看重质量，讲究庄重，偏爱舒适，强调因场合而异。外出参加交际应酬时，新西兰妇女不但要身着盛装，而且一定要化妆。

新西兰商务礼俗，随时宜穿着保守式样的西装。

（二）风俗习惯与禁忌

新西兰人的风情习俗很有特色。他们有独特的象征，视几维鸟为珍贵动物，在其国徽和硬币上都有几维鸟作标志。他们大都信奉原始的多神教，还相信灵魂不灭，尊奉祖先的精灵。每遇重大的活动，他们便照例要到河里去做祈祷，而且还要相互泼水，以此表示宗教仪式上的纯洁。他们有一种传统的礼节：当遇到尊贵的客人时，要行“碰鼻礼”，即双方要鼻尖碰鼻尖两三次，然后再分手离去。据说，按照其风俗，碰鼻子的时间超长，就说明礼遇越高，越受欢迎。应邀到新西兰人家里吃饭，可以带一盒巧克力或一瓶威士忌作为礼物。礼品不要太多或太贵重。

新西兰的商界气息被认为接近伦敦，保守刻板，与澳大利亚不同。在新西兰，凡是当地能生产制造的产品，都不准进口。受基督教、天主教的影响，新西兰人讨厌“13”与“星期五”。要是有一天既是 13 日，又是星期五，那么新西兰人不论干什么事都会提心吊胆。对于在这一天外出赴宴、跳舞、观剧之类的邀请，他们则能推就推。当众闲聊、剔牙、吃东西、喝饮料、嚼口香糖、抓头皮、紧腰带，均被新西兰人看作不文明的行为。奉行所谓“不干涉主义”，即反对干涉他人的个人自由。对于交往对象的政治立场、宗教信仰、职务级别等，他们一律主张不闻不问。

新西兰主要节日有：国庆日（怀坦吉日）是 2 月 6 日，为纪念 1840 年签订怀坦吉条约。新年是 1 月 1 日。复活节 4 月 14—17 日。澳新军团日是 4 月 25 日，为纪念澳新军团在加利波利登陆日。女王诞辰日是 6 月 5 日，劳动节是 10 月 25 日，圣诞节是 12 月 25 日。

【实训项目】

1. 泰国礼仪中最主要的见面礼为双手合十礼，请进行合十礼礼仪展示，不同的对象用不同高度的合十礼以及泰国人的禁忌忌讳；视频观看，了解泰北人的生活习惯。情景模拟，在不同的场合面对不同的对象运用不同的合十礼等，通过情景模拟加深学生对合十礼的认识，并用视频播放的形式锻炼学生的归纳总结能力。

2. 小陈毕业后应聘到一家外贸公司就职。不久，领导派她接待一位英国客户。在接待过程中，小陈凭着一口流利的英语和丰富的历史文化知识，赢得了客户的好感。在正式的贸易会谈时，小陈为了突出自身的形象，穿了一套头的大红色T恤和一条深蓝色的牛仔裤，一路欢跳着来到公司的会议室。

（1）实训内容。分析小陈的着装有何不妥之处。在模拟会议室进行演练正式会谈中的着装规范以及与英国人交往时应注意的行为举止。

（2）实训要求。本实训可选择在教室或模拟的场所进行，老师可先将全班同学分成若干个小组，每组5～6个人，互相轮流扮演角色。当一组的同学模拟场景表演时，其他组的同学可为其进行监督和评估，老师可制作评分表，给每组评分并在表演完毕后给予讲解。

请同学自己设计环境，准备好道具；表演时一定要保持安静，表演者要揣摩角色的心理，观看者要思考表演者的言行是否到位，并给予更正。

老师指导学生了解商务礼仪在不同场合的作用，掌握每一个场合需要使用的礼貌用语。可由同学自己设计台词，完成相应的实训内容。

参考文献

[1] 刘永俊，陈淑君 . 航空服务礼仪 [M]. 北京：清华大学出版社，2012.

[2] 黄建伟，郑巍 . 民航地勤服务 [M]. 北京：旅游教育出版社，2013.

[3] 王化，熊越强 . 民航课程服务与管理 [M]. 北京：化学工业出版社，2012.

[4] 何瑛，张丽娟 . 职业形象塑造 [M]. 北京：科技出版社，2012.

[5] 罗树宁 . 商务礼仪与实训 [M]. 北京：化学工业出版社，2008.

[6] 韩瑛 . 民航客舱服务与管理 [M]. 北京：化学工业出版社，2012.

[7] 李秀兰 . 社交礼仪跟我学 [M]. 呼和浩特：内蒙古人民出版社. 2004.

[8] 特里·莫里森，韦恩·A. 康纳维 . 国际商务礼仪大全 [M]. 北京：电子工业出版社，2006.

[9] 许爱玉 . 现代商务礼仪 [M]. 杭州：浙江大学出版社，2006.

[10] 宏阔，刘小红 . 航空服务礼仪概论 [M]. 北京：中国民航出版社，2008.

[11] 余忠艳，李荣建 . 现代商务礼仪 [M]. 武汉：武汉大学出版社，2007.

[12] 盛美兰 . 民航服务礼仪 [M]. 北京：中国民航出版社，2011.

[13] 魏伟峰 . 现代社交礼仪大全 [M]. 呼和浩特：内蒙古人民出版社，2012..

[14] 丁永玲 . 服务礼仪与训练 [M]. 武汉：武汉出版社，2011.

[15] 李荣建 . 礼仪文化教程湖 [M]. 长沙：湖南大学出版社，2013.

[16] 纪亚飞 . 空姐说礼仪 [M]. 北京：北京邮电大学出版社，2008.

[17] 金正昆 . 接待礼仪 [M]. 北京：中国人民大学出版社，2009.

[18] 罗良翌 . 机场服务 [M]. 北京：科学出版社，2012.

[19] 金正昆 . 行业服务礼仪 [M]. 北京：北京大学出版社 , 2009.

[20] 黄建伟 . 民航地勤服务 [M]. 北京：旅游教育出版社，2007.